大展好書　好書大展
品嘗好書　冠群可期

大展好書　好書大展
品嘗好書　冠群可期

老拳譜新編 23

薛顛 著

薛顛武學錄

形意拳術講義 象形拳法真詮 五行拳 靈空禪師點穴秘訣（合訂本）

大展出版社有限公司

策劃人語

本叢書重新編排的目的，旨在供各界武術愛好者鑑賞、研習和參考，以達弘揚國術，保存國粹，俾後學者不失眞傳而已。

原書大多為中華民國時期的刊本，作者皆為各武術學派的嫡系傳人。他們遵從前人苦心孤詣遺留之術，恐久而湮沒，故集數十年習武之心得，公之於世。叢書內容豐富，樹義精當，文字淺顯，解釋詳明，並且附有動作圖片，實乃學習者空前之佳本。

原書有一些塗抹之處，並不完全正確，恐為收藏者之筆墨。因為著墨甚深，不易恢復原狀，並且尚有部分參考價值，故暫存其舊。另有個別字，疑為錯誤，因存其眞，未敢遽改。我們只對有些顯著的錯誤之處，做了一些修改的工作；對缺少目錄和編排不當的部分原版本，我們根據內容進行了加工、調整，使其更具合理性和可讀性。有個別原始版本，由於出版時間較早，保存時間長，存在殘頁和短頁的現象，雖經多方努力，仍沒有辦法補全，所幸者，就全書的整體而言，其收藏、參考、學習價值並沒有受到太大的影響。希望有收藏完整者鼎力補全，以裨益當世和後學，使我中華優秀傳統文化承傳不息。

為了更加方便廣大武術愛好者對古拳譜叢書的研究和閱讀，我們對叢書作了一些改進，並根據現代人的閱讀習慣，嘗試著做了斷句，以便於閱讀。

由於我們水平有限，失誤和疏漏之處在所難免，敬請讀者予以諒解。

形意拳術講義

編輯者：天津縣國術館教務主任　薛顛

鍊修並重
仁勇且智

徐永昌題

剛勇和平

張蔭梧贈

《形意拳術講義》序

吾國以積弱不振受侮列強，其原因固非一端，而國人輕視體育，忽於運動，蓋亦致病之由。

拳術者，中華固有之國粹、最良之體育運動法也。昔管子重拳勇、齊人隆技擊，拳術之興，夐乎尚已。

降及隋唐，少林派出，外家始盛，說者謂太宗之平王世充，曇宗等亦與有力焉。迨至宋時，而張三豐以絕技名世，內家祖之。明代則張松溪為最著，而陳元贇乃傳其術於扶桑，彼日本之所謂柔術、武士道者，皆吾國拳術之流派也。邇年張子岷、李芳宸諸先生懍國勢之凌夷，憫國術之衰微，力加提倡，特立專館，各省聞風興起者頗不乏人，而河北省國術館亦早成立。惟自來精斯道者，傳授心法多屬，而命承學之士鑽仰為難。

今東鹿薛君以國術之名家，闡師傳之秘奧，編為講義，解以詳圖，俾學者得以研究科學之方法，領悟其中之妙用，較諸般刺蜜諦之易筋經與夫前人之著內功圖說者，亦何多讓！吾知付梓後，其有裨於體育而可以強國者必非淺鮮，寧僅個人健身之助而已哉！惜作義於國術未窺門徑，扣槃捫燭之談，固知其無當於要旨也，是為序。

中華民國十八年十月

榮河傅作義敘於天津警備司令部

真精氣神

李服膺題

《形意拳術講義》序言

龍門《史記》特傳遊俠。遊俠者流，蓋出於墨家之兼愛。兼愛以仁，遊俠以武，其相反而實相成者，猶孔氏之勇生於仁，佛氏之大雄無畏生於慈悲也。自韓非以犯禁譏遊俠，於是漢代朱家、郭解之儔，悉以鳴不平罹當世法吏之文網。而所謂搢紳（點校：同「縉紳」）先生者流，群囿於規行矩步之中，動以擊劍扛鼎之術為卑卑不足道。至習其術者，亦頓忘其所自，變本加厲，下之浪跡江湖，苟藉鬻技以求活；上焉者，適激於一人意氣之私，輒不惜昂藏七尺，快報復而干禁例。

蓋自海禁大開以來，中土遊俠之風漸趨衰歇。而所謂東方廣博雄武之民族地位，亦遂儕印緬而偶韓越，幾於銷失盡矣。薛子國興以所著《形意拳術講義》示予且請序，予於斯無能為，惟讀其自序，有素慕朱家、郭解之遺風一語，朱家、郭解，《遊俠傳》首出也，薛子以是自期，其殆知道者矣，抑吾重有感焉！國於天地必有興立，蕞爾東瀛，以崇尚武士道崛起；病夫突厥以尊奉伊斯蘭中興。吾國民族地位之衰落，悲於民族精神之消失，本黨總理孫先生力主恢復吾國民族固有之精神，以恢復民族地位，卓識偉見，名論不磨。至所謂民族固有之精神，曰忠孝，曰仁愛，曰信義，曰和平，遊俠之重然諾，本兼愛，殆亦其所不遺者也。

薛子之為是書，願以之為恢復民族地位之佽助，勿以之為博取一人聲譽之筌蹄，尤願讀是書者，勿使習其技擅其術，為私人快恩仇罹難法網，甚或墮於江湖鬻技之流，貽達者之非笑，招外人之譏侮，是則予之所深望也夫。

黃崗曾延毅序於天津特別市公安局

中央國術館副館長　李景林

自彊不息

賀[illegible]題

《形意拳術講義》敘

古者大學之教，春夏學干戈，秋冬習羽籥，凡以節宣其志氣，調劑其剛柔，文武之道，一弛一張，不可偏廢也。拳經之作，始自達摩，傳者有易筋、洗髓諸篇，岳武穆又增易骨篇，其後張三豐者，亦精其道，世稱少林、武當為拳家內外二宗。拳之為術，其粗者求之於血氣，其精者求之於神明，形不離意，意不離形，此形意拳之所以名也。學者因意以象形，因形以示意，得之於心，應之於手，斯可以為老斲輪矣。

泰西今言三育，吾國古稱六藝。禮樂者，德育之事也；射御者，體育之事也；書數者，智育之事也。後世既分文武為二科，又重文而輕武，儒者方勞神敝精於八比帖括之學，以雍容雅步為賢，固不屑留意於技擊；武科功令但取弓刀石及騎步射，亦不足以窺拳術之堂奧；而方外之士，習以自衛，且以噓噏吐納、熊經鳥申為養生助道之具，秘不輕言；至江湖遊俠之徒，亦各有師承，久之亦漸失其真。求能深造有得、因技而進乎道者，難乎其選矣！

有造育人才之責，不為之倡率，明立課程，而草澤之間，轉相授受，以為秘術。其弊也，勇於私鬥怯於公戰，遂以好勇鬥狠為世詬病，此非拳術之過，而國家重文輕武之過也。誠使國家復古大學之法，知有文事者必有武備，則知所謂春夏干戈者，即今之所謂兵勢體操也；所謂秋冬羽籥者，即今之所謂柔式體操也；今之學校當列拳術為專科，拳術即精，本根先立，一切槍法劍術，不旬日而可皆通，所謂操本以求末也。

古人嘗言，非強有力者不能以行禮。行禮猶然，而況於軍旅之事乎？吾知拳術之有益於吾國民者，非淺鮮也，故樂薛君之書之成，而為之敘。

中華民國十有八年歲在己巳十月之望

樂壽老人曹錕

《形意拳術講義》序

己巳冬，薛君顛以所著《形意拳術講義》見示，屬為之序。余於武術未聞其奧，溯自北居以來，獲交李君存義，其為人樸厚剛訥，若無所能，至人有急難，則義形於色，不屈不避，殆古俠義之流歟？因是得聞武術之原委，有形意、八卦、太極之分，皆傳始於達摩，發明於岳武穆、張三豐。至清初，英傑輩出，任俠之風盛行海宇，而燕趙尤多慷慨悲歌之士。及今政府以武術為中華國粹，立國術館以作其氣，各省無不聞風興起，薛君所著《形意拳術講義》，繪圖立說，以發明前賢不傳之真秘，余瀏覽一周，雖未能窺其精微，惟覺果能至誠不息深造其域，至拳無拳意無意之境，即道法自然之妙，乃能會達摩面壁之真意，豈僅拳術而已哉！是為序。

滇南王人文　序於析津遯廬

序

中國武術一技，歷代傳授有人。嘗觀史籍所載，古俠義者流，其慷慨之風，頗足動人。欽慕如魯之朱家，漢之郭解，皆以倜儻任俠著名，當代近如張三豐、甘鳳池輩，亦名冠一時。考其事蹟，良以孝義為先提，迥非江湖濫技持藝於世者同日而語。

蓋斯術之有三要：良師、工夫與天資耳。嘗觀前輩之精於斯技者，長衣緩帶，狀態雍容，循然若儒者相，是技之不尚氣血之勇也，乃其明證。而聞其鳳者，能使鄙者寬而薄者敦，鄉閭興廉讓之風，社會踵倜儻之跡，足為人世之金鑑。

今我薛師諱顛，近著《形意拳講義》，探本窮源，立論本乎至理，為形意拳開一曙光。人人手此一篇，如得良師在座，雖不能精通其技，亦足為強體壽世之實筏焉。爰綴數言為序。

民國十八年己巳　孟冬大城呂子光謹序

序

形意拳術之始，本乎天地之大端，與夫造化之原理。蓋天地之闢於一無炁也，萬物之生於無知，形意之成，本於無意。蓋無意至極生有意，意誠心正，乃至於靜，靜則察候六䘑（點校：原稿當為衇字之誤，衇音ㄇㄞ，同「脈」），溶煆二氣。靜極生動，動而震發四肢，貫通百骸，是謂先天存乎靜，後天藏諸動也，故意為體而形為用，靜屬陰而動屬陽。體運動靜，得陰陽消長生生之功，而真一之氣生焉。孔子曰：冬至養其陽，夏至養其陰。孟子曰：吾善養吾浩然之氣。此皆修養正氣之謂也。蓋形意拳之原理，則培養天一之道，由後天而達於先天也。重陽不重陰，太剛必折；重陰不重陽，過柔不堅。剛柔相濟，乾坤之道乃成。

古之傳斯術者，多以心法口授，缺少記載，使後學茫然不知途徑。己巳夏余客津門，值薛師顛公著《形意拳講義》一書，使佐其成。余曾進紓（點校：

「紓」通「抒」）蒭（點校：同「芻」）意以罄管見，自夏徂冬，編纂始竣。深望學者，願作探本求源之道，須以涵養正氣為先要，庶不背斯術之本旨。謹貢數言，以為之序。

民國十八年己巳　孟冬平定羝卿趙汝勵謹序

序

拳技一門有內外兩家之分。世人嘗云：外家祖，達摩祖師，曰少林派；內家祖，張三豐，先生曰：武當派。考其真理，名殊而源同。其所為拳之用勁，不外乎形與意。形與外者為形，蘊於內者為意，故有形意拳之名。世人不察，以為外家主剛，內家主柔。烏知剛柔不可偏重，且亦未嘗須臾離也。

吾國拳術發明最早，歷代世有傳人，然皆口傳心授，隱秘其法，不以著書傳後人。講武術者，莫不宗其所傳，淺俗歌訣記之，不能詳其理法。然習之者多不能盡其術，且傳者又多秘其要法，言術而不言理，後學更無從問津矣。

吾友薛君，精技術，視此傳法年久必當失傳，因著《形意拳術講義》注及圖解，以餉同志。詳其動作，志其應用。而於五拳十二形之練法尤為重視。此書出而慕形意拳者，得有途轍，真空前絕後之作也。讀者，苟能悉心體會，豁然貫通，自不難階及神明。

余不敏，敢真言不貢，對一斯術未窺門徑，略贅數言而矣。

民國十八年歲次己巳
中秋熱河盧文熯序

序

溯自海禁開放，歐風東漸，國人多捨其固有之國技，而求泰西之運動，以致精奧之國技，反而中隱，良可歎也。苟欲得健全之精神，必先有健全之身體；欲求身體之強健，厥惟國技是賴。國技之種類繁多，形意拳其最著者也。

吾師薛國興先生，總角習武，歷經名師，從李振邦先生習形意，得其真傳，凡教返同人，無不悉心指導，不憚煩勞，以提倡國技，強國強種為己任，懼初學之無指證，故著此書，壽我同志，功非淺鮮，誠體育之實筏也。

謹書數語，以志銘感。

衡水崔占斌謹序

序

夫技也，何以生，生於人之智。天地變端，萬物莫測，龍之行雲，虎之御風，鳳翔岐山，鶴唳長空，莫非技也？襄達摩老祖之五禽、心意等禪功，皆相禽獸之形而始得。迨宋岳鄂王，復精研之，而易名曰形意。

清季，吾鄉戴先生精是拳，後傳直隸深州李老能先生，而盛行於直隸。淵雖不敏，然慕形意之真傳久矣，今歲至津，得列薛國興先生門牆，始得知形意之真意。薛先生之習形意也，師事李老能之孫李振邦先生，故所傳彌真，恐後學之誤入歧途也，故將所學著為書，以鳴於世。其殷殷誘掖之心，誠自古所罕見。尚望學者，用心求之，庶不負著者之苦心也。

山西祁縣郭仰淵拜撰

序

吾國武術，昌明於戰國，至明清而大盛，雖有內外家之分，武當少林之別，而提倡體育，激發尚武精神之意則一。惜乎滔滔天下，武人不文，文人不藝，又多私相授受，幾無專書，以資考證。雖代有傳人，亦皆湮沒不彰，誠可慨也。

宋岳忠武王，創造形意拳，備極精妙，為諸拳冠，及乎今世，能者少，精者尤少。吾師薛公顛字國興，河北束鹿人，任俠好義，精技擊之術，獨慨民族積弱，國步艱難，民憤為雄，提倡國術，精研形意者凡數十寒暑，得其精奧，闡發玄微，著為一冊，以公諸世，嘉惠後學，功至深遠。而岳忠武王之苦心，以將以先生之書而永垂不朽矣。書將付梓，謹貢弁言，以志敬慕。

民國十八年十一月　門人武邑李廷俊　竇抵李學志謹序於析津

校閱者：天津縣國術館秘書　李學志

達摩先師面壁圖

達摩真意

達摩大師傳下《易筋》、《洗髓》二經，習之以強壯身體，還人之初生面目，妙用無窮，如天地化育萬物之理。拳經之理，即天地之理。又人之性也，亦道家之金丹也。理也，性也，金丹也，形名雖異，其理則一，故久練可以同登聖域，能與天地合其德，與日月合其明，與四時合其序。學者胡不勉力而行之哉。

道經云：

道眞竅不眞　修道枉勞神

祖師眞訣竅　知竅即成眞

岳武穆先師之像

岳忠武王形意拳要訣

形意拳者，乃岳忠武王之所創，是合五綱十二目，統一全體之功用也，取諸於身內，則使全體自強不息，中庸所謂博厚配地，高明配天，悠久無疆是也；取之於外，則使四體百骸，內外合其道，誠者自誠，而道自道也（言似離奇，實習則明）。

以拳之應用，則內中之氣獨能伸縮往來，循環不已，充周其間，視之不見，聽之不聞，潔內華外，洋洋流動，上下四方，無所不有，無所不生。至此，拳內真意真勁，誠中形外，而不可掩矣。學者，於此用心，至誠無息，可以至無聲無臭之極端矣。

先賢云：拳若練至拳無拳，意無意，無意之中是真意，始達其境矣。

校閱者　　　　　　　　　　　　　　　　校閱者
天津縣國術館教員　張春生　　　　　　河北省國術館董事　高志仁

自序

蓋夫體育一途，創自達摩大師，名為內經。迨至宋朝，鄂王岳飛，又精研內經之意義，化生五行（金木水火土）、十二形（天地間動物之形）之原理，因名為形意拳，總合五綱十二目，統一全體之功用在內為意，在外為形。

是術乃修身之本源，明心見性還原之大道，攬陰陽之造化，轉乾坤之樞機，誠強身之捷徑也。元明二代，幾於失傳，至明末清初時，浦東諸馮，姬際可字隆風先生，適終南山，得鄂王內經數編，乃精是術。後傳曹繼武（康熙己酉科武試三元，供職陝西靖遠總鎮）先生。

先生致仕歸里，隱居田園，授徒以娛晚年。山西戴龍邦盡得所傳。戴先生再傳直隸深縣李飛羽先生（世稱老能），李先生又傳門徒多人。其子太和又傳李振邦（李飛羽之孫、李太和之子）薛振綱等。

余幼年失學，天性好交，慕朱家郭解之遺風，喜習武，愛擊劍，得侍李振邦、薛振綱二先生為師，從學二十寒暑，微悉門內旨趣。但諸先生耳提面命之外，未著專書。余恐後之學者，不知形意拳真意，爰不辭固陋，立願敘述，每勢備一圖像，附一淺說，表明拳內原理，以及五行十二形之性質、精神、奧妙，再按各拳之形勢，編輯成書，以公諸同好，非敢自矜一得。聊以廣技擊之傳耳，實無文法可讀，然與吾所學，未敢稍有悖謬。未盡善處，想必不免，尚望明斯理者，隨時指正為盼。

凡例

一、是編拳經講義及演式，分輯上下兩編，提綱挈領，條目井然。按次習之，自能潛通默悟。

二、是編拳經總論三章，首自發明，無極空空靜靜，自微而顯，一變而為炁化形質，與夫陰陽之造化，乾坤之旋轉，放之而為天地六合，捲之則退藏於默。拳術之起始，實基於此。

三、是編自無一炁之起源，而發育五行及十二形之真義，並附正面側面、左右前後之圖說，以備學者考其原始。

四、是編次列講義三章，詳解人身之四肢百骸、動靜伸曲，內而通乎臟絡，外而合於五行，必使體舒氣暢，運用自然，始為得體。

五、是編附拳法初學入門及三害等，以備習者有所遵循。

六、是編再次，則排演拳術，自五行拳起，首章劈拳，五章橫拳，六章連環，七章五行生剋炮拳，為上編。

七、是編列舉形意拳術，有單行對舞之要訣。單行者，自身練習也；對舞者，二人互相搏（ㄊㄨㄢ，點校：疑為「摶」字之誤）擊也。習之純熟，自有心得，倘遇敵手，便可運用靈敏。

八、是編列舉十二形，實本天地萬物化生之理，取世間禽獸之具有特能者，妙效其性能，慕效時久，自能精神入體。

九、是編第一章自龍形演起，至十二章鷹熊鬥志勢終，為下編。

十、是編形意拳術，實與衛生健身關係至切，如能長習，則疾者能癒，弱者可強。男女老少皆可練習，既無折腰屈膝之痛苦，又無躍高縱險之危勞，斗室席地，長衣緩帶，亦可演習。雖屬武術，跡近文雅。

十一、是編對於軍學兩界最為合宜，逐日列入課程，較之體操，定能收事半功倍之效。

十二、是編各勢皆附一圖，並詳釋身法、步法進退路線，務使學者易於明瞭。

十三、是編練習時，身手分明陰陽，以前心為陰，脊背為陽；手心為陰，手背為陽；以手大母指（點校：同「大拇指」）朝上為陰陽掌；以右肩在前，或左肩在前，皆為陰陽身；拳虎口朝上，為陰陽拳。

十四、是編學者，如按書摹習時久，自能登峰造極；若以己意擅改，則必失之毫厘，差之千里矣。學者且以慎之。

勘誤表

目錄	頁數	行數	誤刊	更正
拳經曰	四八	十	莫在一思存	莫在一思退
第二節	五五	一	三梢	四梢
戰手要法	五八	六	要凝神衣氣	要凝神聚氣
形意摘要	六二	一	彼手已不著	彼手挨不著
太極	六六	十	頭項身拗	頭頂身拗
劈拳路線	七〇	五	左足印定右	左足印定左
崩拳回身	七八	四	左拳抑抱	左拳仰抱
躦拳起勢	八〇	四	後拳肘進	後拳肘近
炮拳路線	八三	上邊	三組	二組
連環拳	九七	十一	無名指食指	無名指小指
連還回身	一〇二	八	左拳抑抱	左拳仰抱

續表

目錄	頁數	行數	誤刊	更正
龍形回身	一二〇	五	左拳抑抱	左拳仰抱
虎形路線	一二一	上中間	一組	三組
猴形	一三四	一	猴形回法	猴形回演
猴形	一三四	八	與右手相齊	與右足相齊
鷂形	一六八	上圖右	第四節鷂形右落勢	第四節鷂形左落勢
鷂形	一六八	下圖左	第五節鷂形左起勢	第五節鷂形右起勢
鷹形	一七一	九	勁至手心朝上	擰至手向朝上
鷹形	一七二	圖	鷹形右轉回身圖	鷂形左轉回身圖
說明	行數均由右向左計算			

目錄

五行拳術目錄……六九

下編形意拳術講義

十二形拳術目錄

上編　形意拳術講義

第一章

第一節　五行名稱

五行者，金木水火土也，內有五臟，外有五官，皆與五行相配。心屬火，肝屬木，脾屬土，肺屬金，腎屬水，此五行隱於內也。舌通心，目通肝，鼻通肺，耳通腎，人中通脾，此五行之著於外也。且五行有相生之道，金生水，水生木，木生火，火生土，土生金。又有相剋之義，金剋木，木剋土，土剋水，水剋火，火剋金。五行相生，所為變化無窮；五行相剋，取其破他人之手勢，蓋拳術取名之義基在此矣。取諸於身，則使五臟充實，而全體無虧。運用在外，能使體舒和暢；運用在內，能使清氣上升，濁氣下降。堅實其內，整飾其外，以為平時練習之規則。

第二節　形體合一

易云：兩儀生四象，四象生八卦，八卦生八八六十四卦之數，皆從太極分散而來。太極者，天命之性，即人之心意也。意者心之所發也。人為萬物之靈，能感通諸事之應，是以心在內，而理周乎物；物在外，而理具於心，是故心意誠於中，而萬物形於外。在內為意，在外為形，合於術數。近取諸身內為五行，遠取諸物外為十二形，內外相合而形生焉。明乎斯理，則天地萬物形體之合一，皆可默悟矣。

第三節　拳經解釋

蓋夫形意拳術之道理，內有七拳、八字、二總、三毒、五惡、六方、六猛、八要、十目、十一格、十四打法、十六練法、九十一拳、一百零三槍之秘訣。次序述之以標明其義，使學者知其真意焉。

七拳法　頭、肩、肘、手、胯、膝、足，共七拳。

八字訣　斬：劈拳。截：攢拳。裹：橫拳。胯：崩拳。挑：踐拳。燕形。頂：炮拳。雲：鼉形拳。領：蛇形拳。

二總法　三拳、三棍，為二總。三拳，是天地人生法無窮。三棍，是天地人生生不已。

三毒法　三拳，三棍，精熟即為三毒。

五惡法　得其五精，即為五惡。

六猛法　六合練成即為六猛。

六方法　內外合一即為六方。

八要法　心定神寧，神寧心安，心安清淨，清淨無物，無物氣行，氣行絕象，絕象覺明，覺明則神氣相通，萬象歸根矣。

十目法　即十目所視之意。

十一格法　自七拳格起，至士農工商為十一格。

十四打法　手、肘、肩、胯、膝、足、上下、左右、前後，共十二拳。頭為一拳，臂為一拳，共十四拳。名為七拳，故有十四處打法。此十四處打法，變之則有萬法，合之則為五行，兩儀仍歸一炁也。

十六處練法 一寸，二踐，三躦，四就，五夾，六合，七疾，八正，九脛，十警，十一起落，十二進退，十三陰陽，十四五行，十五動靜，十六虛實。

寸：足步也。

踐：腿也。

躦：身也。

就：束身也。

夾：如夾剪之疾也。

合：是內外六合。心與意合，意與氣合，氣與力合，是為內三合。肩與胯合，肘與膝合，手與足合，是為外三合。

疾：疾毒內外合一。

正直：看正卻是斜，看斜卻是正。

脛：手摩內五行也。

警：警起四梢也。火機一發物必落。磨脛磨脛，意氣響連聲。

起落：起是去也，落是打也；起亦打，落亦打，起落如水之翻浪，才成起落。

進退：進是步低，退是步高。進退不是枉學藝。

陰陽：看陰而卻有陽，看陽而卻有陰。天地陰陽相合能下雨；拳有陰陽相合能成一氣，氣成始能打人成其一塊，皆為陰陽之氣也。

五行：內五行要動，外五行相隨。

動靜：靜為本體，動則作用。若言其靜，未漏其機。若言其動，未見其跡。動靜正發而未發之間，謂之動靜也。

虛實：虛是精也，實是靈也，精靈皆有，成其虛實。拳經歌曰：精養靈根氣養神，養功養道見天真；丹田養就長命寶，萬兩黃金不與人。

九十一拳法　三拳，分為二十一拳；五行生剋是十拳，分為七十拳，共九十一拳。一拳分七拳，是前打、後打、左打、右打、上打、下打、不打、打打。

一百零三槍　天地人，三槍，各分四柱，是三四一十二槍；五行，五槍，是五七三十五槍；八卦，八槍，是七八五十六槍，共一百零三槍。

拳經曰：

頭打落意隨足走，起而未起占中央。
腳踏中門搶他位，就是神仙亦難防。
肩打一陰反一陽，兩手隻在洞中藏。
左右全憑蓋他意，舒展二字一命亡。
肘打去意上胸膛，起手好似虎撲羊。
或往裏撥一旁走，後手只在肋下藏。
拳打三節不見形，如見形影不為能。
能在一思進，莫在一思退。（點校：原書為「存」應為「退」，據原稿《勘誤表》改）。
能在一氣先，莫在一氣後。
胯打中節並相連，陰陽相合得之難。
外胯好似魚打挺，裏胯藏步變勢難。

膝打幾處人不明，猛虎好似出木籠。
和身展轉不停勢，左右明撥任意行。
腳打採意不落空，消息全憑後足蹬。
與人較勇無虛備，進退好似捲地風。
臀尾起落不見形，猛虎坐臥藏洞中。
臀尾全憑精靈炁，起落二字自分明。

拳經云：

混元一氣吾道成，道成莫外五真形。
真形內藏真精神，神藏氣內丹道成。
如問真形須求真，要知真形合真象。
真象合來有真訣，真訣合道得徹靈。
固靈根而動心敵將也，養靈根而靜心修道也。
武藝雖真竅不真，費盡心機枉勞神。
祖師留下真妙訣，知者傳授要擇人。

第二章

第一節　初學入門規矩

練習拳術，不可自專自用而固執不通。若專求力則凝滯不靈，專求重則沉重不活，專求氣則拘泥不通，專求輕浮則神意渙散。要而言之，身外形順者，無形中自增氣力。身內中和者，無形中自生靈炁。如練至功行圓滿之時，凝神於丹田，則身重如山，化神成虛空則身輕如羽，所以練習不可固執一端也。果得其妙道，亦是若有，若無，若實，若虛，勿忘、勿助之意，不勉而中，不思而得，從容中道，無形中而生，誠神奇矣。

第二節　練習三害

初學練習武術，謹當切忌三害。三害不明，練之足以傷身；明之自能得道。三害者何？一拙力，二努氣，三挺胸提腹是也。如練出拙力，則四肢、百骸，血脈不能流通，筋絡不能舒暢，全身發拘，手足不能活潑，身為拙氣所滯，滯於何處，何處成病。

練時，努力則太剛易折，胸內氣滿，肺為氣所排擠，易生滿悶肺炸諸病。若挺胸提腹，則氣逆上行，終不歸於丹田，兩足似萍草無根。譬如心君不和，百官必失其位。拳法亦然。若不得中和，即萬法亦不能至中立地步。故練習之時，謹忌三害。用以力活氣順，虛心實腹，而道心生，練之設如此，久而久之，自然練至化境矣。

第三節　呼吸合道

夫人以氣為本，以心為根，以息為元，以腎為蒂。天地相去八萬四千里，人之心腎相去八寸四分。一呼百脈皆開，一吸百脈皆合。

天地化工流行亦不出乎呼吸二字。且呼吸之法，分有三節道理。初節之道理，乃是色身上事，即練拳術之準繩。呼吸任其自然，有形於外，謂之調息，亦謂煉精化炁之功夫。二節之道理，謂之法身上事。呼吸有形於內，注意丹田，謂之息調，亦謂煉炁化神之功夫。三節之道理，乃是心腎相交之內呼吸，無形無相，綿綿若存，似有非有，無聲無臭，謂之胎息，亦即是煉神還虛之功夫。

呼吸有三節道理，拳術有三步功夫，謂之明勁、暗勁、化勁是也。明勁者，拳內之法，伸縮開合之勢，有形於外。暗勁者，動轉神速。動則變，變則化，變化神奇，有形於內。化勁者，無形無相之手法，不見而章，不動而變，之神化也。此三步之功夫，是練拳術根本實際之道理，亦謂之練術合道之真訣。知此道理，可以謂之性命雙修也。

第四節　三步功夫

易骨者，明勁也。練習時，身體動轉，必須順遂而不可悖逆；手足起發必須整齊，而不可散亂。為之築基壯體，充足骨髓，堅如金石。而氣質形容，如山嶽之狀。此謂之初步功夫。

易筋者，暗勁也。練時，神氣圓滿，形式綿綿，舒展運用，活潑不滯。為之長筋騰膜，全身筋絡伸展，縱橫聯絡，而生無窮之力。此謂之二步功夫。

洗髓者，化勁也。練時，周身動轉，起落、進退、伸縮、開合，不可用力，將神意蟄藏於祖竅之內，身體圓活無滯，形如流水。其心空空、洞洞，而養靈根。此謂之三步功夫。

第五節　靈通三性

夫三性者，以心為勇性，眼為見性，耳為靈性。此三性者，藝中應用之根本也。然調養之法，眼應不時常尋還，耳應不時常照應，心應不時常警醒，使之精靈三性，形影相隨。用之三性靈通，運貫如一，蘊發在我，庶不至為人所賣，而無見機之哲也。

第六節　六合為一

心與意合，意與氣合，氣與力合，內三合也。手與足合，肘與膝合，胯與肩合，外三合也。內外如一，謂之六合。左手與右足相合，左肘與右膝相合，左膝與右肩相合；右之與左亦然也。以及頭與手合，手與身合，身與步合；心與眼合，肝與筋合，脾與肉合，肺與皮合，腎與骨合。總而言之，一動無不動，一合無不合，五行百骸，悉在其中矣。

第三章

第一節　三節合一

三節者，根中梢也。以人言之，頭為梢節，身為中節，腿為根節。以頭言之，天庭為梢節，鼻為中節，地閣為根節。以中身言之，胸為梢節，腹為中節，丹田為根節。以下部言之，足為梢節，膝為中節，胯為根節。以肱言之，手為梢節，肘為中節，肩為根節。以手言之，指為梢節，掌為中節，腕為根節。換而言之，人之一身，無處不各有三節也。

三節之動，不外起隨催三字而已。蓋梢節起，中節隨之，根節催之，無有長短曲直參差俯仰之病。三節之所以貴明，故分而有三，合而為一也。

第二節　四梢（點校：原書為「三梢」應為「四梢」，據原稿《勘誤表》改）三心歸一

蓋人之一身，有四梢，曰血梢、筋梢、骨梢、肉梢是也。此四梢者，一動而能變化常態。髮為血梢，屬心。心怒氣生，氣沖血動，血輪發轉，精神勇敢。毛髮雖微，怒能衝冠，氣足血旺，力能撼山。爪為筋梢，屬肝。手足指功，手抓足蹬，氣力兼併，爪生奇功。齒為骨梢，屬腎。化精填骨，骨實齒堅。保齒之道，最忌熱涼。冷冬炎夏，唇包齒藏。年邁者老，上下成行。舌為肉梢，屬脾。脾醒舌靈，胃健肉長，坤田氣壯，肌肉成鏃，充實腑臟，剛柔攸揚。

三心者，手心、足心及心是也。用之手心要扣，足心要立，人心要靈。明乎四梢，增神力。明乎三心，生靈炁。四梢三心要合全，精神勇敢力推山。氣動心意隨時用，硬打硬進無遮攔。遇敵要取勝，成功須放膽。四梢三心歸一體，運用靈活一混元。

第三節　身法八要

身法者何？縱橫高低進退返側八要而已。縱則放其勢，一往而不返。橫則裹其力，開括而莫阻。高則揚其身，而身若有增長之意。低則抑其身，而身若有攢捉之形。當進則進，鼓其氣，彈其身，而勇往直衝，如蟄龍之升天（抖搜意也）。當退則退，領其氣而回轉，若猿猴之靈通（巧也），巧也。至於翻身顧後，後即前；側身顧左右，左右無分上下。

察乎人之虛實，運吾之機謀，忽縱而忽橫，縱橫因勢而變遷；忽高而忽低，高低隨時以轉移。時宜進，故不可退而餒其氣。時宜退當以退，而鼓其進，此進故謂之真進。若返身顧後，而後亦不覺為後；側身顧左右，而左右亦不覺為左右。

總而言之，其要者，則本諸身進而前，四體百骸不令而行，應用在眼，變通在心，勇往在氣。此八要之所以貴明，學者知此道理，可以入道矣。

第四節　步法手法五要

步法者，寸步、墊步、翦步、快步是也。一尺遠近則用寸步，三五尺遠則用墊步，六七尺遠則用翦步，丈八尺遠則用快步。步法中為快步最難，是起前足，則後足平飛而去，如馬之奔，虎形之蹘（點校：音義待查。他譜此字作「躍」）。

步法者，足法也。足之要義，是起翻落躦。起者，如手上翻之撩陰。落躦，似大石之沉水。夫足之進忌踢，進則用採。採者，如鷹之捉物也。

手法者，單手、雙手是也。單手起往上長身而躦，下落縮身而翻，形如鷂子穿林，束身起，展翅飛也。雙手上起，兩肱似直非直，似曲非曲，形如舉鼎。手落似猛虎搜山，然其要者，有五惡，抓撲裹舒抖也。拳經云：抓為毒。撲如虎，形似貓捕鼠。裹為護，身不露。抖要絕。力展舒。心毒手如弩。總而言之，手不離足，足不離手，手足亦不能離身；分而言之，則萬法；合而言之，則仍歸一氣。三回九轉是一勢，正此之謂也。

上法以手足為妙，進步以手足為奇。以身為綱領，其應用進身而發勢。三節要明，四梢相齊；內五行要和，外五行相隨。遠近因時而用，心一動而即至。其理流行於外，發著於六合之遠，承上接下，勢如連珠箭，何慮他有邪術。知此道理，神奇技矣。

第五節　戰手要法

二人初次見面，未交手前，要凝神聚（點校：原書「衣」應為「聚」，據原稿《勘誤表》改）氣，審視敵人五行之虛實（精神體格），注意敵人之動靜，站近敵人之身旁，成三角斜形式。占左進右，上右進左，進步進身，靈活要快，形似蛟龍翻浪。發拳要捲緊，拳緊增氣力。發掌要扣手心，掌扣氣力加。三尖四梢要相齊，心要虛空而狠毒。不毒無名。

俗云：人無傷虎心，虎生食人意。氣要上下三田聯絡往返，精氣能貫溉四肢。以心為主宰，以眼為統帥，以手足為先鋒。不貪，不歉，不即，不離。膽要大，心要細，面要善，心要惡。靜似書生，動如雷鳴。審察來人之形勢，彼剛我柔，彼柔我剛，剛柔要相濟。進步發拳，先占中門。肘不離肋，手莫離心。束身而起，長身而落。隨高就高，隨低打低。遠發足手，近加膝肘。上打咽喉下撩陰，左右兩肋在中心。發手莫有形，身動勿有勢。操演時，面前似有人。交手時，面前似無人。

拳經云：

打法先上身，手足齊至方為真。

身似游龍拳打烈炮，遇敵好似火燒身。

起無形，落無蹤，手似毒箭，身如返弓，消息全憑後足蹬，進退旋轉靈活妙，五行一動如雷聲。風吹浮雲散，雨打沉灰淨，五行合一體，放膽即成功。

第六節　形意摘要

一要塌腰，二要垂肩，三要扣胸，四要頂，五要提，六橫順要知清，七起鑽落翻要分明。

塌腰者：尾閭上提，而陽氣上升，督脈之理，而又謂之開督。

頂者：頭頂、舌頂、手頂是也。頭頂而氣衝冠，舌頂而吼獅吞象，手頂而力推山。

提者：穀道內提也。古仙云：緊撮穀道內中提，明月輝輝頂上飛。而又謂之醍醐灌頂，欲得不老，還精補腦。

垂肩者：肩垂則氣貫肘，肘垂則氣貫手，氣垂則氣降丹田。

扣胸者：開胸順氣，而通任脈之良箴。能將精氣上通泥丸，中通心腎，下通氣海，而至於湧泉。

橫者，起也。順者，落也。起者，躦也。落者，翻也。起為躦，落為翻。起為橫之始，躦為橫之終。落為順之始，翻為順之終。頭頂而躦，頭縮而翻。手起而躦，手落而翻。足起而躦，足落而翻。腰起而躦，腰落而翻。起橫不見橫，落順不見順。起是去，落是打。起亦打，落亦打。起落如水之翻浪，方是真起落也。

勿論如何，起躦、落翻，往來總要肘不離肋，手不離心。手起如鋼銼，手落如鉤竿。起者，進也。落者，退也。未起如摘字，未落如墮字。起如箭，落如風，追風趕月不放鬆。起如風，落如箭，打倒還嫌慢。足打七分手打三，五營四梢要合全。氣隨心意隨時用，硬打硬進無遮攔。打人如走路，看人如蒿草。膽上如風響，起落似箭躦。進步不勝，必有怯敵之心。此是初步明勁，有形有象之用也。

至暗勁之時，用法更妙。起似蟄龍升天，落如劈雷擊地。起無形，落無蹤，起意好似捲地風。起不起，何用再起；落不落，何用再落。低之中望為高，高之中望為低。打起打落，如水之翻浪。不翻不躦，一寸為先。足打七分手打三，五營四梢要合全。氣浮心意隨時用，打破身勢無遮攔。此是兩步暗勁，有無窮之妙用也。拳無拳，意無意，無意之中是真意。拳打三節不見形，如見形影不為能。隨時而發，一言，一默，一舉，一動，行止，坐臥，以至於飲食、茶水之間，皆是能用。或有人處，或無人處，無處不是用。所以無入而不自得，無往而不得其道，以致寂然不動，感而遂通，無可無不可。此是三步化勁神化之功用也。

然而所用三步之功夫，虛實、奇正，亦不可專有意用於奇正、虛實。虛者，並非專用於彼。己手在彼手之上，用勁拉回，落如鉤竿，謂之實。彼手挨（點校：原書「己」應為「挨」，據原稿《勘誤表》改）不著我之手，我用勁將彼之手拉回，謂之虛。並非專用意於虛實，是在人之形勢感觸耳。

奇正之理亦然。奇無不正，正無不奇。奇中有正，正中有奇。奇正之變化，如循環之無端，所用無窮也。拳經云：「拳去不空回，空回非奇拳。」正謂之此意也。學者深思格務此理，而要義得矣。

形意拳術

第一章　總綱

第一節　無極論

無極者，空空靜靜，虛若無一物也。聖人自陰陽以統天地。夫有形者生於無形，無形則天地安足生，故曰：有太易、太初、太始、太素而太極之五太也。胎包炁質形之本也，一驚而生炁質形也。氣之輕清而上浮者為天，氣之重濁而下凝者為地。

然太易者，未見氣也。太初者，氣之始也。太素者，質之始也。太始者，炁形之始也。炁形，質具，而未相離。視之不見，聽之不聞，尋之不得，故曰：易也。易無形狀，易變為一太極生也，由太極而化生萬物也。如易仍無形，太極亦不生炁，形質渾淪而相離，虛無縹緲復而謂之無極也。

第二節　虛無無極含一炁

虛無者，無形○之勢也。無極者⦶，含一混沌不分之炁也。此炁乃是先天真一之祖炁，氤氳無形。其中有一點生機含藏，名為先天之本，性命之源，生死之道，天地之始，萬物之祖，陰陽之母，四象之根，八卦之蒂。即太極之發源而謂之無極也。

無極圖

第三節　起　點

開勢先將身體立正，面向前，兩手下垂，兩足九十度之姿勢。心中要空空無物。

此勢謂之順行天地自然化生之道，又謂之無極含一炁之勢也。此勢乃為練拳術之要道，形意拳術之基礎也。

第二章

第一節　太極論

太極者，炁形質之本，無極而有極也。自無歸有，有必歸無；無能生有，有無相生，無有盡時。太極中於四象兩儀之母也。其性屬土。天地萬物皆以土為本，故萬物之旺由土而生，萬物之衰由土而歸也。在人五臟屬脾，脾旺則人之四肢百骸健全。取諸形意拳中為橫拳，內包四拳，即劈崩躦炮之拳，共謂之五德，而又謂之五行也。

第二節　太極勢(一)

將無極之姿勢半面向左轉，左足跟靠右足裏脛骨，為四十五度之姿勢。隨時再將身體下沉，腰塌勁，頭頂勁，目平視，內中神意抱元守一，和而不流。口似張非張，似合非合。舌頂上腭。穀道內提。

此勢取名一炁含四象，謂之攬陰陽，奪造化，轉乾坤，扭氣機，於後天之中，返先天之真陽，退後天之純陰，復本來之真面目，歸自己之真性命，而謂之性命雙修也。故心以動，而萬象生。其理流行於外，發著於六合之遠，無物不有。心以靜，其氣縮至於心中，退藏於密，無一物之所存。故練拳依此開勢為法也。

太極圖

第三節　太極勢(二)

左足不動，右足向外斜橫進步。兩手攥上拳，左手陽拳停在左胯，右手隨足進時向裏擰勁，擰成陰拳，如托物之勢，順胸上起，往前伸出。頭頂（點校：原書「項」應為「頂」，據原稿《勘誤表》改）身拗，目視右拳大指根節——謂之雞腿、龍身、熊膀、虎抱頭。

雞腿者，獨立之勢。龍身者，三曲之形。熊膀者，項直豎之勁。虎抱者，兩手相抱似猛虎離穴之意。總而言之，即中庸不偏不倚之謂也。

第三章

第一節　兩儀論

兩儀者，是太極流行綿綿不息分散而生也。太極左伸，則為陽儀。太極右縮，則為陰儀。所謂陽極必生陰，陰極必生陽，陰陽相生，則生生不息。天為一大天地，人為一小天地。天以陰陽相合而生三才。三才者，天地人，三才之象也。人以陰陽而生三身。三身者，上中下三丹田也。三田往返，陰陽相交，為人性命之根，造化之源，生死之本，即道家之金丹是也。拳術之理亦然。且拳術左分則為陽儀，右分則為陰儀。陰陽伸縮，生生流行，綿綿不息，即拳內動靜起落進退伸縮開合之玄妙也。所以數不離理，理不離數，數理兼用，方生神化之道。體用一源，動靜一理。分而言之為萬法，合而言之仍歸太極之一炁也。形名雖殊，其理則一，正是此意義也。

第二節　兩儀生三才

將太極之姿勢，右足不動，左足向前進步。左手同足進時，往前順右肱推出，至右手腕向下翻勁，成半陰陽掌；右手亦同左手往前推翻時，向裏扭勁，回拉至下丹田，成半陰陽掌。兩手大指虎口圓開，兩肱屈伸，似直不直，似曲不曲。目視左手大指梢。兩肩鬆開，沉勁；兩胯根塌勁，是肩與胯合。兩肘垂勁，兩膝合勁，是肘與膝合。兩足蹬勁，兩手五指伸勁，是手與足合。此謂之三合也。要而言之，是肩催肘，肘催手，腰催胯，胯催膝，膝催足，上下合而為一。此身勢不可前栽（點校：原書「裁」當為「栽」字之誤）後仰左斜右歪。正是斜，斜是正；陰是陽，陽是陰，陰陽相合，內

兩儀三才圖

外如一，此謂之六合也。總而言之，六合，是內外相合；內外相合，即是陰陽相合；陰陽相合，三才因斯而生焉。

以後無論各拳、各形、開勢，皆用三才勢為主。熟讀拳經，深默溫習，法無不中。拳經云：三才三身非無因，分明配合天地人。三元靈根能妙用，武術之中即超群。

五行拳術

第一章　劈拳講義

劈拳性屬金，是陰陽連環成一氣之起落也。氣之一靜，故形象太極；氣之一動，而生物。其名為橫。橫屬土，土生萬物，故內包四拳。按其五行循環之數，土能生金，故先練習劈拳。上下運用而有劈物之意。其性像斧，故名劈拳。取諸身內，則為肺。勁順則肺氣和，勁謬則肺氣乖。夫人以氣為主，氣和則體壯，氣乖則體弱。故學者，不可大意也。步法，三步一組，前足進為一；

後足進為二；既進之足，復跟為三。如左圖。

第一節　劈拳進步路線

（點校：據《勘誤表》，下圖左側的「右」字應為「左」字）

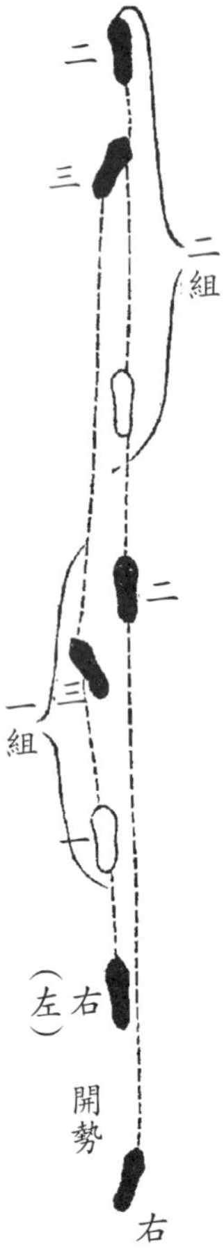

第二節　劈拳起勢

三才勢右足不動，先將左足尖向外前進步。兩手同時攥上拳，右手將拳陰翻靠右臍旁停住，左手將拳往下直落至丹田（俗名小腹），變成陰拳；不停，隨時順胸往上躦至心口，手如托物之勢，向前推伸與右足相順，高不過口，低不過喉。兩肱兩股似曲非曲，似直非直。頭頂勁，腰塌勁，目視左陰拳大指根

劈拳左勢圖一

劈拳右勢圖二

節（劈拳左勢圖一）。

拳經云：

兩手緊握，同變陰拳。
左拳落出，肘順胸前，
高不過肩，力垂左肩。
右拳靠臍，肘置肋邊。
眼平舌捲，氣降丹田。

第三節　劈拳落勢

再換勢。右足向前大進，左足後跟相離一尺五六寸。總而言之，兩足站離，合自己之步法姿勢為佳。右手同足進時，上起順左肱向前擰勁，推伸下翻成半陰陽掌，高平乳形順足；左手亦同時向下翻，往後拉勁成掌，至左胯前停住。肱股屈伸，頭頂身挺，目視右手食指梢（劈拳右勢圖二）。

再演與左勢圖一、右勢圖二，手法、步法均相同。數之多寡勿拘。回身總宜出左手、左足再回身。

拳經云：

左足既開，右足大進。
手足齊落，推挽兩迅。
左足斜跟，右足仍順。
指開心齊，後手肋近。
手足與鼻，列成直陣。

第四節　回身法

左足在前右轉身（右足在前左轉身），右足在前左轉身。轉身時，左前之足尖向回扣，稍進成斜橫形勢；在後之足隨轉身時，前進成順。前手亦同身轉

劈拳右回身圖三

時，挽回成陰拳，緊靠左臍旁；後手亦同轉身時，向裏合勁，順胸往前托伸。目視大指中節（劈拳右回身圖三）。

拳經云：

起勢躦，落勢翻。

行如槐蟲，起挑擔。

若遇人多，三搖兩旋。

正是轉身之謂也。

劈拳右轉路線圖如下。收勢仍歸於原地。

右轉回身進步線圖

第二章　崩拳講義

崩拳性屬木，取之身內屬肝，以拳之應用為崩拳。此拳之性能，是一氣循環往來勢如連珠箭，所謂崩拳似箭屬木者是也。練之拳勢順，則肝舒氣平，養心神，增筋力，而無目疾腿疾之患；拳勢逆，則傷肝，肝傷則兩目昏花，兩腿痿痛，一身失和，心火不能下降，拳亦不得中立地步。

然崩拳勢極簡單。其練法，左足前進，右足相跟，相離四五寸。此勢不換步，出左手進左足，出右手亦進左足，一步一組。學者於此拳中，當細研究其妙道焉。

第一節　崩拳進步路線

第二節　崩拳起勢

三才勢。將左足極力向前直進步，右足同時緊後跟步，相離四五寸。兩手同足進時攥上拳，右拳虎口朝上，肩肘暗含著勁，向前順左肱，手腕上猛伸直出，高與心口相平；左拳以暗含勁向裏扭成陰拳，同時往回拉至左胯前，陰拳停住。目視右拳虎口（崩拳右起勢圖一）。手足起落要相齊。

拳經云：

左足先開，右足跟進。
脛對左踵，腿屈勢峻。
兩掌變拳，後陰前順。
順者力挽，陰者前奮。
兩手互易，步法莫紊。

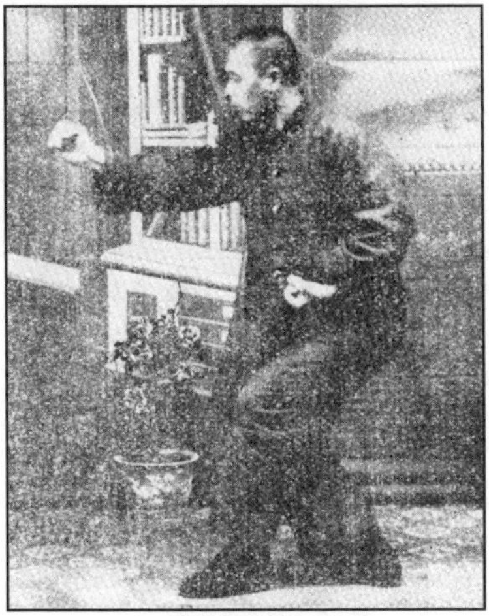

崩拳右起勢圖

第三節　崩拳落勢

將前姿勢左足再向前進步，右足隨同跟步。左手拳暗含著勁，虎口朝上，同足進時，順右肱肘外手腕下往前極力發出；右手亦同左拳外發時，極力順左肱回拉，拉至右胯前停住。目視左手虎口。頭頂，腰挺，氣垂。兩肩鬆開（崩拳左勢圖二）。

再換勢。如起勢第一圖，落勢第二圖。多寡勿拘。回身總宜出左手左足再回身。

崩拳左勢圖二

拳經云：

左足再進，右足後跟。
右手力挽，左拳陰伸。
手足齊出，兩手力均。
後拳成陰，前拳要順。
目視前手，理要齊心。

第四節　崩拳回身法

崩拳回身，俟左拳打出時再回身。先將左手向裏合勁，至左胯前陰拳停住。左足尖速向回，極力扣在右足跟後，左足跟與右足尖相對成斜八字勢；右足亦同時，將足向外斜橫，高提起進步。右手拳亦同足進身轉時，向裏扭成陰拳，如托物之勢，往前極力伸發，俟右足著地時，將拳下翻成掌，往回拉勁至右胯前；左手亦同右拳下翻拉時，順右肱往前伸發，扭勁成掌。形勢左肩右膝，剪子股拗勢，取名為狸貓倒上樹（崩拳回身圖三）。

崩拳回身圖三

右轉回身路線

拳經云：

左扣右橫，隨時轉身。
右足橫提，右拳陰伸。
左拳仰（點校：原書「抑」應為「仰」，據原稿《勘誤表》改）抱，推挽力均。
手足齊落，兩掌半陰。
後掌在肋，前掌齊心。

第三章　鑽拳講義

鑽拳性屬水，是一氣之流通曲折無微不至也。鑽上如龍，突然出水，又似湧泉趵突上翻。取諸身內屬腎，以拳中為鑽拳。其拳快似閃電，形似突泉，所謂屬水者是也。

拳勢順，則真勁突長，腎足氣順。拳勢逆，則拙力橫生，腎虛氣乖，清氣不上升，濁氣不下降，真勁不長，拙力不化矣。學者當知之。

三步一組，如左圖。

第一節　躦拳進步路線

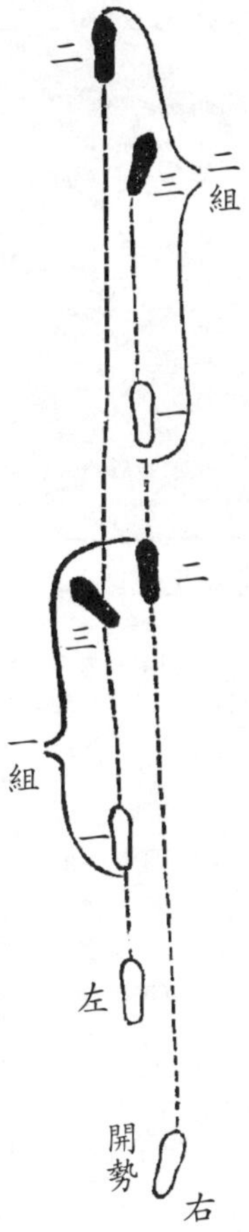

第二節　躦拳起勢

將三才勢。兩手同時攥上拳，左肱停住拳不回。再將左足往前墊步，右足隨後往前大進步，左足後跟步。右拳亦同足進時向裏擰勁，擰的手心朝上，用肩之力，將拳順左肱肘上極力上躦成陰拳，高與鼻齊；左拳亦同足進拳躦時，順右肱肘往下拉勁，至右肘下二三寸，手心朝下，陽拳停住。目視前手小指中節。頭頂，肩垂，身挺（躦拳右勢圖一）。手足起落，要相齊。

拳經云：

躦拳右式圖一

躦拳左式圖二

左足先開，右足大進。
足落拳躦，覆拳宜迅。
左足斜跟，右足仍順。
前拳取鼻，後拳肘近（點校：原書「進」應為「近」，據原稿《勘誤表》改）。
手足與鼻，列成直陣。

第三節　躦拳落勢

換勢時，右足先往前墊步，左足往前大進步，右足後跟步。左拳亦同足前進時，向裏合勁，合的手心朝上，順右肱肘上極力上躦成陰拳，高齊鼻尖；右拳亦同足進拳躦時，向下扣勁，扣的手心朝下，順左肱下拉至肘二三寸，陽拳停住。目視前手小指中節（躦拳左勢圖二）。

再演手足起落。如一起勢、二落勢圖。手數多寡勿拘。

拳經云：

右足已開，左足大進。

右手回撤，左手前奮。

右足緊跟，左足仍順。

手足齊落，換勢莫紊。

前拳取鼻，後拳齊心。

躦拳右回身圖

第四節　躦拳回身法

左足在前，右轉身；右足在前，左轉身。轉身時，先將左足尖向回扣步，扣在右足旁成斜八勢；右足亦隨左足扣時，仍順前進。左手亦同足扣足進時，向上拳回扣，至左肩上，右手拳從肋順胸極力上躦，左拳俟右拳上躦時，極力往回順右肱拉回至肘，仍如前形。手足起落要相齊。目視前手小指中節（躦拳右回身圖）。收勢仍歸於原地休息。

右轉進步路線

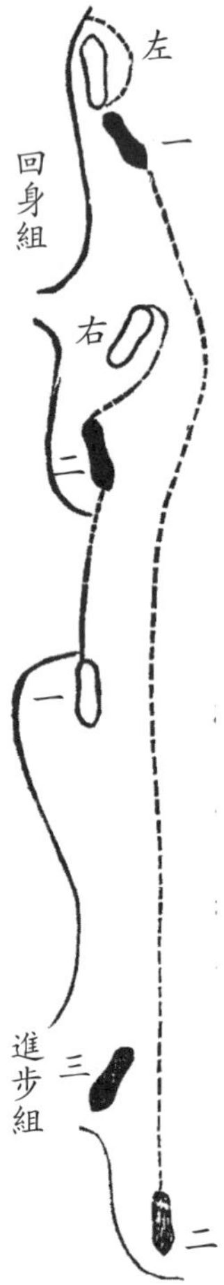

第四章　炮拳講義

炮拳性屬火，是一氣之開合，如迫擊炮之忽然子彈突出，形最猛，性最烈。取諸身內屬心。以拳中為炮拳，形似烈火炮彈。所謂屬火者是也。拳勢順，則身體舒暢，心氣虛靈。拳勢逆，則四體若愚，心氣亦乖，關竅昧閉矣。學者務宜深究此拳也。

四步一組，步徑斜曲。圖如左。

第一節　炮拳進步路線

圓圈是足尖著地之跡。

（點校：據《勘誤表》，下圖左側上邊的「三組」應為「二組」）

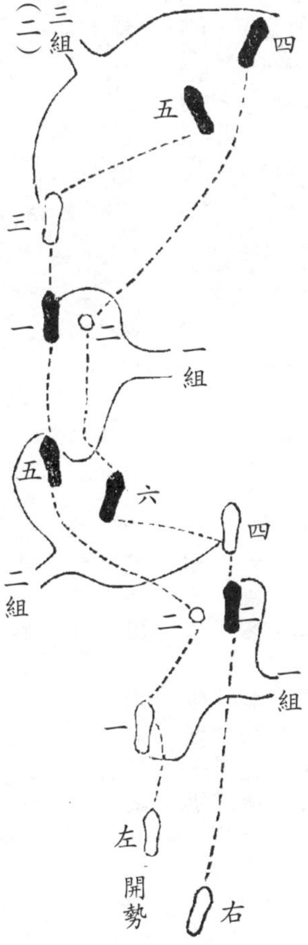

第二節　炮拳起勢

三才勢。左足先向前墊步，右足隨手往前大進步，左足再隨跟步，與右足相併，足尖著地，緊靠脛骨。左肱停住不折回。右手亦同足墊步大進時，手心

炮拳起勢圖一

炮拳落勢圖二

朝下極力往前伸，與左手相齊，俟兩足併立著地時，一齊往下懷中抱勁，至臍向上合勁，翻的手心朝上，緊靠臍根，兩肱抱肋。頭頂，身挺，腰垂，目平視（炮拳起勢圖一）。

拳經云：

左足先進，右足隨之。
右斜左提，眼觀一隅。
拳變陰拳，右肋左臍。
有如丁字，莫亢莫卑。
兩肘加肋，舌捲氣息。

第三節　炮拳落勢

換勢進步，先將右足墊步，左足隨

時往左斜方進步，右足再跟步，相離遠近一尺二三寸。此足相離之姿勢，總宜合法乎中（中者不偏不倚之謂也）。

左手亦同足進時，順著身子往上躦拳，躦至頭正額處，向外擰勁，擰至手心朝外，高與眉齊，肘起與肩平；右手亦同足進，左拳上躦外翻時，從心口往前直出，與崩拳出手勢相同。目視前手虎口（炮拳落勢圖二）。

手足起落躦翻，總要一氣相齊。左右換勢，手足身法均相同。數之多寡自便。

拳經云：

右拳順出，如石之投。
左拳外翻，置之眉頭。
足提者進，與左拳併。
左右互換，勿用他求。
試詳路線，如龍如蚪。

第四節　炮拳回身法

左足在前右轉身，右足在前左轉身。轉身時，將左足往回扣至右足旁著地，右足隨轉身時提起靠左足脛骨。兩拳亦同身轉，足著地時，向懷中抱勁，抱至手心朝上緊靠丹田。目視右方（炮拳回身勢圖三）。

炮拳回身勢圖三

仍斜打。譬如路線，南北轉身，前打東南者，轉身後，則打東北。四隅皆依此類。推再換勢。進步、手法、步法，仍與起落二勢圖相同。回身一隅路線，圖如左。收勢歸原休息。

右轉回身進步路線

第五章　橫拳講義

橫拳性屬土，是一氣之團聚而後分散也。取諸身內為脾。脾屬土，土旺則臟腑滋和，百疾不生，所謂屬土者是也。取之於拳為橫拳。拳勢順，似土之活，滋生萬物，五臟和靄，一氣灌溉。拳勢逆，氣努力拙，內傷脾土，五臟失調，外似死土，萬物不生。故此拳為五拳之要素。學者，宜慎思明辨之。

步法斜徑，類劈躦而非直線。其彎曲又似炮拳。三步一組。如左圖。

第一節　橫拳進步路線

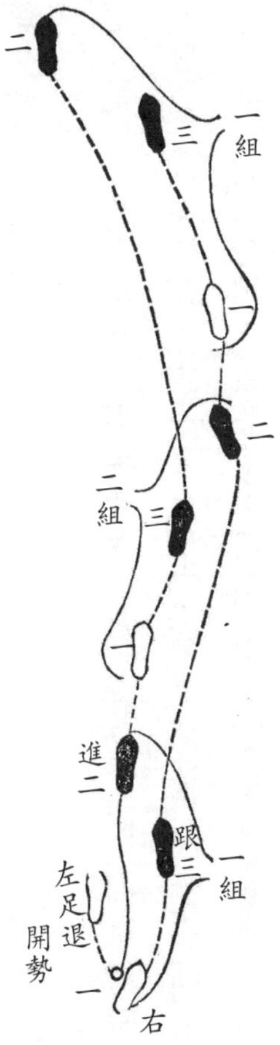

第二節　橫拳起勢

三才勢。先將左足向後退，提起靠右足裏脛骨。兩手同足退時，一齊攥上拳，左肱屈挺向裏扭勁，扭至手心朝上；右拳亦向裏扭至手心朝上，進至左肘下靠住，兩肩向裏合扣。目視左手陰拳小指中節（橫拳起勢圖一）。

拳經云：

左足退提，右足孤立。
兩手成拳，前陰後陽。
陰者平肩，陽者肘匿。
眼平身正，舌捲屏息。
停峙雖暫，厚其足力。

第三節　橫拳落勢

再進步換勢。先將左足極力往前進步，右足隨後緊跟步。右手心向上，亦

橫拳起勢圖一

橫拳落勢圖二

同足進跟時，順左肱肘外往上起躦，順左膝成陰拳；左手拳亦同時向裏合勁，順右肱回拉勁，至臍根，拳心朝下靠住。身斜步拗，目視右手陰拳小指中節（橫拳落勢圖二）。

再演進步換勢。前足先進，後手順肱上擰前進而躦。後足大進，前手回拉裏扣而翻。既進之足復為後跟。數之多少，自便。回身勢，宜出右手，左足再回身。

拳經云：

足進而落，已成剪形。
後拳外躦，前拳退行。
躦翻小指，退與肘平。
下拳橫出，故以橫名。

手足變換，反用則成。

第四節　橫拳右轉回身法

右足在前左轉身，左足在前右轉身。

轉身時，前足尖回扣，扣在後足外旁，後足隨進，扣足再跟。右手拳回，扣在左肩上；左手同時與足前進從肘外上擰而躦，

橫拳右轉回身法圖三

扣肩之手同時亦往下拉勁（橫拳右轉回身法圖三）。

手法、足法、目標，與前勢相同。收勢歸於原地休息。

橫拳回身路線

第六章　五行合一進退連環拳講義

連環者是五行變化合一之勢也。五行分演，則謂之五行拳，而為五綱也；合演，則謂之七政，而為連環也。五拳合為一套，倏進倏退，循環連珠，陸離光怪，貫為一氣，進退無常，故謂之進退連環拳。

練習連環拳以五行拳為母。五拳未能習熟，不必學連環拳。此拳共有十六勢，進退各法，往復練之範圍亦小，是亦有引長之法。練習於寬地不見其短。引長之法，至十六節不轉身，仍打崩拳，接前勢，則往復足六十四勢矣。且連環拳法以應用為主。

連環拳可以連環用之，握之則成拳，伸之則成掌，故可變為連環掌。此徒手之應用也。刀劍棍槍戟鏟鞭鐧，無不可用，有刃則砍，有鋒者則刺，無鋒刃者則打，不過手勢之變化耳。故器械無論大小、長短、雙單，皆可包括無遺。苟明變化之功，何往而不應用哉。

第一節　進退連環路線圖

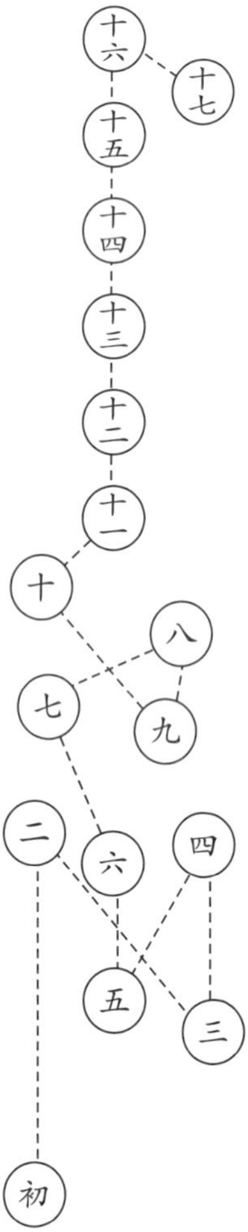

連環崩拳圖

第二節　連環崩拳

初勢仍用三才勢開首。繼則兩手攥拳。先由左足進步，向前。右足緊跟右手拳，虎口朝上，同時順左肘往前極力直出；左手亦同時往後拉至身邊緊靠胯前。目視前手虎口（連環崩拳圖）。

勢如行軍陣圖，衝鋒直擊之意。與崩

拳初勢相同。

第三節　連環拳換勢

右足向後退步，左足向右足後大退步。左手亦同時向裏擰勁，擰至手心朝上，順右肱肘外極力伸躦，與右膝相順；右手向裏合勁，合至手心朝下，順左肱回

青龍出水圖

拉至右胯，翻成陰拳停住。左肩右膝身擰步拗剪子股勢。目視前手小指中節（青龍出水圖）。

如行軍陣圖，出左翼，名為青龍出水，又謂退步橫拳。

第四節　連環拳換勢

再將右足往前直進步，成順勢，左足稍動為斜橫。右拳擰勁虎口朝上，亦同足進時，從右肋向前順左肱與心口平，往前直出；左拳向裏擰，擰至手心朝

白虎出洞圖

猛虎歸洞圖

下，與右手前出，足進時往後拉，手心朝上，陰拳至右胯前停住。目視右手虎口（白虎出洞圖）。

此勢如行軍陣圖，出右翼，名為白虎出洞，又謂順步崩拳。

第五節　連環拳換勢

先將左足向後墊步，右足隨後跟步，與左足相併立。右拳亦同時向懷中抱回緊靠臍上，與左拳相併，兩拳手心朝上，兩肩合扣，兩肱抱肋。目順右肩平視（猛虎歸洞圖）。

此勢如行軍陣圖，兩翼翕合，又謂之猛虎歸洞。

白鶴展翅圖

第六節　連環拳換勢

左足不動，右足仍向右，斜順進步。兩拳手心向裏，同時順胸上起至頭額正處，再將兩拳向外擰勁，擰至手心向外成十字形，隨往左右分開，如畫上半圓形，兩肱各順肩，兩拳手心朝上。目視右手大指中節（白鶴展翅圖）。

此勢如行軍陣圖，兩翼分張之意，拳名鶻形，通稱謂之白鶴大展翅。

第七節　連環拳換勢

左足先向左斜方進步，右足隨後跟步，足尖點地，緊靠左足脛骨。兩拳同時分左右向下翻落，如畫下半圓形，往懷中合抱變成陰拳，緊靠臍腹，右手拳在左手心內托住。頭頂勁，肩合勁，目向右方平視（猛虎蹲穴圖）。

猛虎蹲穴圖

猛虎出洞圖

勢如行軍陣圖，兩翼合一，謂之炮拳；合身，又名猛虎蹲穴。

第八節　連環拳換勢

左足不動，右足隨向右方進步。右拳同時上起，起至眉前為度，起時拳朝外擰，擰至手心朝外；左拳虎口朝上，於右足進步時，同時左拳突向前直出，與右膝相順。目視前手虎口（猛虎出洞圖）。

勢如行軍陣圖，兩翼合一直擊銳進，故名炮拳，又謂之猛虎出洞。

第九節　連環拳換勢

左足不動，右足向後退步。右手拳同

退步鷹捉圖

時向裏合肘，合至陰拳，與左肩平順；左手拳向懷合抱，成陰拳至臍上，從心口上躦，順右肱肘裏，往前劈出，變成半陰陽拳；右手拳亦同左拳往前劈時，往回極力拉勁，至右胯前，變成陰陽掌，大指緊靠小腹。目視前手食指梢（退步鷹捉圖）。

勢如行軍陣圖，兩翼合一，退步返擊之意，謂之包裹，故名退步鷹捉，通稱劈拳。

第十節　連環拳換勢

左足向前進步，右足微跟步。左手同時合勁，屈回至心口，中指、無名指、小（點校：原書「食」應為「小」，據原稿《勘誤表》改）指蜷回，大指、食指伸開，手心朝上，從胸往上擰，向左橫勁，分開伸出。此勢連演兩次。右手俟左手二次再出時，將中指、無名指、小指蜷回，大指、食指分開，

雙龍出水圖

手心朝上，從右肋向左肘裏上躦，往右橫勁。分開肘要齊心，手要順膝，身屈形坳，兩膝相合。左手腕同時向下翻勁，往回拉至左胯，手心朝下，臍旁停住。目視前手食指梢（雙龍出水圖）。

此勢真意為鼉形，性屬土，在拳名橫，勢如行軍陣圖雙龍出水

第十一節　連環拳換勢

左足往前先墊步，右足尖向外，斜橫著進步。左手同時往裏合至手心朝上，從胸上躦，順右肱，往前伸至極處，將手下翻成掌，與右膝相順；右手亦同足進，左手上躦時，向裏扣勁，往回拉至右胯，成陽掌，大指緊靠小腹。兩肩鬆開，垂勁，頭頂勁，身屈，兩腿形如剪子股勢。目視左手食指梢（狸貓上樹擒拿圖）。

狸貓上樹擒拿圖

快步崩拳圖

如行軍陣圖，爪牙之勢，又謂之狸貓上樹，擒拿燕鵲之形也。

第十二節　連環拳換勢

先將右足向前墊步，左足極力向前大進步，右足再後跟步，兩足相離四五寸。右手同時攥上拳，虎口朝上，齊心口，往前順左肱，極力猛伸；左手亦同足進，拳出時，攥上拳，往回拉，向裏合勁，將手心翻上，至左臍旁，緊靠停住。目視右手虎口（快步崩拳圖）。

兩足兩手之意，是換勢快步崩拳，勢如行軍直進擊敵，謂之追風趕日不放鬆之法也。

第十三節　連環拳換勢

右足不跟，左足向前直進步。左手同時將拳虎口擰上，往前順右肱，手腕直進，極力猛抖，催出，與左膝相順；右手拳同時抓回，往後拉勁，拉至右胯前，拳心朝上，靠緊臍腹。兩肩內合，外開頭

順勢崩拳

頂，身挺。目視左手拳虎口（順勢崩拳圖）。

勢如行軍陣圖，承上聯下，合為一氣，如連珠箭直擊敵之意，謂之一步順勢崩拳。

第十四節　連環拳換勢

左足不進，右足尖向前斜橫著進步。右手拳同時向裏擰，擰至拳心朝上，從胸上躦，往前極力屈伸，肘順心口，拳與鼻齊；左手拳，亦同時下扣，抓回

熊形出洞圖

步步鷹熊圖

向後拉至臍上，拳心朝下。身子陰陽相合，小腹放在右大腿上，兩腿剪子股形。頭頂項豎，目視前陰拳小指中節（熊形出洞圖）。謂之熊形出洞。

第十五節　連環拳換勢

右足不動，左足向前進步。左手拳，同時向裏擰，從胸上躦，順右肱，推勁至極處，將手腕向下翻扣，變成陰陽掌；右手拳，亦同時向下翻扣，成陽掌，往後拉回，至臍緊靠。頭頂肩扣，兩肱屈伸。目視左手食指尖（步步鷹熊圖）。

拳名謂之鷹捉。鷹熊二形合演，謂之鬥志。此二勢，在連環拳內演之，謂之步步鷹熊。

第十六節　連環拳回身法

回身，與崩拳回身之法相同。拳名，為狸貓返身倒上樹。此勢如行軍敗中取勝之意。

拳經云：

回身法圖

左扣右橫隨勢轉身，右足橫提右拳陰伸，
左拳仰（點校：原書「抑」應為「仰」，據原稿《勘誤表》改）抱推挽力均，
手足齊落兩掌半陰，
後掌在肋前掌齊心，
敗中取勝勢如行軍，
狸貓抖威上樹返身，
洞明道理五行歸根。

右轉回身路線

第十七節　連環拳回演

先將右足墊步，左足再向前大進步，右足再跟。右手同時往前發出，左手拉回。形勢與第二節崩拳同。

第十八節　連環拳

青龍出水與第三節勢同。

第十九節　連環拳

白虎出洞與第四節勢同。

第二十節　連環拳

猛虎歸洞與第五節勢同。

第二十一節　連環拳

白鶴展翅與第六節勢同。

第二十二節　連環拳

猛虎蹲穴與第七節勢同。

第二十三節　連環拳

猛虎出洞與第八節勢同。

第二十四節　連環拳

退步鷹捉與第九節勢同。

第二十五節　連環拳

雙龍出水與第十節勢同。

第二十六節　連環拳

狸貓上樹擒拿燕鵲與第十一節勢同。

第二十七節　連環拳

快步崩拳與第十二節勢同。

第二十八節　連環拳

順勢崩拳與第十三節勢同。

第二十九節　連環拳

熊形出洞與第十四節勢同。

第三十節　連環拳

步步鷹熊與第十五節勢同。

第三十一節　連環拳

狸貓返身上樹與第十六節回身勢同。

第三十二節　連環拳

仍歸於右手崩拳勢同。

第三十三節　連環拳

歸原三才勢停住休息。

第七章　五行生剋拳術講義

五拳者，五行也。五行有生、有剋，而五拳亦有生剋之理，故有五行生剋拳之謂也。夫五行火生於寅，旺於午，絕在亥。亥屬水，故剋火。水生於申，旺於子，絕在己。己屬土，故剋水。木生於亥，旺於卯，絕在申。申屬金，故剋木。金生於己，旺於酉，絕在丙。丙屬火，故剋金。蓋土生旺於戊己，而衰敗在卯木。如金能生水，水能生木，木能生火，火能生土，土能生金。相反者為剋，順者為生。然五拳生剋之義，陰陽消長之理，如循環之無端，拳術運用之無窮也。五行拳合一演習，是謂之連環；單習，是知致格物。總之在明明德，在止於至善而已。

先哲云：為金形止於劈，為木形止於崩，為水形止於鑽，為火形止於炮，為土形止於橫。五行各用其所當，於是明心見性，至止於至善。故拳明五行生剋變化，則進道矣。

第一圖

第一節　五行生剋拳合演

預備甲乙二人，上下合手，對舞。甲上手，乙下手。

均站三才勢。

乙先進步發手打崩拳。

甲兩足與手同時往回退步，用左手扣乙的右拳，右手仍停在右肋（第一圖）。

第二節　五行生剋拳合演

乙再將左手發出打崩拳。

甲隨將左足尖向外斜橫著進步。左手同時向裏合勁，與鷹抓出手勢相同，躦至乙的左手外邊，手心朝下扣住乙的左手；右手從右肋順自己的左肱往前劈出，劈乙的頭面肩脖。右足與手同時進至乙的左足外後邊落下（第二圖）。

第二圖

第三圖

乙崩拳，甲劈拳。

崩拳屬木，劈拳屬金，故劈拳能破崩拳，謂之金剋木。

第三節　五行生剋拳合演

乙兩足不動。隨將左拳手腕往上擰翻，翻的手心朝外，高與眉齊；右手拳向甲的心口窩發拳打出（第三圖），謂之炮拳。

崩拳屬木，炮拳屬火，木能生火，故崩拳能變炮拳。炮拳屬火，火剋金，所以炮拳能破劈拳也。

第四節　五行生剋拳合演

甲隨時將右足撤步退回。左拳往下落向裏

第四圖

第五圖

合勁，肘靠肋壓住乙的右手；自己右手亦同時抽回右肋。左足同時向乙的左足裏邊進步。右拳手心向上順著自己心口，與左足進步著同時，向著乙的左手裏邊下頦躦出。兩目視乙的眼（第四圖）。此謂躦拳能破炮拳。

劈拳屬金，躦拳屬水，是金生水。劈拳能變躦拳，水剋火，故躦拳能破炮拳也。

第五節　五行生剋拳合演

乙右足微動不退，左足向後退一步。右拳同時撤回右肋，左手亦同時斜著向甲的肘上胳膊橫勁推出（第五圖）。

用橫勁破甲的直勁，故謂橫拳破躦拳。炮拳屬火，橫拳屬土，火能生土，所以炮拳能變

第六圖

第七圖

橫拳。土剋水，橫拳所以能破躦拳也。

第六節　五行生剋拳合演

甲左足向前墊步。右足跟步。右手同時向後拉回右肋，左手亦同時似箭一直衝著乙的心口擊出（第六圖）。是謂左手崩拳。

躦拳性屬水，崩拳性屬木。水生木，是躦拳能變崩拳。木剋土，故崩拳能破橫拳也。

第七節　五行生剋拳合演

乙再將左手退回左肋。左足向後退回一步。右手同時發出扣甲左拳（第七圖）。

第八圖

第九圖

第八節　五行生剋拳合演

甲再向前進步，打右手崩拳。

乙將右足撤回一步。右手退回右肋，左手伸出扣甲右拳（第八圖）。

第九節　五行生剋拳合演

甲仍前進步出手直擊，打左手崩拳。

乙兩足向後退步。左手同時向甲左肱外邊伸出扣住右拳（第九圖）。

第十節　五行生剋拳回身合演

乙右足向甲左足外邊進步，右手拳向甲脖項劈出（第十圖）。與甲第二圖出手相同。

乙　　　甲

第十圖

回身再演時，一切身手步法，甲乙二人互相變換。甲循乙的法勢，乙循甲的法勢。每演擊一蹚，甲乙則互相換勢一次。如此循環不已，變化亦屬無窮。

故聖云：大而化之之謂神，神而不知之謂聖；又曰：唯天下至誠惟能化正，是五拳變化之妙諦也。

下編　形意十二形講義

夫十二形者，本諸天地化生而來也。曩昔本為十形，原屬天干氣數也。後者擴為十二形，原屬地支氣數也。干數十，支數十二。蓋天之中數五，故氣原乎天者，無不五。五氣合一，一陰一陽故倍之成十。地之中數六，故氣原乎地者，無不六。六氣合一，一陰一陽故倍之成支。此十二形數之由來也。既有其數，而即取諸動物之特能，成為十二形。

十二形者，係龍、虎、猴、馬、鼉、雞、燕、鷂、鶻、蛇、鷹、熊是也。然諸物所具之特長及性能，人以身形物之形，物之意以人意悟之。此形意拳名之理源也。練之潔內華外，使人身四肢、五臟、六腑、七表、八裏、九道、十二經絡，無閉塞之處，而百病亦無發生之源。故拳中有四象五行、六合、七政、八卦、九宮而化取十二形，以氣通貫十二經絡是也。

夫學者，於形意十二形潛心玩索，洞明奇偶之數、陰陽之理，果無悖謬。

久之不特強身，且能強種強國，胡不勉力行之哉。

第一章　龍形講義

龍者水中最靈猛之物，在卦屬震為木，形本屬陽，乃真陰物也。取諸於身而為離，屬心。心屬火，故道經有言龍從火裏出；又為雲，雲從龍。龍之天性，有蟄龍翻浪升天之勢，抖搜之威，遊空探爪縮骨之精，隱現莫測。取之於拳，則為龍形。

此形之精意，神發於目，威生於爪，勁起於承漿之穴任脈，與虎形之氣循環相接。兩形，一升、一降，一前、一後。以拳法之用，外剛猛，而內柔順。形勢順，心內虛空，而心火下降，心竅開，而智慧生，即道家火候空空洞洞是也。形勢逆，筋絡難舒，則身被陰火焚燒矣。故曰：一波未定一波生，好似神龍水上行。忽而沖空高處躍，聲光雄勇令人驚。

學者於此形當深心格致，久則道理自得。

龍形路線三步一組。其步法類劈躦，而非直線。如下圖。

第一節　龍形進步路線

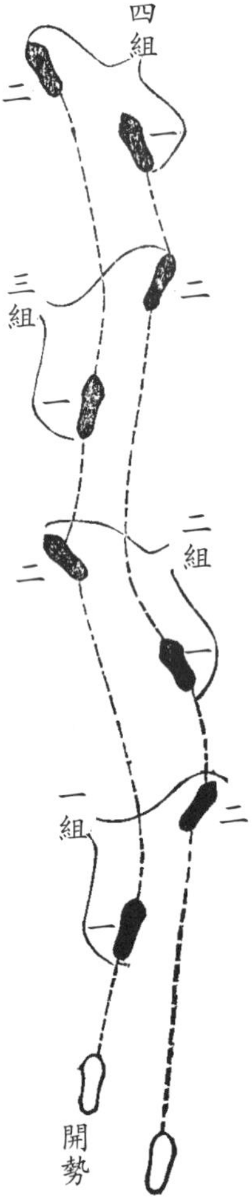

第二節　龍形右起落勢

三才開勢。先將左足向前墊步。兩手同時攥上拳，身子向下塌勁，隨時身向左擰，暗含頂勁上起之意。右手於左足墊步時，向裏擰勁，擰至手心朝上，順心口上躦，膀扣腰縮，勢如怒濤，往前如托送物之勢，伸至極度為陰拳，高與肩齊，肘順左膝；左手拳亦同時向回拉至左胯前，大指緊靠小腹。身屈形坳。目視右拳大指中節。

龍形右起落勢

此節形勢不停，再將右足提起，膝頂右肘，足前伸，斜向右邊進步。身腰向右擰，暗含往上起勁。右手向外擰勁，極力上躦伸至極處（此起躦勁自然之起，躦發於丹田，而起於湧泉穴），再將手腕下翻成陽掌，五指抓勁，極力往回拉，拉至右胯，大指緊靠臍腹；左手於右足提起時，同時從心口順右肱極力向前推勁，伸開下翻成半陰陽掌，與右膝相順。身腰向下伏勁，將小腹放在右大腿上，頭頂身伏，兩腿相坳剪子股勢。目視左手食指梢（龍形右起落勢圖）。

停住，再演。

此龍形承上接下，貫為一氣，不可中間隔斷，謂之右勢潛龍翻浪升天擊地之形也。

第三節　龍形左起落勢

進步換勢時，先將右足墊步。左右兩手同時攥拳，右手拳仍在右胯，左手變拳極力向裏擰勁，拉回至臍前，拳心朝上，再順胸前，伸出伸至極處，肘順右膝，拳與肩齊。頭暗含上頂，身要擰勁上躦。目

龍形左起落勢

視左手陰拳大指中節。

再將左足提起，膝頂左肘，足前伸，斜向左邊進步，身腰向左擰往上起。左手向外擰往上躦勁，伸之極度下翻成陽掌，五指抓回，向後拉勁，拉至左胯，大指緊靠臍旁停住；右手於左足提起時，同時從心口順左肱極力向前推勁，至極度下扣變成陰陽掌，與左膝相順。身腰向下伏勁，將小腹放在左大腿上，頭頂，身伏，兩腿相坳，形如剪子股。目視右手食指（龍形左起落勢圖）。此謂之左勢潛龍翻浪升天擊地之勢也。

龍形右回身勢圖

再往前演，兩手、兩足，起落，躦翻，仍如左右二勢。惟換勢，躦手之時，目之視線，隨手之上下為標準。數之多寡勿拘。

第四節　龍形回身法

左足在前右轉身。右足在前左轉身。

轉身時，左足尖向回扣，扣在右足旁，成八字勢。兩手同時攥拳，向懷中合勁，合至手心朝上，順身上躦，右手陰拳躦至平鼻，肘在心口，拳順左膝，左手陰拳在右肘下。目視右手陰拳。

右足亦提起頂右肘，足尖斜橫，平伸向右邊斜著進步落地。右手拳同時翻扣、回拉，拉至右胯靠小腹；左手拳亦同時順右肱極力向前伸開，下翻成半陰陽掌。兩腿相坳，身腰下伏，將小腹放在右大腿上。目視左手食指梢（龍形右起回身勢圖）。

如收勢仍歸於原起點休息。

拳經云：

左足回提，隨勢轉身。
右足相提，右拳陰伸。
左拳仰（點校：原書「抑」應為「仰」，據原稿《勘誤表》改）抱，推挽力均。
手足齊落，兩拳半陰。
後手在肋，前掌齊心。

右轉回身路線

第二章　虎形講義

虎者山中猛獸之王。在卦屬兌，為金。取之於身而為坎，屬水，為腎。坎生風，風從虎。虎之天性，有離穴抖毛之威，撲食之勇，故道經有言：虎向水中生。此形與龍形之勢，輪迴相屬，能通任開督。在丹經謂之水火交，而金木併，四象合和。取之於拳，為虎形。此形之威力，起於臀尾之勁（督脈），發動湧泉之穴。起落不見形，猛虎坐臥藏洞中。以拳之應用，外猛而內和。形勢順，則虎伏而丹田氣足，能起真精補還於腦。

道經云：欲得不老，還精補腦。正是此二形之要義也。形勢逆，而靈炁不能灌溉三田，流通百脈，反為陰邪所侵，而身重濁不靈空矣。故曰：猛虎穴伏雙抱頭，長嘯一聲令膽驚。翻掀尾蹽隨風起，跳澗抖搜施威風。學者最當注意，格務龍虎二形之理，得之於身心，則謂之性命雙修。

虎形路線，如炮拳，則以三步一組。惟有不同者，手法步法耳。如左圖。

第一節　虎形進步路線（圓圈是提足）

（點校：據《勘誤表》，下圖上中間的「一組」應為「三組」）

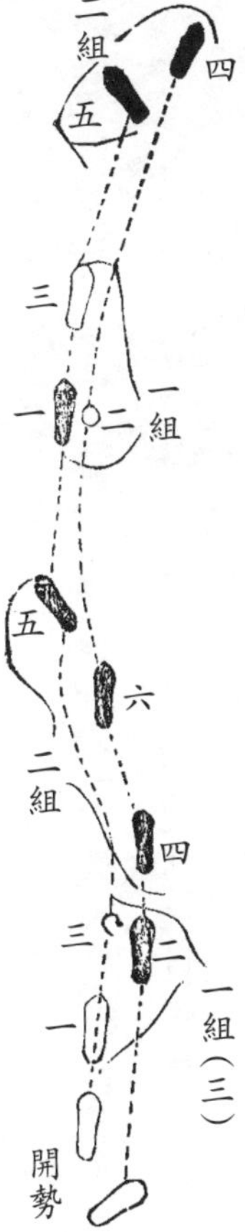

第二節　虎形起式

三才勢。先將右手前伸，與左手相齊，往前向下斜伸直。左足同時墊步，右足極力向前大進步，左足亦同時再跟步，提起足尖著地，緊靠右足裏脛骨。左右兩手同時攥拳，俟右足進左足提跟時，向懷中合抱至臍，緊靠小腹，翻成陰拳，兩肘加肋。頭頂腰沉，舌捲氣息，目前平視（虎形起勢一圖）。

虎形起勢一圖

第三節　虎形落勢

再將右足向前墊步，左足同時向左邊斜進步，著地，右足隨同跟步，相離一尺三四寸。此跟步總宜合各人之外五行姿勢為佳。兩拳亦同足著地時，順前胸向上躦，俟至下頦下，往前連躦代翻撲出，兩手大指根相對，虎口圓開，手

虎形落勢二圖

虎形回身三圖

與心口相平，兩肱伸屈，肩外開勁。目視兩手正中（虎形落勢二圖）。

再演，兩手與前足墊步之時，同時落至小腹，手心向上，兩肘抱肋。如第二節一圖。再進步出手如第三節二圖。起蹚落翻，手法步法，均相同。數勿拘。回身總宜出左足之勢，再回身。

第四節　虎形回身法

左足在前右轉身，右足在前左轉身。轉身時，左足尖回扣，扣在右足旁成斜八字勢，右足隨跟，提起。兩手同時攥拳，仍抱小腹。再進步換勢，手足起落蹚翻，仍與前勢相同（虎形回身三圖）。收勢歸原休息。

拳經云：

左足回扣，右足隨之。
左斜右提，眼觀一隅。
掌變陰拳，右肋左臍。
有如丁字，莫亢莫卑。
兩肘在肋，舌捲屏息。

右轉回身進步路線

第三章　猴形講義

猴者最靈巧之物也，牲屬陰土，取身內屬脾，為心源。其性能，有縱山跳澗飛身之靈，有恍閃變化不測之巧。在拳用其形，故取名為猴形。以拳勢言之，有封猴掛印之精，有偷桃獻果之奇，有上樹之巧，有墜枝之力，輾轉挪移，神機莫測之妙。以形中最靈巧者，莫過於猴之為物也。故曰：

不是飛仙體自輕，若閃若電令人驚。

看他一身無定勢，縱山跳澗一片靈。

然練時，其拳形和，則身體輕便，快利旋轉如風。拳形不和，則心內凝滯，而身亦不能靈通矣。

此形之運用，與各形勢不同，手、步法，是一陰一陽、一反一正。先練為陰，回演為陽。步法：一步、二步、三步、旋轉身法。學者於此形，切不可忽略焉。

第一節　猴形進步路線（左右練法相同）

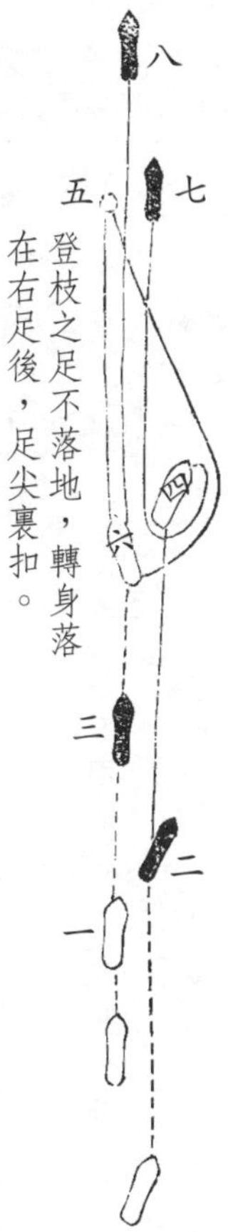

第二節　猴行起勢

兩儀開勢。左手上起前伸與頭頂相齊，右手下落至心口，兩手如撕棉形，

左勢封猴掛印圖

猿猴偷桃獻果圖

左右手半陰半陽。眼看左手食指梢（左勢封猴掛印圖）。為左勢封猴掛印圖。

第三節　猿猴偷桃獻果

再換勢。兩足不進。左手停住不動，右手心向上順左手肘外，上躦與左手相齊（為偷桃）；左手俟右手相齊之時，左手心向上扭勁，此時兩手心皆向上，兩掌相對（猿猴偷桃獻果圖）。名為白猿獻果。

第四節　猿猴上樹

再進步。兩手下翻半陰半陽，攞的與心口相平，左手順肩，肘順肋，右手抱左肘上。左足先進，右足尖向外斜橫，與兩

猿猴上樹圖

猿形推舟圖

手下翻之時，同時再進（猴形上樹圖）。名為猿猴上樹。

第五節　猿猴順水推舟

右足落地未停之時，左足速往前進。左右手順勢推出，為順水推舟（猴形推舟圖）。一二三四勢，手足不停，連環一氣演習，不可中間停勢為佳。

第六節　猿猴摘果

推舟勢的兩足足跟尖再起落不進。雙手下落。身要屈頭要頂。再推出仍落推舟勢。再落下左手回撤至左肋，右手上起與肩相齊，中指、無名指、小指皆蜷回，大

猴形摘果圖

猴形墜枝圖

指、食指前伸如月芽形。眼看右手虎口（猴形摘果圖）。為右手摘果。

第七節　猿猴墜枝

左足不動，右足斜橫足尖向外前進。左手順右手背與右足前進之時同時前出，如鷹捉之勢。兩手再隨時上起，右手心向外向上擰勁，擰至齊右眉；左手向裏合至手心朝上。順鼻眼看左手大指梢。成左肩右膝斜勢（猴形墜枝圖）。為猿猴墜枝。

第八節　猿猴登枝

右足不動，左足與墜枝同時提起與胯相平，蹬出踏人肋穴，或心、氣海，隨心

猴形大登枝圖

猴形右手掛印圖

應用。頭頂住勁。腰要活潑。看敵人之肩尖（猴形大登枝圖）。名為猿猴大登枝。

第九節　猿猴轉身右手封猴掛印

左登枝之足不落地，隨右轉身之時落在右足跟後，足尖向裏扣；右足俟左足落時，速往前進，仍成踵對脛之斜勢。左手屈回扣在右肩上，右手下抱左肋，俟轉身右足前進之時，左手順身下落至心，右手上起齊頂（猴形右手掛印圖）。名為右手封猴掛印。

第十節　猿猴扒杆

再換勢。將左手從心口處望著右手上

猴形扒杆圖

猿猴轉背回身圖

邊出去，右手抽回右肋。左足與左手出時同時，再進步如鷹捉之勢（猴形扒杆圖）。數之多寡自便。

如回身，左手左足再轉身。練扒杆法，兩手心半陰半陽，如同上樹之形。

第十一節　猿猴轉背回身法

左手左足在前右轉身，轉時，左足尖往回裏扣勁成斜横，右足隨身轉仍順。左手隨身轉時拳回扣在右肩上，手心向肩尖如同扣住一般，次將右手隨身轉時上起齊眉，左手下落至肋，兩手分開皆用抖力（猿猴轉背回身圖）。為回身右手封猴掛印。

猿猴右手掛印圖

猿猴扨繩圖

第十二節　猿猴扨繩

右手封猴掛印。回演再換勢。右手右足抽回。右手抽在右肋。右足提回與左足相齊，足尖點地。左手順右手抽回時前進，高與眉齊，胳膊彎曲。身要三曲勢，頭頂勁，腰塌勁，身正，眼平（猿猴扨繩圖）。為十二勢。

第十三節　猴形右手掛印

再換勢。左手抽回，右手右足再前進，仍落右手掛印（猿猴右手掛印圖）。附十三圖。

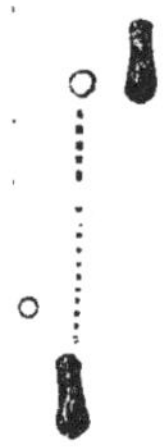

回身後之提足路線

第十四節　猴形回演

猿猴偷桃獻果與三節相同。

第十五節　猴形回演

猴形上樹與四節相同。

第十六節　猴形回演

猴形順水推舟與五節相同。

第十七節　猴形回演

猴形摘果與六節相同。

第十八節　猴形回演

猴形墜枝與七節相同。

第十九節　猴形回演

猴形登枝與八節相同。

第二十節　猴形回演

猴形轉身左手封猴掛印與九節相同。

第二十一節　猴形回演

猴形扒杆與十節相同。

第二十二節　猴形回演

猴形轉背左手封猴掛印與十一節相同。

第二十三節　猴形回演（點校：原書「法」應為「演」，據原稿《勘誤表》改）

猿猴扔繩與十二節相同。

第二十四節　猴形回演

猿猴左手封猴掛印與十三節相同。

第二十五節　猴形回演

附猿猴右手扔繩十二節、左手掛印十三節圖列後。

右手在前左轉身，轉成左手封猴掛印。再將左足左手抽回，抽在左肋。左足提回與右足（點校：原書「手」應為「足」，據原稿《勘誤表》改）相齊，足尖點地。右手順左手抽回時，前進，與眉相齊，胳膊屈彎。身要三曲勢，頭頂勁，腰塌勁，身正眼平（猿猴右手倒繩圖）。名為猴扔繩。

右手抽回，左手左足前進，仍落左手掛印（猿猴左手掛印圖）。收勢休息。

猿猴右手扔繩圖

猿猴左手掛印圖

第四章　馬形講義

馬者，最仁義之靈獸，善知人之心，有垂韁之義，抖毛之威，有跡蹄之功，撞山跳澗之勇。取諸身內，則為意，出於心源，故道經名意馬。意屬脾，為土。土生萬物，意變萬象。以性情言，謂之心源。以拳中言，謂之馬形。以拳法之用，有龍之天性，翻江倒海之威。此拳，外剛猛，而內柔和，有心內虛空之妙，有丹田氣足之形。拳形順，則道心生，陰火消滅，腹實而體健。拳形不順，則心內不能虛靈，而意妄氣努，五臟失和，清氣不能上升，濁氣不能下降，手足亦不靈巧矣。故曰：

人學烈馬跡蹄功，戰場之上抖威風。
英雄四海揚威武，全憑此勢立奇功。

學者於此形，尤宜注意而深究。步徑直，兩步一組。如左圖。

第一節　馬形進步路線

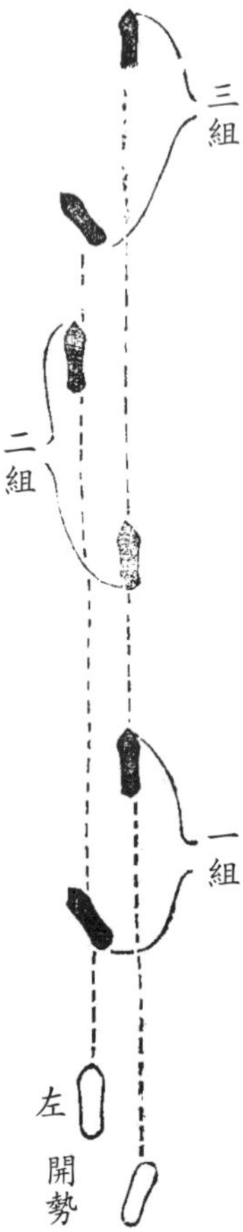

第二節　馬形右起勢

三才勢。先將左足尖，向外，斜著墊步。左手同時攥上拳，向裏平著合

馬形右起勢一圖

勁，合至與肘相平，成半圓形，扣為陽拳，虎口向裏與心口平齊；右手亦同時攥上拳，向裏擰勁，手心朝上，順身向前伸，至左手腕下，距離二三寸，後肘直對心口停住。兩肩裏扣。頭頂勁。身子陰陽相合。目前平視（馬形右起勢一圖）。

此勢謂之馬形。搖身，即伏身前進之意也。

第三節　馬形換勢

左足不動，右足向左足前進步著地。右手同右足，進時極力向前伸勁，抖出與右膝相順；左手亦同時向後拉勁，拉至右肘下，仍陽拳停住。兩肩向外開展，頭頂勁，身抖勁。目視右手大指根節（馬形換勢二圖）。

此勢謂之馬形，抖毛硬撞山。前兩勢承上接下，演時一氣貫徹，為合宜。

馬形換劫二圖

馬形回身三圖

再演則為左勢，一切手法、步法，仍與前右勢勢法相同，循環左右。兩勢互相更換，次數多寡自便。

第四節　馬形回身法

左足在前右轉身，右足在前左轉身。

此勢右足在前，左足在後。轉身時，先以右足，順左邊向後回，扣至左足跟後。身勢亦同時順左邊，向後轉面。右手扣成陽拳，右肱仍作半圓形，虎口朝裏向懷中合勁。左足亦隨身回轉時，足尖向前。左手仍作陽拳，扣在胸上，與右膝相順。身斜步坳，頭頂肩扣。目前平視（馬形回身三圖）。

謂之馬形，搖肩伏身，勢如第二節一圖。再進步，換勢。如第三節二圖。

收勢歸原地休息。

馬形左轉回身路線

第五章　鼉形講義

鼉者，水中物，龍之種，身體最有力，而最靈敏者也，有浮水之能，有翻江倒海之力。取諸身內，則為腎。以拳中之性能用其形，外合內順，練之能消心君浮火，助命門之相火，滿腎水活潑周身之筋絡，化身體之拙氣、拙力。拳形順，丹田氣足，而真精補還於腦，身輕如鼉之能，與水相合一氣，而能浮於水面矣。拳形逆，則手足肩胯之勁，必拘束，而全身亦必不靈活矣。故曰：

鼉形須知身有靈，拗步之中藏奇精。
安不忘危危自解，與人何事須相爭。

正此之謂也。學者，須加以細心研究，方不錯謬也。

步法與各形勢不同，左足進步著地，右足緊跟相對，兩足脛骨相磨，不著地隨進。右足著地，左足緊跟，不落地隨進。步徑斜曲，一步一組。左右進步相同。

第一節　鼉形進步路線（下圖內圓圈如○者懸足之表示）

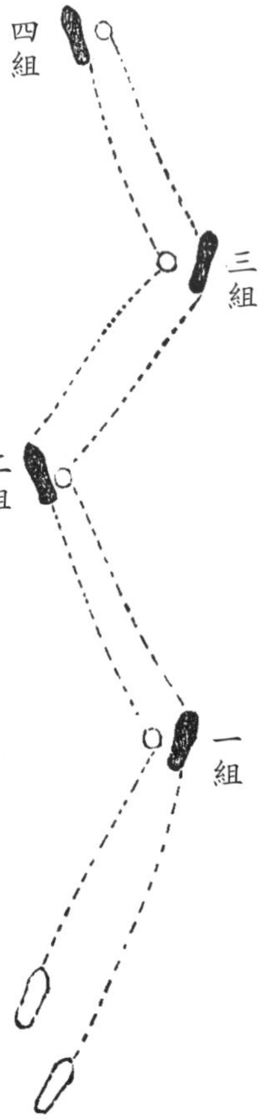

第二節　鼉形右起勢

三才勢。開勢先將左足向前墊步。右手同時向裏擰，擰至手心朝上，將中指、小指、無名指三指，屈回，只將大指、食指如八字勢伸張，從右往左肋上躦，躦至肘與左膝相順，掌與鼻尖相齊；左手亦同時往回拉，拉至左胯，中

鼉形右起勢圖一

鼉形右落勢圖二

指、小指、無名指三指屈回，大指、食指如八字勢伸張，成陽掌。頭頂身拗，陰陽相合。目視右手食指梢（鼉形右起勢圖一）。

第三節　鼉形右落勢

前左足右手出發時，即將右足提起，至左足肱骨處，似靠未靠，不可著地，向右斜進步。右手掌亦同時向外擰，橫勁斜出至極度，下翻成陽掌，與右膝相順，手指仍存原勢。目視右手食指梢（鼉形右落勢圖二）。

演此左右二勢，身肩與腰合成一氣，晃開身勢，如鼉在水中相浮之意。

鼉形左起勢圖一

第四節　鼉形左起勢

再演左勢。左手從左肋向裏擰，擰至手心朝上，順右肱上躦，成陰掌，與鼻相齊，仍三指蜷回，二指伸開與右膝相順；右手亦同時撤回，陽掌停在右臍。身勢陰陽相合。目視左手食指尖（鼉形左起勢圖一）。

第五節　鼉形左落勢

左足進步，與右足脛骨相靠，不著地，再向左邊斜著進步落地。左手亦同時向外擰，橫勁斜出至極處，下翻成陽掌，與左膝相順，手仍存原勢。身肩晃開。目視左手食指梢（鼉形左落勢圖二）。

惟演此形，起落二勢，手足之分合，兩肩之搖動，與腰貫為一氣，不可中

鼉形回身法圖

鼉形左落勢圖二

間隔斷。左右互相換勢，手足身法均同。數勿拘。

第六節　鼉形回身法

左手在前，右轉身；右手在前，左轉身。轉身時，左手伸出左足落地時，右足不可落地，即速極力回返。進步身子隨著，右足向右轉。右手仍橫勁斜著出去，左手左足隨後跟著（鼉形回身法圖一）。亦與左右二勢，手足身法起躦裹翻，練習均相同。收勢歸原地休息。

右轉回身路線

第六章　雞形講義

雞者，最有智謀信勇靈性之物也，故晨能報曉。其性雖屬禽，而功於陸。性善鬥，鬥時，皆以智取。口剛而能啄，兩腿連環能獨立，爪能抓且能蹬，生威抖翎。能騰空。進退無時，往來無定，全身應用隨時生能。以拳之應用，力量最大，故取為雞形。

取諸身內為脾。脾健，則五臟充。屬土，土生萬物，故雞形之性能，有萬法。故曰：

將在謀而不在勇，敗中取勝逞英雄。

試看雞鬥虛實敏，才知羽化有靈通。

練之形勢順，則脾胃活，有羽化之功。形勢逆，則脾衰胃滿，五臟失其調和矣。學者，宜虛心誠意，格物至致，始得生化之道焉。

步徑曲直，三步一組，無有定勢。路線如左圖。

第一節　雞形進步路線（圓圈乃高提足、提膝至心口為度）

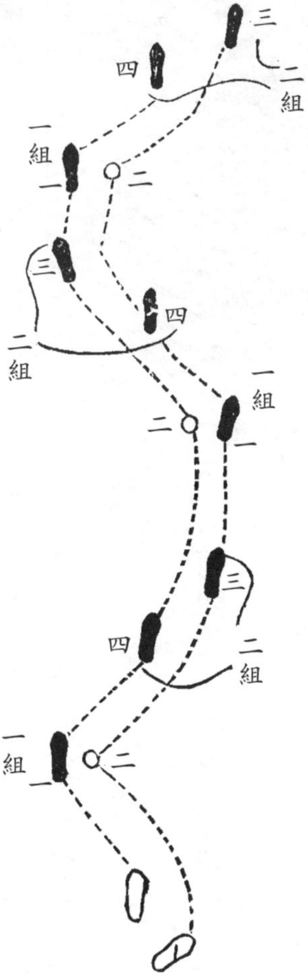

第二節　雞形右起勢

起首三才勢。先將左足斜著向前墊步。左手同時翻擰，成陰掌，向上往左平合與右肩相順；右手亦同時翻成陰掌，向左手腕下伸出，兩肱作交叉勢。右腿亦同時提膝上起，拳至兩肘中間，足心向外。兩手掌再向左右分開，手心朝前。頭頸挺勁，氣降身伏，兩肩合扣。目視兩大指中間（雞形右起勢圖一）。

雞形右起勢圖一

雞形右落勢圖二

此勢謂之金雞獨步。

第三節　雞形右落勢

換勢。右提足向右斜著前進步。兩手同時向前極力分開撲出，如撲物之勢。左足亦同時再跟步。頭頂，腰塌，兩肘相對。目前平視（雞形右落勢圖二）。停住，再換勢。此勢謂之金雞打腳翅。

第四節　雞形左起勢

將右足向前斜著墊步。右手同時翻擰成陰掌，向上往左平合，與左肩相順；左手亦同時翻成陰掌，向右手腕下躦出，兩

雞形左起勢圖三

雞形左落勢圖四

肱作交叉勢。左腿亦同時提膝上起，腿膝屈回在兩肘中間，足心向外。兩手掌再向左右分開，手心朝前。頭頸挺勁，氣降身伏，兩肩合扣。目視兩大指中間（雞形左起勢圖三）。如右起勢圖一。

第五節　雞形左落勢

換勢。左提足向左斜進步。兩手同時向前極力撲出，如撲物之勢。右足亦同時跟步（雞形左落勢圖四）。如右落勢二圖。

再演則左右互相換勢，手足、身法，與前起勢一、落勢二相同。次數多寡自便。

雞形回身法圖五

第六節　雞形右轉回身法

左足在前右轉身，右足在前左轉身。

轉身時，先將左足返扣步，扣在右足後；右足提起，足跟靠在左足裏脛骨，足尖著地。兩手同時翻成陰掌，向左右分開，兩肱屈伸，與右肩相平。目向右平視（雞形回身法圖五）。此勢謂之金雞大抖翅。

再進步換勢，仍與起勢一圖、落勢二圖相同。左右回身變勢，皆依此法。收勢歸原地休息。

右轉回身路線

第七章　鷂形講義

鷂者，飛禽中最雄勇靈敏之物。其性能有翻身之巧，入林之奇，展翅之威，束身而捉物，且有躦天之勇性。取諸身內，能收心臟之氣。取之於拳，能舒身縮體，起落翻旋左右飛騰，外剛內柔，靈巧雄勇，是為鷂子之天性也。形勢順，則能收其先天之祖炁，而上升於天谷泥丸。形勢逆，則心努氣乖，身體重濁，而不輕靈矣。故曰：

古來鷂飛有翱翔，兩翅居然似鳳凰。
試觀擒捉收放翅，武士才知這勢強。

學者於此形最當注意研究，靈光巧妙，方能有得，而終身用之不盡也。步徑曲直無定。路線圖如左。

第一節　鷂形進步路線

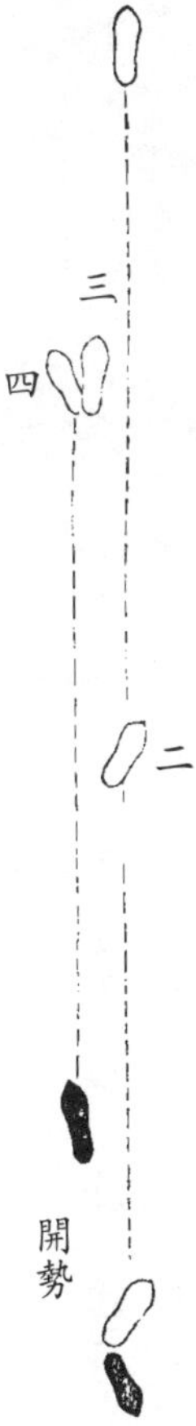

鷂子回首圖

鷂子入林圖

第二節　鷂形右起勢

三才勢兩足不動。將身向後合擰勁，擰的左腿斜直。左手亦同時向裏合勁，合至手成陰掌，至左肩肘至胸；右手亦同時向外擰勁，擰至手掌向外與右眉相齊。目順左肩平視（鷂子回首圖）。此勢名鷂子回頭，又謂之鷂子翻身。

第三節　鷂子入林

換勢左足不進，右足尖向外斜橫著進步。左右手同時向下合勁，合至兩掌相對至臍，向前伸開，右手平臍，左手與鼻齊，兩掌相對，兩肱直伸。目視左手指尖

（鷂子入林圖）。此勢名為鷂子入林。

第四節　鷂子捉雀

換勢右足不動，左足向前進步。右手亦同時緊抓成陰拳，向後拉勁，至右胯停住；左手亦同時向下塌勁，順左膝。頭頂，身挺。目平視（鷂子入林捉雀圖）。

此勢謂之鷂子入林抓雀。

鷂子入林捉雀圖

第五節　鷂子抖翎束身勢

換勢右足不動，左足稍動，將足尖向外斜橫。右手亦同時向後拉勁，拉的胳膊至身後，向上起，似畫圓圈形，再向前劈落。此謂之抖翎。落下至左肘下；左手亦同時回拉，俟右手至肘下時，順身向前抱右肩上。兩肩合扣，兩肱似捆。目順右肩平視（鷂子抖翎束身圖）。此勢名為鷂子束身。

鷂子抖翎束身圖

鷂子鑽天圖

第六節　鷂子鑽天

換勢左足不動，右足向前進步。左手亦同時向後拉勁，至胸前；右手拳亦同時，向前上起，鑽勁成掌，手心朝下，高與頭頂（鷂子鑽天圖）。此勢名為鷂子鑽天。

前（一、二、三、四、五）勢，承上接下，要連環一氣演習總名曰。鷂形分段，曰返身入林，捉雀鑽天。此為右勢鷂形。再進步換勢，練左勢鷂形鑽天，與三才勢，一二三四五勢之手法、步法，均同。左右演習一理，次數多少勿拘。

鷂子左轉回身圖

第七節　鷂子回身法

左足在前右轉身，右足在前左轉身。轉身時，將左足向後轉身成直順，右足亦同轉身時，向左足前，足尖向外斜橫進步。將右手下落至臍，與左手相對，似右足著地時，雙手向前伸開，右手順臍，左手齊鼻，雙掌相對，兩肱直伸。目視指尖（鷂子左轉回身圖）。此勢謂之鷂子返身大入林。

鷂形反身左轉進步線

收勢仍還於起點處停住休息

第八章　燕形講義

燕者，禽之最輕妙、最敏捷者也。性有抄水之巧，躦天之能，飛騰高翔之妙，動轉無聲之奇。取之於拳而為燕形。取諸身內，則為肝肺。肝主筋，肺主皮毛，且氣之機關也。氣活則神清，百病不生。氣有輕清之像，故拳中燕形生輕妙之靈。

形勢順，則筋絡舒暢，心內虛空，氣順而有上升下降之能。形勢逆，則氣拘筋滯，身體重拙，而不靈捷矣。故曰：

一藝求精百倍功，功成雲路自然通。
扶搖試看燕取水，才識男兒高士風。

學者於此形，尤當虔心細究。路線一步二步如左圖。

第一節　燕形進步路線

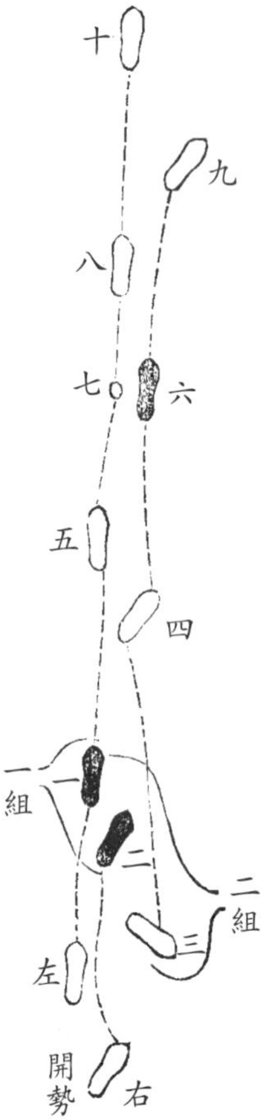

燕形一圖

第二節　燕形起勢

三才勢。先將左足墊步，右足後跟步，至左足跟後，似崩拳之跟步。右手拳同時虎口朝上，平著向前伸出，與崩拳出手相同；左手停住不回，俟右拳伸至極度，將手扣住右手腕。頭頂腰垂。目前平視（燕形一圖）。

第三節　燕形換勢

右足向後倒退一步。右手拳同時向外擰，上起向回拉至右眉上，拳心朝外。身子隨同向回扭勁，扭至小腹放在右大腿根上。左手左足停住，原勢不變。目視右拳手背（燕子返首右抖翎圖二）。

燕子返首右抖翎圖二

燕子回身左抖翎圖三

第四節　燕形換勢

兩足原地不動。右手拳向裏合扣，拳心朝下，順身下落至胯；左手同時向懷中合勁，合至手心朝上，攥上拳，順身向前躦出，高齊左肩，與左膝相順。身子隨拳躦時，向前扭勁。目視左陰拳（**燕子回身左抖翎圖三**）。此勢謂之燕子回身。

左抖翎，再變勢。兩足存原勢。左手向裏合扣，拳心朝下，順身下落至胯；右手拳同時向懷中合勁，合至拳心朝上，順身向後往右躦出，齊肩順膝。身子向右扭勁。謂之燕子右返首。

再抖翎，再變勢。右手拳裏扣下落，

左手拳裏合外躦。身子仍向左握勁，歸原勢。

但演燕形，兩目隨左右手變化之轉移。

燕形有左右抖翎之巧，故詳細解釋，以為學者參考焉。

第五節　燕形換勢

右足尖向外斜著進步。右手拳同時向裏擰至手心朝上，向前順左肱肘裏上躦，至極度陰拳齊額，左手陰拳亦同時退至右肘下。身斜步拗，頭頂肱屈。目視右手陰拳（燕子躦天圖四）。此勢謂之燕子躦天。

燕子躦天圖四

第六節　燕形換勢

左足向前直著大進步，將腿屈伸。左手拳虎口朝上，同時向前極力伸開，至極度，與膝相順；右手拳亦同時向外擰往回拉勁，拉至拳心向外，至右眉上停住。身子陰陽相合。目視左手拳（燕子返首右大抖翎圖五）。此勢謂之燕子返首右大抖翎。

燕子返首右大抖翎圖五

燕子抄水圖六

第七節　燕形換勢

右足尖向外斜橫著進步。右手同時向後拉下落半圓形，至胯前，將拳伸開，翻成陰掌，極力向前伏身伸開，左手亦同時陽拳退至右肱肘下。

身屈伏，腿擰坳，左足跟欠起。目視右陰手掌中（燕子抄水圖六）。此勢謂之燕子抄水。

燕子束身圖七

燕子大展翅圖八

第八節　燕形換勢

兩足不動。右手攥上拳，向外擰，往後拉勁，拉至右眉上；左手拳同時，向右拳手腕外躦出，兩拳成十字勢，兩拳手心皆朝外。目前平視（燕子束身圖七）。此勢謂之燕子束身。

第九節　燕形換勢

右足不動，將腿屈立；左足進步提起，足掌緊靠右腿中屈。兩手拳同時向左右分開成陽掌，順肩平乳。頭頂勁，身半斜勢。目前平視勢（燕子大展翅圖八）。謂之燕子大展翅。

燕子束翅圖九

燕子勢終圖十

第十節　燕形換勢

左提足先向前進步，右足尖向外斜橫著進步。右手掌攥上拳，同時往前虎口朝上，平著極力直伸，如打崩拳勢；左肱不蜷回，將手扣著右拳手腕上。身斜腿坳。目平視（燕子束身圖九）。此勢謂之燕子束翅。

第十一節　燕形換勢

左足向前進步。左手同時向前直進伸開，成半陰陽掌；右手往回拉至右胯，陽掌停住。目視左手食指梢（燕子勢終圖十）。謂之燕形右起勢終。

再演左勢燕形。仍以三才勢起首，再進步換勢。手足身法，互相聯絡。仍與右勢燕形相同。惟練此形各節，上下要連環貫為一氣，不可斷隔，方得其真意。

第十二節　燕形回身法

右轉回身進步路線

左足在前右轉身，右足在前左轉身。回勢皆以鷹捉勢為法。收勢歸原地休息。

第九章　蛇形講義

蛇者最靈活之物也。其性能，有撥草之巧，有纏繞之能，屈伸自如，首尾相應，故古時有長蛇陣之法。取諸身內，為腎之陽。用之於拳，能活動腰力，通一身之骨節，故擊首則尾應，擊尾則首應，擊身則首尾相應。其身有陰陽相摩之意。因蛇之靈活自如，故拳之命名為蛇形。

練之形勢順，則能起真精補還於腦，而神經充實，百疾不生。形勢逆，則身體亦不靈活，心竅亦不開朗，反為拙氣所束滯矣。故曰：

從來順理自成章，撥草舩行逞剛强。
蛇形寄語人學會，水中翻浪細思量。

學者，於此形當勉力求之，靈光巧妙得之於身心，則終身用之不盡也。步經曲直，兩步一組。圖如左。

第一節　蛇形進步路線

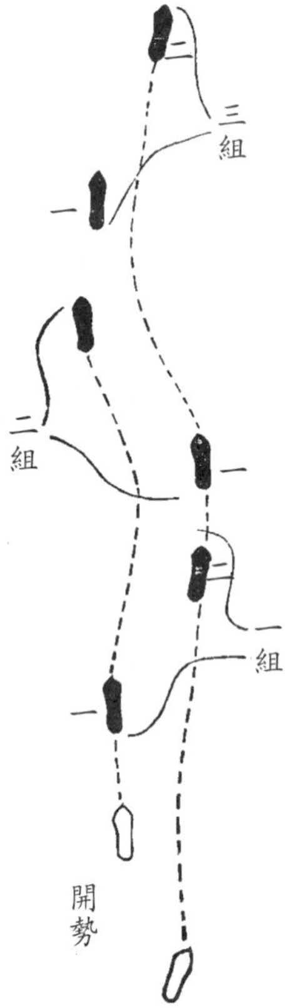

第二節　蛇形右起勢

三才勢。先將左足尖向外稍進步。右手亦同足進時，向裏扭，扭成陰掌，

白蛇吐舌右起勢一圖

白蛇縮身二圖

順左手腕裏伸開，與左膝相順；左手亦同時向後拉至右肱肘下，手心朝肘。身子陰陽相合，形勢左肩右膝。目視右手中指（白蛇吐舌右起勢一圖）。為白蛇吐舌。

第三節　白蛇縮身

兩足不動。右手向下合抱至左胯，左手亦同時向右肱裏上穿抱住右肩，兩肱相抱，兩肩相扣。目順右肩平視（白蛇縮身二圖）。此勢謂之白蛇縮身，又名蟠身。

第四節　換勢

換勢左足稍動，右足向右斜前進步。

右手亦同足進時，向外往上抖開，手半陰

白蛇返身吐舌圖

白蛇抖身三圖

半陽勢順右膝；左手亦同時向後拉勁至左胯，手心朝下。頭頂身挺，兩肱抖力。目視右手大指尖（白蛇抖身三圖）。此勢謂之白蛇抖身。

以上之一二三勢，承上接下，連環一氣演習，不可中間隔斷。

再練左勢，仍與右勢一二三勢，手法、步法均相同。數勿拘。左右換勢均同。

第五節　回身法

左足在前右轉身，右足在前左轉身。轉身時，前足回扣步，後足尖向外斜橫進步。左手亦同轉身時，向裏合勁，陰掌順身向前伸出；右手隨轉身時，順身向左肱裏往前伸開，手要陰掌；左手似右手前伸時，順右肱回拉至右肘。身子陰陽相合。目視前手掌（白蛇返身吐舌圖）。此勢謂之白蛇返身大吐舌。

再進步換勢，仍與前勢相同。收勢仍還於原起點地。收勢休息。

左轉回身進步路線

第十章　鷂形講義

鷂者，性最直率而無彎曲靈巧之禽也。天性有豎尾上升，超達雲際之勢，下落兩掌有觸物之形。取諸於身內，而能平肝益肺，實為肝肺之股肱，故以拳形其像一落一起，如雷奔電；以尾之能，如迅疾風變。以性情言之，外猛內柔，有不可言喻之巧力也。形勢順，則舒肝固氣，實復而生道心。形勢逆，不特全身淤滯，而氣亦不通矣。故曰：

鷂形求精百倍明，鷂憑收尾得澈靈。
放他兔走幾處遠，起落就教性命傾。

所以學者，明晰斯理，真道得矣。路徑斜。三步一組。圖如左。

第一節　進步路線

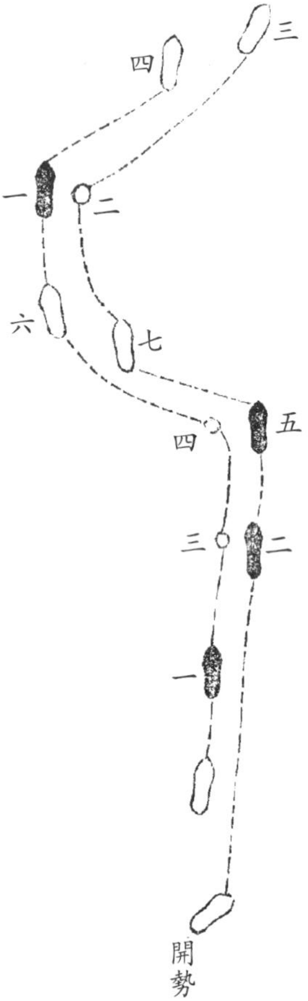

第二節　鷂形開勢

開首三才勢。先將右手前伸，與左手相齊，往前向下斜著伸直。左足同時墊步，右足極力向前大進步，左足亦同時再跟步，提起足尖點地，緊靠右足裏

鷂形開勢圖一

鷂形左起勢圖二

脛骨。左右兩手同時攥上拳，俟右足進、左足提跟時，向懷中合抱至臍，翻成陰拳，左拳在右拳之上，緊靠臍根。兩肘加（點校：疑為「夾」字之誤）肋，頭頂腰塌，舌捲氣垂。目前平視（鷂形開勢圖一）。

第三節　鷂形左起勢

右足向前墊步，左足同時提跟靠右足脛骨。兩拳合抱，手心朝裏，從胸往上躦至頭正額處，將手腕分向外擰，擰至拳心向外，兩拳相對停在太陽穴前，相距太陽穴約二三寸遠近。腰下塌勁。目向左平視（鷂形左起勢圖二）。

鷂形左落勢圖三

鷂形右起勢圖四

第四節　鷂形左落勢（原書「右」應為「左」，按原稿《勘誤表》改））

換勢左足向左斜著進步。兩手拳同時從額處向左右分開，往下落如同畫圓圈勢，至臍拳心朝上，兩肘相對往前伸出分開。右足亦同時再跟步（鷂形左落勢圖三）。如虎形之跟步同。

第五節　鷂形右起勢（原書「左」應為「右」，按原稿《勘誤表》改））

將左足向前墊步。兩手拳心同時向懷中合抱，順身往上躦至頭正額處，手腕分向外擰，擰至拳心朝外，兩拳相對，仍停太陽穴前，距太陽穴約二三寸。右足亦同時跟步提起靠左足脛骨。目向右邊平視（鶻形右起勢圖四）。如左起勢二圖。再進步換勢，如左落勢三圖。再演，左右互相換勢，手足身法均相同。數勿拘。

鶻形左轉回身圖

第六節　鶻形左轉回身法

左足在前右轉身，右足在前左轉身。轉身時，右足尖向左足旁後進步，左足同時跟步提起靠脛骨。兩手拳隨轉身時，仍起至頭正額處太陽穴前（鶻形左轉回身圖）。

再進步左右換勢。回身發手皆依此類推。

左轉路線

第十一章　鷹形講義

鷹者為禽中最猛最狠之禽也。其性瞥目能見細微之物，放爪能有攫獲之精。其性外陽內陰。取之身內，能起腎中真陽，穿關透體，補還於腦。形之於拳，能仰心火滋腎水。形勢順，則真精化炁，通任開督，流通百脈，灌溉三田，驅逐一身百竅之陰邪，滌蕩百脈之濁穢。形勢逆，則腎水失調，陰火上升，目生雲翳矣。故曰：

英雄處世不驕矜，遇便何妨一學鷹。
最是九秋鷹得意，擒完郊兔便起生。

學者於此形加意焉。

步徑直。一步一組。如左圖

第一節　鷹形進步路線

第二節　鷹形左起勢

開首三才勢。先將左手向回抓勁，將至臍下翻成陰拳；右手亦抓緊攥成陽拳，停在右臍旁。左足再向前斜橫著進步著地。左手拳手心朝上，亦同時順身向前上躦直伸，伸至與鼻相齊，與左膝相順。頭頂身挺，肩扣氣垂。目視左手陰拳小指中節（鷹形左起勢圖一）。

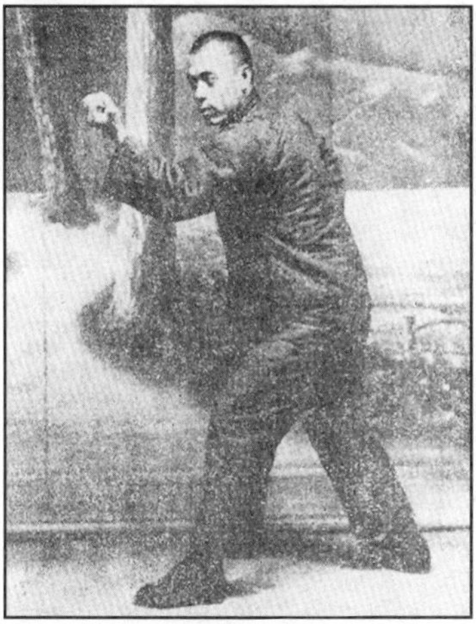

鷹形左起勢圖一

第三節　鷹形右落勢

換勢左足不動，右足向前進步。右手拳同進步時，向裏擰勁，擰（點校：「勁」應為「擰」，據原稿《勘誤表》改）至手心朝上，從胸上躦，順左肱肘裏往前直伸，至極處，翻扣成半陰陽掌，與心口相平，並與右膝相順；左手亦同時順右肱向回拉勁，至臍緊靠。兩肩裏扣鬆開，頭頂身挺，舌捲氣垂。目視

鷹形右落勢圖二

鷹形左轉回身圖三

右手食指梢（鷹形右落勢圖二）。

此左右兩勢，承上接下，要合成一氣練習。再演手足身法，仍與起勢一、落勢二相同，數勿拘。

第四節　鷹形回身法

左足在前右轉身，右足在前左轉身。轉身時，左足回扣成斜橫，右足隨進仍斜順。左手同時下落抓成拳，至臍翻成陰拳；右手亦同時攥上拳，向裏擰勁，成陰拳，順身往前上躦直伸，高與鼻齊。目視小指中節（鷹形左〔按勘誤表改〕轉回身圖三）。

再進步換勢，仍與前勢相同。收勢歸

原地休息。

右轉回身路線圖見左。

右轉回身路線

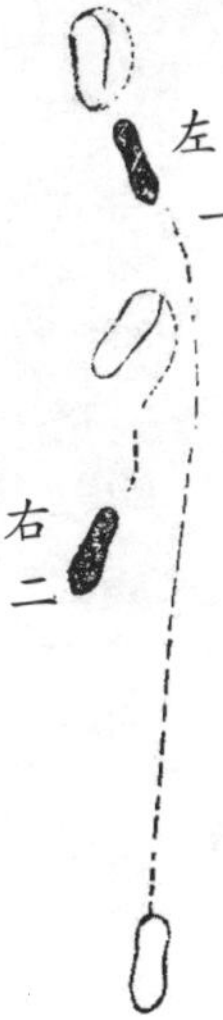

第十二章　熊形講義

熊者物之最鈍笨者也，性直不屈，而力最猛。其形極威，外陰而內陽。取之身內，能助脾中真陰，消化飲食，透關健體，使陰氣下降，補還丹田。形之於拳，有豎項之力，鬥虎之猛，如與鷹形相合，演之氣之上升而為陽，氣之下降而為陰，謂之陰陽相摩，亦謂之鷹熊鬥志。總之不過一氣之伸縮。前編龍形、虎形單演為開，此二形並習為合。故曰：

行行出洞老熊形，為要放心勝不仲。
得來只爭斯一點，真情寄語有人情。

學者明瞭十二形開合之理，可以入道修德矣。

第一節　熊形進步路線

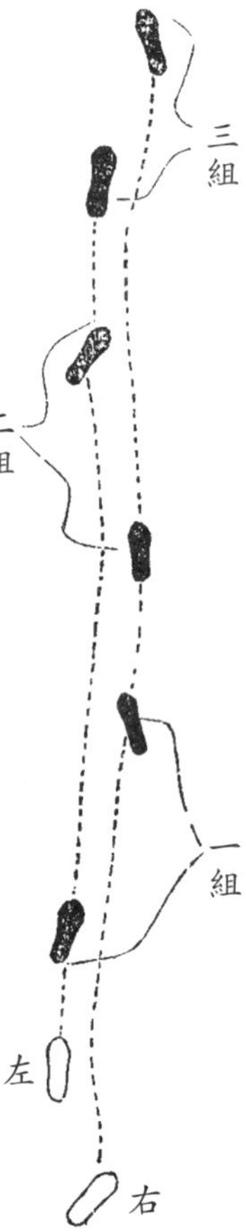

鷹熊合演右起勢圖一

第二節　鷹熊合演右起勢

開首三才勢。先將左足向前墊步。右手同時攥上拳，向裏擰至手心朝上，從右肋順心口極力向上躦，躦成陰拳，伸開，高與鼻齊，與左膝相順；左手亦同時攥上拳，向回拉至左胯，陽拳緊靠。身坳步

鷹熊合演右落圖二

順，項上直豎，兩肩扣，肱屈伸。目視右手陰拳小指中節（鷹熊合演右起勢圖一）。

第三節　鷹熊合演右落勢

換勢。右足尖向裏合，斜著往前進步落地。左手拳同時向裏擰至手心朝上，從胸順右肱裏往前伸出，伸至極處下翻成陽掌，與右膝相順，離膝前四五寸之遠；右手拳亦同時下扣成掌，向回拉至右胯，陽掌停住。左足跟再同時欠起，足尖點地。兩膝相扣，身子陰陽相合，腰下塌勁，左手右足相順。目視左手食指梢（鷹熊合演右落勢圖二）。

第四節　鷹熊合演左起勢

換勢。右足向前墊步。兩手同時攥上拳，左手拳向回下捋至臍，再順身向上往前陰掌伸出，與鼻相齊，與右膝相順；右手翻成陰拳，仍停右肋。頭上

鷹熊合演左起勢圖

鷹熊合演左落勢圖二

頂，目視左手陰拳小指中節（鷹熊合演左起勢圖三）。

第五節　鷹熊合演左落勢

再換勢，左足向裏合住，前斜著進步落地。右手陰拳同足進時，從胸順左肱往前極力伸開至極處，下翻成陽掌，與左膝相順，與左足相齊，左手陰拳亦同時下扣向回拉至左胯陽掌停住。右足跟亦再欠起，兩膝裏扣，身子陰陽相合，頸項直豎，腰下垂勁。目視右手食指梢。再演仍與左右兩勢手足身法相同，數勿拘（鷹熊合演左落勢圖二）。

第六節　鷹熊合演回身法

左足在前右轉身，右足在前左轉身。轉身時，先將右足尖向外扭勁，左足同時向右足後前進步。右手摟回同時向裏擰，擰成陰拳，從胸上躦齊鼻，仍與左膝相順，左手攥上拳仍停左胯。目上視右手陰拳。腰下垂勁。再進步，換勢，仍與前落勢相同，收勢歸原地休息（鷹熊合演回身法）。

鷹熊合演回身法

右轉回身進步路線

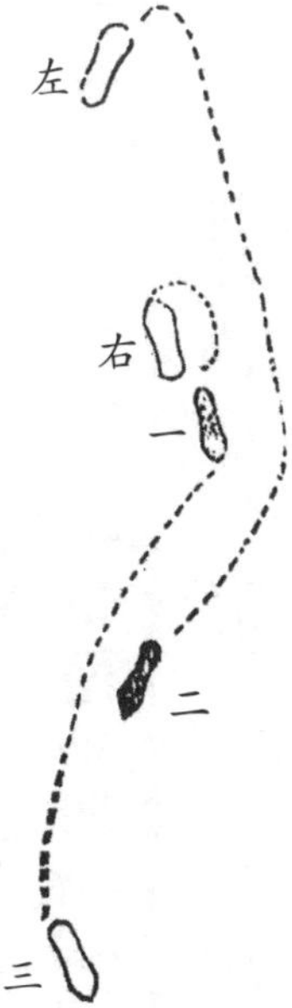

中華民國十八年十月初版

23[illegible]

形意拳術講義
定價每冊 平裝洋一元二角 精裝洋一元五角

編輯者 河北束鹿 薛顛
校閱者 河北蠡縣 高志仁
河北棗強 蔣馨山
河北定興 李子揚
河北深縣 張裕生
河北寶坻 李學志
印刷者 北平公記印書局
發行者 河北天津東馬路天津縣國術館
代售處 天津大胡同大成書局
北平直隸書局
上海[illegible]三馬路[illegible]書局
奉天[illegible]書局
及各省各大書局

五行拳

（嫡派眞傳少林內功秘傳）

序

易筋經為少林武術祖師達摩禪師所傳授，分內外兩經。內經主柔，以靜坐運氣為事。非少林正宗子弟，不得其傳；且擅此者，亦不肯輕易授人，守少林戒也。後之練武者，欲自炫耀，往往皆以十二段錦之法化之，以其段數相同，法則相類也。

其實十二段錦自十二段錦，易筋經自易筋經，兩經可互而不可盡混者也。至於外經，則主剛，以強筋練力為事。其法遍傳於世，唯真本亦殊不多遘。坊間俗本，所載各段，節數雖相同，其法實大有出入。欲覓一完善之本，不可得也。

大抵此法盛行於北方。茲編各法，乃得之於山西藥商鄒仲達君之密授。據云：為少林山陝支派之真傳，較尋常坊本為勝也。法偏重於上肢，實為練力運氣、舒展筋脈之妙法。每日勤行四五次，百日之後，則食量增加，筋骨舒暢，百病不生；至一二年後，則非但身體強健精神飽滿，且兩臂之力，可舉千斤。即為平素孱弱多病，力不足以縛雛者，練習一二年，亦可以一掃其孱弱，兩臂增加數百斤之力。至若老年之人，精氣已衰，勤習此法，雖不足以返老還童，亦足以延年卻病。

江右老人程明志，年已八旬，精神猶如壯年，日徒步三十里不為苦。嘗謂余曰：「予氣體素弱，中年多病。從友人之言，勤習易筋後，不久即康健。四十年中，從未為病魔所擾。今猶能強健步者，謂非易筋經之功乎？」觀乎老人之言，則此法之效力，可以知之矣。

茲特將前後兩經練法繪圖列說，印行於世，以公同好，且為坊間俗本一證其訛。

偶庵識

嫡派真傳少林內功秘傳　目次

弁言

先強健體魄，而後易收明心見性之功也。自此少林武術，遂成一派，時在梁隋之際也。及乎宋代，武當道士張三豐，修真養氣，而得神傳之秘，應召入京，途中遇寇，一夜之間，以單丁殺賊百餘人。其武術亦為世所推重，從遊以求其技者，亦頗眾多，至是武術除少林一派之外，又增一武當派矣。故今之學武術者，不出於少林，即出於武當。

顧少林之術，似屬於剛，專注意於力之作用；而武當之術，如太極、八卦等拳法，皆以柔勝，純任自然，而專注意於氣之作用。因此，世人又強指少林為外家功夫，以武當為內家功夫，殊不知內功、外功之分別，並不在於兩家之宗派也。剛柔寓陰陽之理，剛屬陽而柔屬陰，陰陽相濟，始可孕育化生。獨陰不生，孤陽不長，此一定不易之理也。於萬物皆如此，而謂於武術一道，反能越出此理乎？

少林派之武術，顯剛隱柔，即所謂寓柔於剛者是也，故亦可以鼓氣以禦敵；武當派之武術，顯柔隱剛，即所謂寓剛於柔者是也，故可以鼓氣以擊人。因皆剛柔相濟，陰陽相生之法，若謂少林有剛而無柔，武當有柔而不剛，則我實未見其可也。唯因此而宗派出矣。宗派既分，門戶斯立。如同學於少林門下之人，因師父之不同，而手法稍異，則必號於眾曰，我師何人也。我之所學某家之行派。甚有一知半解之徒，略習皮毛，即變更成法，專取悅目，而自鳴得意，自立門戶，以期炫耀於世。此於少林、武當兩派之外，又有所謂某家拳某家刀拳，但一究其實，則其本源要不出兩派也。

至於內外功夫，兩派中本皆有之，唯後人門戶之見太深，凡學少林派者，則指武當為柔術，而不言其外功；學武當派者，則指少林為外功，而不言其內功，積久而此種見解，隨成為學武者之通病矣。

今試執一略知武術者而詢其內功之源流，則彼必猝然而對曰：是出於道家，而武當實其嚆矢。若語少林內功，彼必嗤為妄言，而必不肯信，斯非過甚之言也。世間萬事，只要門戶之見一深，即易發生此弊。

固不僅武術然也，即以文事喻之，孔孟之徒，必斥楊墨；而楊墨之徒，必非孔孟。其實孔孟之學，固足為法，而楊墨之學，亦有可取，其所以不能相容而互相排斥者，門戶之見深也。

故予謂欲集各家之長，必先破門戶之見而後可。若斤斤於此，勢成冰炭，無融合之餘地，則兩派之長，固可保持，欲熔冶一爐，而推闡演進，以求其最精奧之武術，必不能也。且猶有說者，武當祖師張三豐之武術，亦從少林派中得來；且有謂張實出於少林之門。此說雖無可徵信，不足為據，而明代著名之武當派武術家如張松溪等，其初固皆從少林派學，後始轉入武當門下者。由此以觀，則兩派固可相容，而不必互相排斥者矣。

其實少林派中，各種功夫，並非完全為外功，亦自有內功在。易筋、洗髓二經，所列各法，而能稱之為外功乎？更進一步言之，道家練氣而講胎息，佛家養氣而講禪定，我人試就此胎息與禪定二事，而究其妙用之所在，其理果有所異乎？一則心中念念在道，一則心中念念在佛，表面雖微有不同，實際則互相吻合，此所謂殊途同歸者是矣。

予不揣鄙陋，而有此少林內功之編，非必欲苟異於人，而強別於武當派之內功，實因少林亦固有其內功，以世人忽視而不傳，甚為可惜。故不厭詞費而述之，使世之學武者知少林亦非專以外功見長也。更願學武者皆平心靜氣，破除門戶之見，將兩派之內功，互相參證，而求融合發明之道，使達至高無上之域。則強種強國，固可於此中求之，而益壽引年之機，亦寄於此焉。須知內功入手極難，不似外功之舉手投足及拔釘插沙之簡易。但練成之後，雖不能白日飛升，然身強力健，上壽可期。願學者毋畏其難而卻步也。

內功與外功之區別

凡練習武事之人，除各種拳法之外，必兼練一二種功夫以輔其不足。蓋以拳法為臨敵時動作之法則，而功夫則為制敵取勝之根本。若練就功夫而不諳拳法，應敵時雖不免為人所乘，其吃虧尚小；若單知拳法而不習功夫，則動作雖靈敏，要不足以制人，結果必大吃其虧。故有「打拳不練功，到老一場空」之諺。此功夫之不可不練也。功夫之種類，亦繁複眾多，不遑枚舉，然就大體區分之，則不出乎兩種，即外功與內功是也。

外功則專練剛勁，如打馬鞍、鐵臂膊等；制人則有餘，而自衛則不足。內功則專練柔勁，如易筋經、捶練等法，皆行氣入膜，以充實其全體；雖不足以制人，而練至爐火純青之境，非但拳打腳踢不能損傷其毫髮，即刀劈劍刺，亦不能稍受傷害。依此而論，則內功之優於外功，固不待智者而後知也。

且練習武術之人，本以強健體魄卻病延年為本旨，學之兼以防毒蛇猛獸之侵凌及盜賊意外等患害，非所以教人尚攻殺鬥狠者也。故涵虛禪師之言曰：「學武技者，尚德不尚力，重守不重攻；唯守斯靜，靜是生機；唯攻乃動，動是死機。」

練外功者，劈擊點刺，念念在於制人，是重於攻，若守則此等功夫，完全失其效用。攻則非但足以殺人，亦且足以自殺，故謂之死機。練內功者，運氣充體，如築壁壘，念念在於自保。他人來攻，即有功夫兵刀，皆不足以傷我，我亦處之泰然，任其襲擊，亦不至於殺人。則守之一字，其功正大，既能自保，亦正不必再出守攻人，因攻我者不能得志，勢必知難而退也，故謂之生機。然世之學武者，又恒多練習外功，而少見練內功者，則又何故耶？因外功一事，學習既較為便利，而所費時日又較短少，無論所習者為何種外功，多則三年，少則一年，必可見效。如練打馬鞍，三年之後，拳如鐵石，用力一擊，可洞堅壁。餘亦類是。避重就輕之心理，固人人皆有者也。

至若內功，則殊不易言成，一層進一層，深奧異常，學之既繁複難行，而所費時日，亦必數倍於外功，且不能限期成功，故人皆畏其難而卻步矣。他派固勿論，即投身少林門中者，彼未始不知少林一派中亦有精純之內功，顧皆捨此而習外功者，實避重就輕之心理使然也。至練習內功，略無根基，入手即練，其難自不待言；若意志堅強，身體壯健，而其人又具夙慧者，練此最為相宜，因內功固重於悟性也。

武術內功與道家內功之異同

武術中之所謂內功者，是否與道家之內壯功夫相同，此問題急須解決者。大概今人之言內功者，皆指道家煉丹修道之內功而言，所以謂少林係外家而無內功者，亦由於是。蓋少林為釋氏之徒，以拯拔一切眾生為旨，非專修一己之壽命者，故無所謂煉丹等事。因此外界遂以為既無修煉之術，自然決無內功之言矣，此誠極大之謬誤也！殊不知武術中之內功，與道家之內功，固截然不同，二者可相印證，可相發明，而絕端不能混為一談也。然其間亦微有相同之處，即運行氣血以充實身體是也。

茲且分述其不同之點，以證明武術中之內功，非即道家之所謂內功也，亦所以證武術中之內功，少林派中亦自有之，而非武當所專擅者也。

夫道家之所謂修煉者，其主旨在於證道成仙，其練法則重於運氣凝神聚精，使三者互相結合，將本身內陰陽二氣相融會，而名之曰和合陰陽。陰陽既和，又必使其精神媾和，如行夫婦道，則名為龍虎媾。既媾之後，精神凝聚，如婦人之媾而成孕，則名為聖母靈胎。待此靈胎結成，而具我象，則名為胚育嬰兒，而大丹成矣。由此而證道登仙矣。練此者為內功，而彼以燒鉛練汞者，固不與焉。然其所謂內功，雖非如是簡略容易，但就此以推求之，則與武功，竟無絲毫之關係。雖證道之後，成為不壞之身，而不虞外面之侵害，但成者，古今來能有幾人哉？至於武術中之內功，則無所謂靈胎胚育等能事，唯運氣則相同，其主旨在於以神役氣，以氣使力，以力固腳，三者循迴往復，周行不息，則身健而肉堅矣。吾人之生也，固全恃乎氣血，而氣之運行，完全在於內府，而外與血液依筋絡而循行相應，而體膜之間，氣固不能達也。

武術內功之所謂內功者，即將氣運於內膜，而使身體堅強之法也，亦非如道家修煉之氣注丹田，融精會神也。此功練成之後，雖不能名登仙籍長生不老，而全身堅實，我欲氣之注於何處，則氣即至何處。氣至之處，筋肉如鐵，非但拳打足踢所不能傷，即劍刺斧劈，亦所不懼，以氣充於內也。後所謂金鐘罩、鐵布衫等法，僅練得內功之一部分而已，實未足以語此也。此等功夫，練者雖不多，然吾人猶能於千百人中，見其一二，非若真仙不能一見者可比也。此武術中之內功，練習較外功固繁難倍從，然較諸道家之內功，猶容易不少也。

內功之主要關鍵

練習內功，極難入手，非若練外功之專靠肢體之動作與勤行不怠即可收效也。因內功之重者，在於運氣。我欲氣至背，氣即充於背；我欲氣至臂，氣即充於臂，任意所之，無往不可，斯能收其實用。試思欲其如此，談何容易。夫氣本不能自行，其行，神行之也。故在入手之初，當以神役氣。蓋入手時毫無根基，而欲氣之任意運行，而無所阻核，固所不能。

所謂以神役氣者，即從想念入手。如我欲氣注於背，我之意想先氣而達於背，氣雖未到，神則已到。如此久思，氣必能漸漸隨神俱到，所謂氣以神行者是也。此一步法則，亦極難辦到，由意想而成為事實，頗費周折，萬事皆然，不僅行功已也。在初行之時固定一部，而加以運用，先則意至，次則神隨意至，終則氣隨神至。達最後一步後，再另換一個部分，依法運行之。如此一處處逐漸更換，以迄全身。乃更進一步，使氣可隨神運行全身各部，而毫無阻滯，斯則大功可成矣。唯「以神役氣」四字，言之匪艱，行之維艱，練至成功，其間不知須經過多少周折，而行功唯一之關鍵，即在於此。行功所最忌者，為粗浮、躁進、貪得、越躐等事。練習外功者固亦忌此，然練習內功，忌之尤甚。因外功如犯此數忌，雖足以為害，而其害僅及肢體；如內功而犯此等弊病，其為害入於內部。肢體之傷易治，內部之傷難醫，故務須注意焉。且每聞有因練習內功，而成為殘廢或發瘋、癲癱瘓等症者，人每歸罪於內功之貽害，殊不知彼於行功之時，必犯上述之弊病而始致如此。

蓋粗浮則神氣易散，躁進則神氣急促，越躐即氣不隨神，貪得則神敗氣傷，要皆為行功之大害。且犯此弊病者，頗不易救。因我人之生存，全憑此一口氣息，氣存則生，氣盡則死，氣旺則康強，氣散則疾病，運行不當，其足以致害也，不言可知矣。

粗心浮氣之人，運氣不慎，而入於岔道，不能退出，如走入盡頭之路，勢必成為殘疾；若躁進越躐，功未至而欲強之上達，則如初能步履之兒，而使跳躍，鮮有不仆者。癱瘓瘋癲一類病症，實皆由此而致，非內功不良之足以貽害，實練習者不自審慎，以至蒙其害也。

凡練習內功之人，對於此種關鍵處，能加以注意，則難關打破，不難成功矣。我故曰貪多務得，非但不能成功，且輕則害及肢體，重則危及生命，實自殺之道，非練功之本旨也。願學者慎之。

練功與修養

練習武功之本旨，實在於鍛鍊身體，使之堅實康強，亦所以防蟲獸盜賊之患，非教人以好勇鬥狠為事也。故涵虛禪師有「學習武術，尚德不尚力」之語。夫至德所及，金石可開，豚魚能格，初不必借重武力，而始可使人折服也。故學習武事之人，對於道德之修養，亦為最重要之事。

若不講道德，專事武功，雖未始不足以屈人於一時，然終不能使人永久佩服，蓋力足以屈人之身，而不能人之心也。每見武術功深之人，謙恭有禮，和藹可親，縱有人辱之於通衢，擊之於廣座，彼亦能忍受，韜晦功深，不肯輕舉妄動以至人於傷害也。蓋彼功夫既精，若不如此，則舉手投足間，皆足以殺人。殺人為喪德之事，故不為也。唯彼略得一二手勢，粗知武功皮毛者，則粗心浮氣，揚手擲足，欲自顯其能為，尤為小事，甚則好勇鬥狠，動輒與人揮拳。勝亦無益，敗或殘身，且偶然之勝，亦不可終恃，結果必有勝我之人，此俗語所謂「有丈一還有丈二者」是也。此等舉動，實為自殺之道，去學武之本旨遠矣。以項羽之勇，而終敗於烏江，非武功之不逮，德不及也。故德性之修養，宜與武功同時並進，而品性優良之人習武事，則保身遠禍；性情殘暴之人習武事，則惹禍招非，此一定不易之理也。

昔聞有投身少林學習武事者，主僧默察其人，趾高氣揚，傲慢特甚，與之語，尚豪爽，乃留諸寺中。初不教以武技，唯每日命之入山採樵，日必若干束，雖風雨霜雪，亦不能間斷。不滿其數，則繼之以夜，稍忤意志，鞭撻立至。其人歷盡折磨，唯以欲得其技，含忍待之。經三年之久，驕氣消磨殆盡，主僧始授以技。此非故欲折磨之，實以其驕矜之氣太重，學得武功，深恐其在外肇禍，累及少林名譽也。

顧此乃他人消磨之，非自己修養也。少林十條戒約之中，亦有戒殺及好勇鬥狠一條，此又可見少林武術，對於德性之修養，亦甚注意也。

凡武術精深之人，於自身之修養外，對於收徒一事，亦須特加注意，務必擇性情優良之人，始傳以衣缽；若性情強暴者，僅可揮諸門外，寧使所學失傳，不可將就。因此輩學得武藝之後，好勇鬥狠，固足害人，甚且流為盜賊，殺人越貨，尤足為師門之累，是不可不三注意也。

既收徒之後，平日除督促其練習功夫之外，對於德性之修養，亦宜兼顧，如此薰陶，則其人將來學成必不至越禮逾分矣。

行功與治臟之關係

凡練習武術者，不論外功內功，須以凝神固氣為主。欲凝神固氣，又非排除一切思慮，祛除一切疾病不為功。治臟者，即調治內臟，使之整潔，而外邪無從侵入。然後更練習功夫，則神完氣足，成功較易，收效較速。否則內疾不除，外邪易入，縱使日習不輟，非但不能望其有成，甚或受其賊害。故世人往往言習打坐者易成白癡，習吐納者易成癆瘵，此皆未能先行調治內臟，不得其道，致外邪侵入，內疾增盛，而成種種奇病，終至不可藥救也。凡行功十要、十忌、十八傷等，皆為治臟法中之最要關鍵，練習內功者，務須牢記在心，處處留意，迨內臟既完固之後，再依法行功，始可有效。

行功之時以子午各行一次為佳，以子過陽生，午過陰生，合陰陽二氣而融會之，則成先天之象，神思寧靜，機械不作，一切雜念，無由而生。渾然一氣，成功自易。

治臟之訣，只有六字，即呵噓回呼吹嘻是也。每日靜坐，叩齒咽津，念此六字，可以去腑臟百病。唯念時宜輕，耳不聞聲最妙。又須一氣直下，不可間斷，其效如神。其六字行功歌曰：肝用噓時目睜睛，肺宜回處手雙擎，心呵頂上連叉手，腎吹抱取膝頭平，脾病呼時須嘬口，三焦有熱臥嘻寧。其應時候歌曰：春噓明目木抉肝，夏日呵心火自閑，秋回定收金肺潤，冬吹水旺坎宮安，三焦長官嘻除熱，四季呼脾上化餐，切忌出聲聞兩耳，其功真勝保神丹。其贊功歌曰：噓屬肚兮外主目，赤翳昏蒙淚如哭，只因肝火上來攻，噓而治之效最速；呵屬心兮外主舌，口中乾苦心煩熱，量疾深淺以呵之，喉結舌瘡皆消滅；迴屬肺兮外皮毛，傷風咳嗽痰各膠，鼻中流涕兼寒熱，以回治之醫不勞；吹屬腎兮外主耳，腰酸膝痛陽道萎，微微吐氣以吹之，不用求方與藥理；呼屬脾兮主中土，胸膛腹脹氣如鼓，四肢滯悶腸瀉多，呼而治之復如故；嘻屬三焦治壅塞，三焦通暢除積熱，但須一字以噓之，此效常行容易得。

觀乎上列之歌，則治臟之功，實巨。即不欲練習武功者，依法行之，亦可以卻病強身。而練習內功之人，對於內臟之調理，尤須格外注意。因內府調和，則神完氣足，利於行功；若內府失調，則神氣渙散，外邪容易侵入，而成內疾，於行功上發生極大障礙，甚或成為各種奇病，而至不能救治。故舉此法以便學習內功者，於入手之初，先行此法而理其內臟，以免除一切障礙也。

內功與呼吸

呼吸一法，在道家稱為吐納，即吐濁納清之意也。呼吸乃弛張肺部之法。夫肺為氣之府，氣為力之君，言力者不離乎氣。肺強者力旺，肺弱者力微，此千古不易之理也。故少林派中對於此事非常注意，且有費盡苦功，專習呼吸，而增其氣力者。洪慧禪師之言曰：呼吸之功，可令氣貫全身，故有鼓氣於胸肋腹首等部，令人用堅木鐵棍猛擊而不覺其痛楚者，氣之鼓注包羅故也。

然欲氣之鼓注包羅，而充實其體內，亦非易事，當於呼吸上下一番苦功也。唯此項法則，在北方本極重視，而南方之武術界中人，似少注意者。後以慧猛禪師，卓錫南中，設帳授徒，於是乃傳呼吸之術，學者漸注意之。今南方武術，亦多重斯道矣。唯呼吸一事，在表面上視之，似極簡便易行，然於時於地，皆當審擇，偶不慎非但不能得其益，反足以蒙其害。此術河南、江西兩省之武術界，皆視為無上妙法，以長呼短吸為不傳之秘。河南派名為丹田提氣術，江西派名為桶子勁，名目雖互異，而實際則無甚區別也。

呼吸之練習，亦有數忌。在初入手學習之時，呼吸切須徐緩，以呼吸各四十九度而定。行時徐徐納之，緩緩吐之，不可過猛，亦不可前後參差，第一呼吸其速度如何，則至末一次之呼吸，速度仍依舊狀。其度數自四十九度起，逐漸增加，至八十一度為止。若呼吸過猛及參差等，皆為大忌，俱足妨害身體。呼吸之時地，亦極重要。晨間清氣中升，潔淨異常，是時呼吸，最為合宜。其地則當擇空曠幽靜之區，則清氣多，口中吐出之濁氣易於消散，吸入之氣，清純無比。若塵濁污穢之地，以及屋中，亦所切忌，以其清氣少而濁氣多也。

呼吸之初，不妨以口吐氣，將肺中惡濁驅出，但以三口至七口為度，以後概用鼻孔呼吸，方可免濁氣侵入肺部之患。呼吸時又須用力一氣到底，始可使肺部之張縮，以盡吐濁納清之用，以增氣力。若完全用鼻納氣，用口吐氣，亦所當忌。呼吸之際，又宜專心一志，不可胡思亂想，心志不寧。若犯此病則氣散神耗，氣散於外，則所害猶小；若散於內，攻動內府，為害最烈，故思慮一事，亦宜戒忌。

以上所述各端，如能加意，則功成之後，周身筋脈靈活，骨肉堅實，血氣行動可以隨呼吸而貫注，意之所至，氣無不至；氣之所至，力無不至，可謂極盡運行之妙矣。唯此等法則，雖極佳妙，收效則未能神速也。

練功之三要

練習功夫者，有三項要務，不可不知。此三項要務，即漸進、恒心、節慾是也。凡平素未曾練過功夫之人，其全身之脈絡筋骨，縱不至若何呆滯，然亦決不能十分靈活，與練過武功者相較，自有天壤之別。此等人如欲練習武功，不論其為外功或內功，務須由漸而入，始可逐步練去，而使其脈絡筋骨，隨之而漸趨靈活。若入手之時，即遽練劇烈之術，而用力過猛，必蒙其害。輕則筋絡之弛張失調，血氣壅積而成各種暗傷；重則腑臟受震過度，亦足以發生損裂之患。每見少年盛氣之人，學習武功，而罹殘疾癆傷等症，甚至因而夭折者，世人皆歸咎於武術之不良，實則非武術之咎，全因學者之不知漸進耳。

吾人處世立身，無論何事，皆須有恒心，始可有成，學習武功，自亦不能例外。練功之人，既得真傳之方法，與名師之指點，更當有恒心以赴之，勤敏以持之，方可有成功之望。若畏難思退見異思遷或有頭無尾中途停輟，是其與不學相等。吾人如與人談及此道，愛之者十常八九，唯能勤謹練習，始終不懈，而達成功之境者，實百不得一。是何故哉？豈武功之難，不易練成耶？非也，特學者無恒所致耳。若能有恒心，無論其所練者為外功為內功，則三年小成，十年大成，必不使人毫無所得，廢然而返也。

更有一事，為練功最緊要，人所不易免者，即一慾字是也。色慾之禍，固不下於洪水猛獸之為害。唯洪水猛獸，人尤知所趨避，而色慾一事，非但不知趨避，反樂就之。其中人也深，蒙害乃易。在尋常之人，亦宜以清以寡欲為攝生之要務，而在練習武功者，於此尤甚。練習內功，本欲使其精神血氣，互相團結，而致強身健魄之果，色慾一事，實足以耗其精血，散其神氣，而羸弱其身體者也。人身氣血，既經鍛鍊之後，則靈活易動，倘於斯時而犯淫慾，則全部精華，勢必如江河之決口，潰泛無遺，以至於不可收拾。如此而言練功，又烏足以得其益，反不如不練之為愈也。故練習內功者，必先節慾，然後可以神完氣足，精血凝固，而收行功之效也。

以上所舉三事，實為練習武功之最要關鍵，於人生有莫大之關係者。而少林門中子弟，對於此三事，皆奉為至法，不敢輕犯，此亦可見其重要矣。至於粗心浮氣之流，略得皮毛，即揚手擲足，耀武揚威，對於此等關鍵，亦漠視之。蓋非此等關鍵之不足重，蓋彼固不足以語此也。

內功之層次

禪分三乘，內功亦分三乘。其上乘者，運化剛柔，調和神氣，任意所之，無往不可。剛非純剛，剛中有柔；柔非純柔，柔中有剛。其靜止也，則渾然一氣，潛如無極；其動作也，則靈活敏捷，變化莫測，能運其一口大氣，擊人於百步之外，且無微不至，無堅不入。猝然臨敵，隨機而作，敵雖頑強，亦不能禦，且受傷者不知其致傷之由，跌仆者不知其被跌之故，誠如天矯神龍，游行難測，有見首不見尾之妙，固不必運用手足，而始能制人也。此種功夫，為內功中之最高者。

古之劍仙，能運氣鑄劍在百步內取人有如探囊取物者，即此功也。唯此等功夫，高深已極，不得真傳，決難練得；且運氣如此，亦非一二年所可成，勢非費盡苦功歷盡磨折，始能如願。其法在今日雖不能謂為完全失傳，但絕無僅有，能者實不易見。

至於中乘，則功夫略遜於此，然亦能剛柔互濟，動靜相因。神氣凝結，雖不能運氣以擊人，亦可以神役氣，以氣運力，使其氣能周行全身，充滿內膜。氣質本柔，運之成剛以禦外侮，非但拳打腳踢所不能傷，即用利斧巨錘以劈擊之，亦不足以損其毫髮。此等功夫，少林門中，能者極多，即今日亦甚易見。此步功夫，雖不足制人，但則禦侮有餘矣。

武術本為強身防患而練習，得此外侮不能侵，壽康亦可期，亦已足矣，更何必定求制人不法哉？此中乘功夫，雖可自習，顧其精奧之處，如不得名師指點，亦不易領悟。練習之時，最少亦須六七年，如天性魯鈍之人，或體弱多病之人，則困難尤多，更不止費此六七年也。

至於下乘，則不僅不足以運氣擊人，即運柔成剛，用以禦侮，亦感不足。但能將神氣會合，運行於內府，而不能達於筋肉之內膜，其功效則在求內府調和，百病不生，強身引年，以享壽康之樂也。此步功夫，可於治臟法中求之，練習時亦極簡便，但能持之以恆，即有成功之望，固不必如練習中乘、上乘之繁複也，大約兩年之間，即可見效。且此一步功夫，實為內功入手之初步，即欲練中乘或上乘功夫者，亦須同時注意於治臟。因內府不清，外邪襲入，即足以發生種種疾病。

有病之人，欲行內功，實為不可能之事。氣散神傷，決難使用，非先去其病，使其神氣完固不可。

此治臟之法，即廓清內府，消除疾病之極妙方法，勤謹行之，功效極大，且甚神速，故練習內功之人，宜兼治臟也。

練習內功之難關

吾人無論練習何種功夫，必有一二難關，而以內功為尤甚。難關層疊，欲一一打破之，殊非易事。外功專重實力之練習，難關易過；內功則重於以氣行力，而偏於筋肉之內膜，故難關多而不易打破也。入手之初，練習羅漢拳十八法時，每感身不隨身，手不應身之苦，非失之太猛，即失之太弛。然此一重難關，但能勤加練習，久後熟習，則自能身手相隨，心手相印，不必盤根錯節，而可以不攻自破。及至進一步而練習五拳之法，則身手之動作，固稱心適意，不致再發生困難，而每易感到力至而氣不至，氣至而神不至，彼此失其聯絡，而不能互相呼應，縱外面之形式無誤，在實際上，實完全無一是處。

此關已較上述者較難，唯於各拳法所練之主要點，細加揣摩，應貫力者則貫力，應注氣者則注氣，各視其宜而行之，心志專一，久後亦易攻破。至第三步練習前部易筋經時必須氣力並行，無所不至，始達化境。唯在初時，往往只能力到，而氣不到，必須以意役神，以神役氣，使之漸能並行。此關實至不易，非經名師指點，與自己之悉心推闡不為功。更進一步而練習後部易筋經時，其難更甚。夫氣之一物，運行於內府，而能隨意行至，已屬不易，今乃欲注其氣於筋膜脈絡之間，任意流行，而無所阻核，此非難而又難之事乎？在初時自當先從內府流行入手，待氣抵內府，流行活動之後，再進而練習筋膜間之貫注。此項功夫之法則，就大概言之，要不外乎以神役氣，以氣行力八字。然此中之奧妙，非經名師逐步指點，不能詳盡，固非筆墨所能形容，所謂但能意會，不可言宣者是也。

凡練習內功之人，如能打破此一重難關之後，則前面皆光明大道，更無毫釐之阻障矣。此外如打坐等事，本與二三兩步功夫相並行者，亦有種種困難之處，每每有神思恍惚，意志不寧等等弊病。然此等障礙，極易消除，但在人之抑制雜念，使心中光明澄澈，無思無慮足矣。諺有云：天下無難事，只怕用心人。是可見無論如何之難事，只須用心以求之，必能望其有成也。

練習內功之人，亦自如此，其中難雖多，但能持以恒心，勤行不怠，更尋名師以指撥，則日久之後，此項難關，亦自能逐漸打破，而達登峰造極之境。

若畏難而徘徊不進，或立志不堅，則難關打破，永無成功之日。世間之事，大都如此，固不僅練習內功然也。

練武功者須守戒愛國

少林門中，對於戒約一事，極為重視。凡練習武功者，必遵守戒約，如有違犯者，即逐出山門，不認少林弟子。少林之有戒約，自覺遠上人始，共十條，大概皆對於道德及技術而言，深得佛門之旨，世代相沿。直至朱明鼎革，滿人入主中夏，宗室遺老，憤故國之沉淪，欲圖大舉，相率遁入少林，有張一全者，重訂戒約十條，誓共遵守。

此項戒約，與覺遠上人所訂者，實為大異。因彼以獨善其身為主，此則以致身祖國為主也。其戒約有「肄業少林技擊術者，必須以恢復中國為意志，朝夕勤修，無或稍懈」；及「每日晨興，必須至明祖前行禮叩禱，而後練習技術，至晚歸寢時亦如之，不得間斷」；及「少林技術中之馬步，如演習時以退後三步，再前進三步，名為蹈中宮，示不忘祖國之意」；及「凡少林派之演習拳械時，先宜舉手作禮，唯與他家異者，他家則左掌右拳，拱手齊眉；吾宗則兩手作虎爪式，以手背相靠，平與胸齊，用示反背胡族，心在中國。」

觀乎以上諸條，則其滅清復明之旨，已顯然可知。故少林派之在清初，已具有種族革命之精神，故上述之數條戒約，皆指國家立言也。至於指練武者個人而言者，則有「凡屬少林宗派，宜至誠親愛，如兄弟手足之互助救助，互相砥礪。違此者即以反教論」；及「如在遊行時，遇有必相較量者，先舉手作上式之禮。倘係同派，必相和好，若係外派，既不如此。則相機而動，量其技術之深淺，以作身軀之防護，非到萬不得已時，不可輕擊其要害」；及「傳授門徒，宜慎重選擇。如確係樸厚忠義之士，始可以技術相傳。唯自己平生得力之專門手法，非相習久而知之深者，不可輕以相授。至吾宗之主旨，更宜擇人而語。切勿忽視」；及「恢復山河之志，為吾宗第一目的。一息尚存，此志不容稍懈。倘不知此者，是謂少林外家」；及「濟危扶傾，忍辱度世，吾宗既皈依佛門，自當以慈悲為主，不可有逞強凌弱之舉」；及「尊師重道，敬長愛友，除貪袪妄，戒淫忌狠，有於此而不遵守者，當與眾共伐之。」統觀以上所述各條戒約，於國於己，皆有關切，故少林武術之至於清代，實不僅以明心見性為主旨，而鍛鍊體魄，學得技術，實有驅胡漠北，掃穴黎庭之意也。

凡少林門中子弟，對於十條戒約，概須遵守；若敢不遵，輕則揮諸門外，重則加以撻伐，故傳流至今。不學少林技術則已，如學少林技術，於此守戒一事，猶視為唯一要務也。

練功必求名師

學習武功，與學習文事，頗有不同之處。學文者但能識字，即可於書本中求其奧妙，而達於通曉之境。自己用功，即可登堂入室，固不必定須師傅之耳提面命也。練習武功則不然，縱能得其門徑及各種動作，唯其精奧之處，則殊難探得，非經名師之指點，實無從領悟也。故武術界對於師傅之尊重，其原因即在於此。拳法外功，已是如此，而內功一法，則為尤甚。蓋外功拳法，尚為淺顯之事，雖門外之人，不能自悟，但一經說明，定能恍然。唯內壯功夫，其理極深，且隱晦異常，非但門外之人，不能自探其奧妙之所在，即經師傅指點，如自己之功夫未到者，亦不易瞭解。

故內功對於師傅，更為重要，且須自入手時起，至成功而止，在此時期之中，不能一日脫離師傅。蓋師傅之指點，亦須由漸而入，逐步做去，亦非能於短期間內，傾筐倒篋以出之者。我國之武術界，向分南北二派，試一究其情形，則北派之盛於南派，自不待言，而推源其故，北方人對於師傅之尊重，實有以致之。

北方之人，求得名師，或致之家中，或隨侍其人，必至功程圓滿，始與相離。自始至終，往往歷十餘年之久而以怠，自可盡傳其技，盡得其秘，而造大成矣。且北人往往於技成之後，遊歷四方，作尋師訪友之舉。聞有名師，不遠千里而尋求之，以冀得其真訣。竟有終身從十餘師者，良以各家各有專長，非如此不能尋得也。南派中則疏於此，且盛行設廠之制，以極短之時間，而教人以些少應用之手法，敷衍了事，即以言功，亦不過插沙、打鞍等等死手，殊無足取。然以予所見，求師實為最要之事，如從師不良，則貽誤終身。故求先師必求名師，始能詳細指撥，而收探驪得珠之效。

此事實一極難之事，蓋世間名師固不甚多也。老人云：效法乎上，僅得乎中。於茫茫人海中，欲求一術臻上乘而堪為我師者，豈易易哉？外功拳腳之術，能者尚多，求之尚易；若內功則精奧深邃，非常人能窺其門徑，而能者極鮮。欲求此項名師，誠難而又難矣。

唯因此項精奧深邃之故，更不容不有名師之指點解釋。非然者，但於書本中研求之，雖可得其皮毛，決難得其精髓，且運氣錯誤，實多危害，非若外功拳腳等法，簡便易學，可於書本中求得其實用也。故練習少林內功者，於精勤修養之外，更須注意於師傅之人選，然後始可循序而進，克臻大成也。

內功與打坐之關係

打坐一事，無論道家釋家，皆視為極重要之法則，在道家為內觀，煉胎息長生之道；在釋家為禪定，修明心見性之功，雖志趣之不同，實異源而同果。打坐者，實從靜中以求自然之機者也。儒家亦曾云：「靜而後能定，定而後能安。」此可見「靜」之一字，其功之妙矣。練習內功之人，本與外功相反，外功皆從動字上做功夫，內功自當於靜字上悟妙旨，此所謂以柔克剛，以靜制動者是也。

夫吾人生於今世，事物紛繁，情感雜沓，聲色攻於外，憎愛縈於中，自然之機，漸被蒙蔽，而至於消滅。在此時而欲其摒七情、遠六欲，舉一切貪嗔癡愛之事而絕之，返本還原，使四大皆空，三相並忘，六根清淨，此非難而又難之事乎？若非苦行修持，曷克臻此。打坐者，即忘機之妙法也，故道家、釋家皆重視之，而練習內功者，尤當於此入手。

內功之主要關鍵，固在於凝神、斂氣、固精三事。若心如明鏡，一塵不染，一念不生，一念不滅，則神自凝，氣自斂，精自固。若心中雜念紛投，憎愛起滅，則神耗、氣散、精敗矣。於此而欲收攝，非借力於坐忘，不可得也。且內功者，固以柔制剛之法也。以安詳之態度而克敵人之暴動，是欲得其安，必先能定；欲得其定，必先能靜；欲得其靜，更非坐忘不為功。由此觀之，則打坐一法在內功中，所占地位之重要，固不待智者而知之矣。

唯吾人處身塵俗，欲其忘懷一切，本非易易，故在入手打坐之初，其意念必不能立刻即達靜止之境，猶不免有紛擾之虞，然必設法以驅除妄念，使心境明澈，達於止境而後可。其法唯何，即自觀而已。昔人謂打坐之人，必具三觀。三觀者，即眼觀鼻，鼻觀口，口觀心是也。在打坐之時，必集吾人之意於此三觀，然後雜念可漸遠矣。予謂不必定念三觀，即默念阿彌陀佛，或數一二三四等，皆無不可。蓋所以要如此之故，欲其意志專一，不生雜念也。非必一定三觀，或三觀於此，具何法力也，此不過初入手時之一種方法。及至心意漸堅，雜念自然遠去，而達於自然之境。功夫既深之後，非但雜念無由而生，即我自己之軀體，亦置之意外，而至物我俱忘之境，則靜止極矣。

功行至此，則利欲不足以動其心，榮辱不足以擾其志，心地明澈，泰然自適矣。故練習內功者，必先從坐忘入手，盡求其靜，復於靜中求動，是為真動。強身健魄，行氣如虹，縱不能白日飛升，亦無殊陸地神仙矣。

打坐之法則

打坐一事，以靜為貴。能闢靜室，設禪床最佳。禪床之形式，略如一極大之方凳，約二尺半見方，皆以木板製成，務須堅固。如無餘屋為靜室，即於臥榻上行之，亦無不可，唯以板鋪為佳。以棕藤等墊，皆有彈力，坐時不免歪斜傾側之病，故宜用木板。每日於早晚各坐片時，時不在乎過久，緩緩墊加，易收實效。坐時勿著相，勿管呼吸，一任其自然。脊柱宜正，口宜閉，牙關宜咬，舌宜舐住上齶，兩手輕握，置丹田之下。

坐有單盤雙盤之分。單盤者，即以一腿盤於下，而以另一腿盤置其上，法較簡單易行。雙盤者，即依單盤之式，將盤手下面之腳扳起，置於上面膝頭之上，使兩足之心，皆向上面，而兩腿則交叉綰成一結，此則較單盤為難。手之位置亦有兩種，以左大指輕捏中指，而右大指插入左虎口內，以右大指、食指輕捏左無名指根者，稱為太極圖；而兩掌皆仰，重疊而置者，則為三昧印。凝神趺坐，先自口中吐出濁氣一口，再自鼻中吸入清氣，以補丹田呼出之氣。呼時稍快，吸時稍慢，呼須呼盡。如此三呼三吸之後，內府之濁氣，完全吐出淨盡，然後再正式行功。

在初入手時，必有雜念縈心，而易祛除，則宜念南無阿彌陀佛，或數數目，以自鎮定其神患。久後功夫既深，則心境自然明澈，不復須如此矣。

坐時宜清神寡慾，收斂身心。早起因晚間靜定，是為靜中之動；晚間行功，因白日勞動而習定靜，是為動中之靜。如此操持，是為動靜有常，陰陽相生。佛家坐禪，皆用雙盤之法。全身筋絡，得以緊張，身體容易正直，而收效較宏也。

坐時有數要，不可不知：一為存想，即存欲靜坐之念，而冥心屏息也；二為盤足，即依坐法，盤足趺坐也；三為交手，以兩手交置，護於丹田也；四為搭橋，即以舌舐齶，使之生津也；五為垂簾，即下覆其睫，稍留縫隙也；六為守丹田，即意存於丹田，而不即不離也；七為調息，即調和其氣息，使之綿綿不絕也。知此七要，而打坐之法盡矣。

此外坐法猶有所謂五心朝天者，實係道門中之坐法；而觀音坐、金剛坐等法，則為禪門中之別法。隨人之性情而變，吾愛何種坐法，即坐何式，固不必拘拘於定見也，唯終以雙盤坐法為正宗。

坐之時間，以一炊時起手，以後逐漸增加，直至半個時辰以上為止。能坐至如此長久，則心境澄澈，一切雜念，無由而生，一切邪魔，無由而入，則明心見性，可歸正覺矣。

少林內功之五拳

少林內功，約可分為三步練法。在入手之初，宜先練五拳。所謂五拳者，即龍、虎、豹、蛇、鶴五法也。自梁代達摩禪師傳先天羅漢拳十八手以後，直至金元時白玉峰披薙入山，整理少林技術，加以研究。由十八手而增至一百二十八手，於此一百二十八手法中，更分為龍、虎、豹、蛇、鶴五拳。白氏之意，謂人之一身，精、力、氣、骨、神，皆須加以鍛鍊，使互相為用，始克臻上乘。蓋精不練不固，力不練不強，氣不練不聚，骨不練不堅，神不練不凝也。五拳者，即可以練精、力、氣、骨、神之法也。故創此五式，使內外並修，而達於化境也。

龍拳練神。練習之時，毋須使用外力，唯須暗中役氣，使注丹田，而周身活潑，兩臂則沉靜不動，使手心足心與方寸相印，此所謂五心相印者是也。如此練去，功成之時，竟如神龍行空，靈活自在矣。

虎拳練骨。骨之在於軀幹，所占之位置極重。骨若不堅，則氣力自無所施，故必用虎拳以練之。練時須運足全身之氣，使腰背堅實，臂腿牢壯，腋力充沛，起落有勢，怒目強項，兩手作虎爪之狀，有如猛虎出山之勢。

豹拳練力。豹之為物，其身體之雄偉與形狀之威武，皆不及虎，而力則過之，且腰腎堅強於虎，故善於跳躍。以之練力，最為合宜。練習豹式，務宜兩手緊握，五指如鐵爪鋼鉤，全身宜用短馬為起落，而鼓其力於全身。此等法則又名為白豹拳，以形似也。

蛇拳練氣。蛇之為物，游行夭矯，節節靈湧。人身之氣，亦貴於吞吐抑揚，以沉靜柔實為主，其未著物也，若甚無力；及其著物，則氣之收斂，勝於勇夫。練蛇拳者，正所以使其氣有如長蛇之游行，而節節靈通也。練此拳時，宜柔身而出，臂活腰靈，兩指相駢，起落而推按之，以似蛇口之舌。且屈折回環，有行乎不得不行，止乎不得不止之意，練剛為柔，所謂行氣如虹者，即此是矣。

鶴拳練精。鶴之為物，雖屬羽禽，顧其精足神完，而克享大年。人身最重要之物，亦厥唯精神，故宜用鶴拳以練其精。練此拳時，宜緩急得中，凝精鑄神，舒臂運氣，所謂神氣相合，心手相印者是也。

上述五拳，如能練至精純之境，則精固、力強、氣聚、骨堅、神凝。五者相合，互相融化，為用之妙，不可盡言；倘以制人，則一舉手一投足之間，縱頑強之敵亦可折服，且出之輕描淡寫，而並不須窮形盡相也。其中妙旨，可以心領而不可言傳，全在學者下功苦練，用心推闡也。

五拳之練習法

五拳為龍、虎、豹、蛇、鶴五形，前已詳論之矣。唯其練習之法，猶未述及，今且分節言之。每一種拳法形狀，內中又分為數小節，如虎拳中則有黑虎試爪及黑虎坐洞等各種形式；而鶴拳則有白鶴亮翅、野鶴尋食等式，固不僅五種成法也。

茲將各法分述於後，以便學習也。

第一圖　黑虎試爪

第二圖　虎掌爬風

虎　拳

一、黑虎試爪

兩足分開，屈兩膝而沉上身，踏成馬步；右手置腰際，掌心向下，用力下按，左手則向右方推出；上身亦隨之向右旋轉，至右斜前方為度；頭與身之方向同，突目前視，式如左圖。略停片時，更依前法向左行之，圖不附（第一圖）。

二、虎掌爬風

兩足分開，如上式作馬步；左手作虎爪狀，自右下提起，手掌向外，運指力向左拉引；同時，右手從右側平臂舉起，反掌向上，至齊肩時則折肱向內，指作虎爪形如抓物帶回之狀；身向正前方，頭偏於

第三圖　餓虎尋羊

第四圖　黑虎坐洞

右，目突視右手，式如上圖。略停片時，更如法向左行之（第二圖）。

三、餓虎尋羊

左足向右方踏進一步；同時，全身轉向右方，兩臂從旁豎起，掌心向前，至平肩時，則向前緩緩壓下，作虎爪撲物狀，落至齊腰，則屈肘運指力向後拉引；同時，上身即向前探出，手拉至脅間為度，式如上圖。如此三探三退而止（第三圖）。

四、黑虎坐洞

先兩足分開作馬步，左手由前下方拗起，作抓物上提之狀，至頭上而止；右手則從左腰處提起，向右方拉開，作撕物之狀，至右乳前為度；臀部下挫，上身略後仰，頭偏右方，式如上圖。略停更如法向左行一次（第四圖）。

第五圖　猛虎伸腰

第六圖　白虎推山

五、猛虎伸腰

先分開兩足作馬步，兩手同時向右肩上一揚，左手即從額前抄過，向左拉開，至左肩外而止；右手即從旁側拉回，至胸前為度；在兩手拉回之時，右足挺直，上身向左移挫，頭偏右，目上視，式如上圖。略停更如法向左行一次（第五圖）。

六、白虎推山

先將左足踏右一步成弓箭式，兩手從前提起至肩前，同時向前探出；再將兩手用力緩緩向前推去，上身乘勢挺直，臂直為度，全身向右，目視指尖，式如上圖。如此三推三退而止（第六圖）。

第一圖　金豹定身

第二圖　地盆撕折

豹　拳

一、金豹定身

兩足併立，向右旋轉，全身旋至右斜方為度；兩手握拳，務須極緊，在旋身之時，運力緩緩屈肘提起，至齊腰而止，掌心向下，拳口貼腰；頭則微昂，目向上視，式如上圖。略停回復原位之後，更如法向左方行一次（第一圖）。

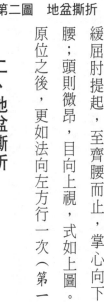

二、地盆撕折

先將兩手交叉於腹前，左外右內，成斜十字形；兩腳分開踏成馬步，兩臂即於此時向前翻起至胸下臍上處，掌心已向前面，即將兩手用力向旁分開，有如抓住一物，欲加以撕裂之狀，左手在臍前，右手在胸前，身向正前方，式如上圖。略停將兩手更換，反行一次（第二圖）。

三、豹子穿崖

先將右足向右踏出一步，上身亦隨向右方，成為右面之右弓左箭步；同時，右手握拳，從下提起護腰，掌心向上，拳口向外；而左手亦緊緊握拳，折腕使掌心向前，然後屈肘將拳向上超起，至平肩為度；上身略向前傾，目突視左拳，此時左拳之掌心已向內矣，式如右圖。略停回復原位之後，更如法向左方行一次（第三圖）。

第三圖　豹子穿崖

四、豹子弄球

先將右腳向右踏出一步，全身亦向右旋，足成右弓左箭步；同時，左手楂開五指，伸至前面，反掌向外，伸直後即用力向內拉回，手亦握拳，至左脅旁為度；同時，將右手楂開五指，伸至側面，掌心向後，緩緩攏指壓下，至腰外時，即握拳向前上拗起，如握住一物，向前折舉之狀，目視右拳，式如下圖。

略停復原位後，更如法向左行一次（第四圖）。

第四圖　豹子弄球

第五圖　金豹朝天

五、金豹朝天

先將右腳向右踏出一步，上身隨之旋轉，踏成右弓左箭步；兩臂同時向後張開，兩手則掌心向外，用力向後楂去，至極度時，再握拳折腕，使掌心向內，用力向上衝起，拳肱相接，拳平於頂；頭略昂，目視雙拳，式如上圖。略停，回復原位後，更如法向左方行一次（第五圖）。

六、金豹直拳

先將右腳踏右一步，成為右弓左箭步，全身皆向正右方；在旋身之際，兩手握拳，兩臂從旁舉起，平肩為度，掌心向前，虎口向上，至此乃將右拳向內攏入，至直舉前方為度，而左拳亦折肘向右肩處攏入，至肩尖為度，式如下

第六圖　金豹直拳

第一圖　雙龍掉尾

圖。略停，回復原位後，更如法向左行一次（第六圖）。

龍　拳

一、雙龍掉尾

先將兩腳分開，上身下坐，使成騎馬式；在上身下沉之際，兩手在下合掌，向上折肘舉起，置於當胸，作和南之狀，然後分開手掌，緩緩向兩旁推出，至兩臂平直為度。此法力須停於掌根而貫於指端。身向正前，頭略偏右，式如上圖。略停將手落下，更續行一次，動作同，唯頭部向左耳（第一圖）。

第二圖　金龍獻爪

第三圖　白龍迴首

二、金龍獻爪

先將兩足分開，如上式成騎馬步；兩臂即從左右屈肘舉起，使肱臂與頭，成一山字形，手掌向前，略一停頓之後，即用力屈指，作龍爪狀，同時將肱向前壓下，手至肩前時，再略一停頓，即將兩大臂掰緊，而將兩手及肱向後反張，至兩肩尖外為度；身首各部，皆向正前，式如上圖。如此三舉三落而止（第二圖）。

三、白龍回首

先將右足向右踏進一步，成右弓左箭步，身亦隨之旋轉；右手直伸於後，左手則向後斜下方作拾物狀，略一停頓，左手向上斜揚起，而右手即作抓物狀折肘收回；同時，挺直右足，屈下左足，上身亦向左斜傾，頭偏右方，兩目上視，式如前圖。略停回復原位後，更如法向左行一次（第三圖）。

四、龍氣橫江

先將右腳向右方平開一步，兩手交叉於腹前，左外右向，乃徐徐將身向右方旋轉，變成右弓左箭步；同時，將左手反掌向後分出，而右手則翻掌向上，從下超起，以指尖齊眉為度；上身向正右，略略後仰，目視右手指尖，式如上圖。略停回復原位後，更如法向左方行一次（第四圖）。

第四圖　龍氣橫江

第五圖　盤龍探爪

五、盤龍探爪

先將右足向右踏出一步，身隨之俱轉，使成右弓左箭步；乘勢將左手提置腰間，掌心向前，指皆彎轉；而右手則提至乳際，向前推出，臂直為度。略一停頓，則右手拉回置腰間；同時，左手向前推出，然後將身旋至正左方，依法行一次而止。前圖所列，乃右第一勢之情形（第五圖）。

第六圖　游龍退步

六、游龍退步

先將兩足分開，作騎馬式；左手平舉於側，掌心向前，右手置於左腰之前，掌心向內，上身略傾於左。然後將左手屈指向斜下方攔回至右腰前為度，掌心向內，而右手則同時向斜上方揚起，掌心向前；左腿乘勢挺直，上身則傾向右方。上圖係向左之定勢（第六圖）。

蛇　拳

一、八卦蛇形

先將兩足分開，上身下坐，作騎馬式，身略偏右；左手屈肱，置於臍下，

第一圖　八卦蛇形

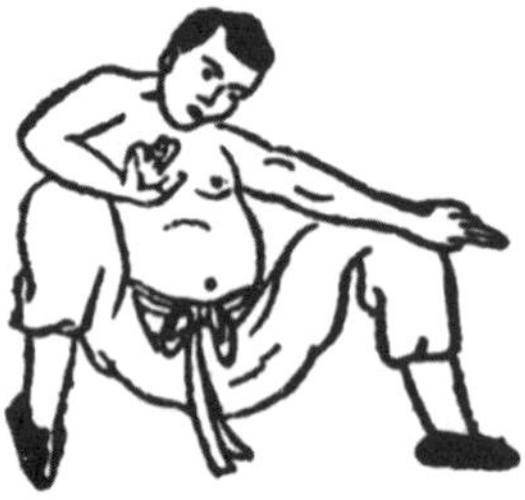

第二圖　白蛇吐信

右手屈肱，置於臍上；然後將上身徐徐向左旋轉，在下之左手，由下從前面折腕翻起，至當胸為度，掌心向外，右手則由內向下按去，至腹前為度，掌心向下，上身偏左斜，式如上圖。略停更如法反行一次，身旋向右（第一圖）。

二、白蛇吐信

先將兩足分開，踏成騎馬式；左手屈肱提起，置左膝上，屈無名指與小指；而右手則抄至左方，上提向右方分去，亦屈二指；同時，上身向左下坐至極度，然後再將身移向右方，右手屈肱置膝上，而原屈之左手，則向左方分去；身偏於右，頭略下俯，而雙目則視左指尖。上圖所示，乃向左之定勢也（第二圖）。

第三圖　毒蛇橫路

第四圖　兩蛇分路

三、毒蛇橫路

先將兩足分開，踏成騎馬式；左手伸直中食二指，向右方探去，右手亦屈肱豎起，放於肩外；上身右領，然後將左手由前面向左平分，至肩外則屈肘縮回；而右手則同時向左推過，放於左手之前，臂直為度；上身亦移向左方，頭偏於右，式如上圖。略停更如法向左亦行一次（第三圖）。

四、兩蛇分路

先將兩足分開，左手提置於右腰之前，右手則直伸中食二指，屈肱提起，掌心向內，指尖與鼻尖相對。然後將身向右方旋轉，足踏右弓左箭步；左手則用力緩緩向後推出，右手則折腕向前指出；全身向右，目視指尖，式如右圖。略停旋身向左，如法亦行一次（第四圖）。

第五圖　白蛇盤鼠

第六圖　毒蛇守洞

五、白蛇盤鼠

先將兩足分開，兩手伸直中食二指，屈肱提置胸前。上身向右旋轉，兩足踏右弓左箭步；左手則從前面抄向右方指出，掌心向前，指尖向右，上身旋至右後為度。然後將左手收回置腰前，右手從前面抄過指出，身隨之旋至右前方為度，式如上圖。略停，更旋身向左如法亦行一次（第五圖）。

六、毒蛇守洞

先將兩腳分開，踏成騎馬式，將上身略向右旋；兩手同時向右斜上方推去，身亦前探；然後左手從原處落下，置於左膝前，而右手則在前面向斜下方徐徐壓下，至左手上面為止；上身亦向左移旋；坐至極度，頭偏右上，式如右上圖。略停更如法反行一次（第六圖）。

鶴拳

一、白鶴亮翅

先將左足由原方向踏前半步，與右足前後參差；同時，將兩手屈肱拗起，放於兩肩之外，指尖向上，掌心向外。然後將腳尖略略點起，兩手即同時向左右撇下，至臂直為度，而兩手掌之方向，則完全不變；身首皆向前面，式如上圖。略停，手足復位，更以右足踏前，如法行之（第一圖）。

第一圖　白鶴亮翅

二、野鶴尋食

先將左足向右踏出一步，上身隨之旋轉，至正右方踏成左弓右箭步；兩手伸直大中食三指，而屈其餘二指，屈肱提起，先將左手向下作抓物狀；然後右腳踏進一步，收回左手，改用右手向下作抓物狀；上身前傾，目視地上，式如

第二圖　野鶴尋食

第三圖　雄鶴印翎

上圖。略停復位，更如法向左方行一次（第二圖）。

三、雄鶴印翎

先將兩足分開，兩手則各伸直其大中食三指，而屈其餘二指，屈肱提起，平置於肩尖之前，掌心向下；乃向左旋身，左手順勢向後面刷去，而右手下按至左乳之前。全身向左後略一停頓之後，即向右旋身，右手依法刷出，而左手則收回置於右乳之前，全身移向左前，頭偏於右，目視右指尖，式如上圖（第三圖）。

四、長臯獨立

先將兩手各屈小指及無名指，而直伸大中食

第四圖　長臯獨立

第五圖　鶴爪印沙

三指，向前舉起，至與肩平時，則向左右兩旁分開，至成一字形為度，掌心向下；在兩手動作之際，右腳即向上提起，膝抵於腹，然後再將兩手折肱，由斜下方抄起，提至肩前，式如上圖。略停復位，更提左腳如法行之（第四圖）。

五、鶴爪印沙

先將全身旋向右方，右足向前踏進一步，唯用腳趾點地，並不踏實；左手則從下面用力折肱，向上拗起，至迎面為度，掌心向前；右手則從旁側屈肱提至肩外，然後向前推壓而下，至手平乳為度，掌心向下，肘略屈，頭後仰，式如上圖。略停復位，更如法向左行一次（第五圖）。

六、冰鶴守梅

先將身體向右旋轉，兩手各屈其小指及無名指，而直伸其大中食三指，依長臬獨立之法，兩臂從旁平舉，至成一字形為度；右足同時向上提起，膝蓋及乳，然後將兩手從旁攔入，抱取膝頭，右手在外，左手在內，式如右圖。略停復位，更旋向左方，提左足如法行之（第六圖）。

第六圖　冰鶴守梅

少林內功與易筋經

少林門中之內功，以易筋、洗髓二經為最精純。洗髓一經，即本仙家伐毛洗髓之意，其高深奧妙，超乎一切武功，不易領悟，且其原本，早已失傳。世間即有此書，要皆後人搜集道藏，附會而成，牽蘿補屋，固不見其能收若何效果也。唯易筋一經，少林門中，猶多傳法，並未泯滅，唯與世間刊本，頗有出入。今人之言易筋經者，每分為外功易筋經、內功易筋經，是亦牽強之說也。

吾人試考其命名之義，即可知易筋之止有一經，有不容強加分析之處也。易者換也，筋者筋脈也。易筋云者，蓋言去其原來羸弱無用之筋。而易以堅強有用之筋也。亦即言練習此功之後，可以變易其筋骨，而使堅強有用也。由此觀之，則功既同名易筋，而易筋之功夫，又屬於少林之內功門中，又烏得而強分之耶？此實世人不細味其命名之義，而妄加分析也。

就予所知，易筋一經，實傳自震旦初祖達摩禪師，全部共二十四段，分為前後二部。其前部較易練習，為入門之秘訣；其後部較為精奧，為成功之途徑。今人不察，皆以前部為外功易筋經，而以後部為內功易筋經，實大誤也。且有云外功易筋經為十二段，即今日通行之法；內功易筋經共二十四段，今已失傳，殊不知前後共止二十四段也。此步功夫練成之後，即入內功之中乘，能運柔成剛，以禦外侮。所謂易筋者，非真能將人體之經絡取出，而換以堅強之筋，猶言練此功夫，日久之後，即可使筋骨堅強，勝於未練之時，如脫胎換骨。易筋云者，比喻之辭也。洗髓之經，予不得而見。易筋經則非但所見之本甚多，且曾事學習。同邑蔣覲園先生，曾得真傳於少林老僧，且藏有真本。其

文孫小溪曾假予抄錄，且為予言其精奧之處。

予以多病之身，練習一年之後，雖未能變懦夫為壯漢，而病魔遠避，身體康寧。而所練者，猶僅其前段。於此可證此項功夫，實具有絕大功效也。聞小溪言，覲園先生，能運氣於全身，嘗命人以利刀刺之不能傷，唯力避耳目又兩頰耳。其功夫皆從易筋經中練得，此又可證易筋經之可以禦槍刀，並非虛語也。蔣之本，與坊間之刊本，互有異同，茲即以此本刊行，以正謬誤。且述小溪之語，使世之學武者，知易筋經之但分前後二部，以便練習者得以漸進，皆屬於少林內功門中，實無所謂外功內功之分也。否則強分派別，徒貽譏於識者耳。

易筋經前部練習法

此部易筋經所列各法，即俗傳之外功易經是也，共十有二段。每段動作不同，而各有其妙事，宜於清晨薄暮之時，在空曠清潔之地，依法練習。待十二段行畢後，再從第一段復練，週而復始，晨夕各三次。一年之後，則精神委頓者，立可振作；而精神健旺者，則實力增加，神完氣足，洵有易筋換骨之妙。

但須每日行之，切不可稍有間斷。若荒怠不勤，絕不能克期收效也。

第一段

面向東方而立，兩足分開，中間相距約一尺開闊。足之位置，須趾與跗同一方向，切忌踏成八字形。凝神調息，摒除一切雜念，鼓氣於腹，毋使走泄。頭部向上微昂，口宜緊閉，牙齒相接，舌尖舐住牙關，兩目向前睜視，睛珠須定，不可稍有啟閉。然後將兩手折腕昂起，使掌心向下，指尖向前，再緩緩踏屈其肘節，將手提起少許，至腰部稍下處為度。唯兩手雖上提，而兩臂之氣力，必須下注，如按桌踴身之狀。略加停頓之後，乃將十指運力向上翹起，而掌根則運力捺下。行時須極徐緩，至極度後，再停頓片刻，乃放下手指，提起掌根，回復原狀。如此一翹一按，是為一度，徐行四十九度，而第一段功夫完畢。

第一圖

須默記其按，此段名混元一氣之勢，先天之象也。一翹一捺，得乎動機，停頓貫氣，得乎靜定，動靜相因，而陰陽判，萬物生矣。故以下各段，皆由此式而化生者也。行時宜全神貫注於指掌之間，不可相離。日久之後，則氣隨神到，而運於內，力由氣生而行於外，內外相合，而超乎一切矣。若神氣渙散力不專注，是為大忌。在兩手上提之時，切不能過至腰上，否則非但不得其益，且有損於筋骨。慎之慎之。

第二段

行前段功夫既畢之後，則將氣力收起，復平常小立狀態，使全身筋骨稍為舒展，以免過勞之弊。其休息之時間，則不必限定。行第二段時，先將兩足緊併，全身正立，鼓氣閉口，突視昂首，與第一段完全相同。兩手則將指屈轉握拳，唯大指伸直。此時握拳極鬆，不可用力，握定之後，則將拳移置於大腿之前面，掌心與腿面相貼，兩大指則遙遙相對。至此略略停頓之後，即將每手之大指，向上翹起，以至極度；同時，兩手之其餘四指，則用力緊握，務用全力；而兩臂之力，則須下注，切不可有絲毫提勁。略停片刻之後，兩大指即徐徐放下，餘指亦慢慢鬆開，以復原

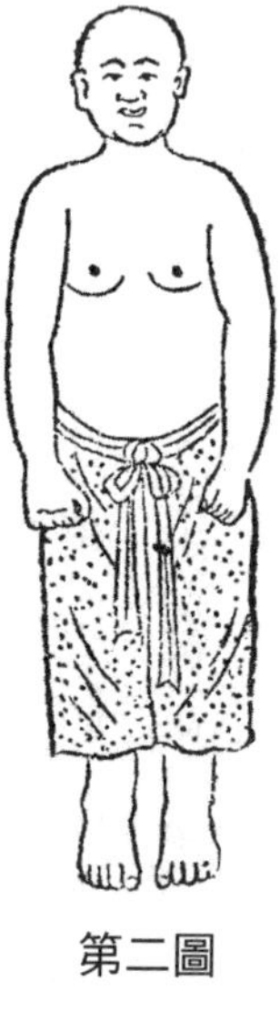

第二圖

狀，兩臂則宜用提勁，使氣力上收。如此一緊一鬆為一度。行時宜凝神注氣，專心一志。行四十九度，第二段功夫畢矣。式如第二圖。

按：此一段，坊本有將兩拳貼置於大腿之旁側，而大指向前者，殊不得勢。不得勢則力不充，力不充則氣不行，精神亦因之而渙散，以之求功，尚可得乎？實謬誤之甚也。至於翹指之時，不能稍雜提勁者，則以氣力下注，貫於拳指之間，俾拳能愈握愈緊，指能愈翹愈高也。行此段功夫，亦宜出之徐緩，緊時則氣力下注，鬆時則氣力上提，一注一提，所以行氣使力也。在表面觀之，似乎功夫僅及於指臂，實則偏及於全身。蓋以人身肢體，無不通連，而氣之源流，又從內府行流而至，無所不及也。在行功之時，最忌口鼻呼吸，身體動搖，因皆足以耗氣散力也。

第三段

第三圖

行第二段功夫既畢之後，略事休息，再續行第三段。此段正立如前，先將兩足分開，中間距離約一尺左右，務須趾與跗成平線，忌作八字形。腿部宜運力下注，不可使稍有鬆浮，否則身體易於搖動，而致神氣渙散矣。頭昂目睜，口閉牙接，鼓氣腹中，與上二段同。兩手則將大指先屈置掌心，餘四指則緊握大指之外面，兩臂垂直，雙拳置大腿之兩側，掌心貼腿，拳背向外。在上手之時，臂部並不用力，拳亦握得極鬆。

略略停頓之後，即將兩拳緩緩握緊，至極度為止；同時，運力於臂，使之下注，即用力將兩臂挺直，使肘節突出，而氣力易達於指掌之間也。略停片刻後，更徐徐矣住臂力，放鬆拳指，而回復原狀。如此一緊一鬆為一度，共行四十九度，而第三段功夫畢收。式如第三圖。

按：此段主力之點在於拳臂，行氣之法，一提一注，固與上段無所區別，但其間不同之處亦不止一端。彼則並足而此則分開，彼則伸直大指而此則屈握大指。要皆各有用意者，夫兩足分開，所以使下盤牢固，不易搖動也。握拇指於掌中，所以實拳心而易於著力也。臂向下挺，而突其肘節，所以使全臂之氣力，下注於拳也。而各段之動作相異無幾，在功效上則差甚大也。行功之際，除動作之外，尤須注意於神氣之貫注，務使精神氣力，融匯一起，達則全達，斂則全斂。若精神氣力之不相融，雖練百年，亦是無益，學者宜加意焉。

第四段

行第三段功夫既畢之後，體息片刻，以舒展筋骨，然後再續行第四段。

此段與以上各段不同，先全身正立兩足緊併，用足兩腿之氣力下注，以固下盤；然後將兩大拇指，屈置掌中，而以餘指屈置其外，掘之成拳。兩拳由前面向上舉起，以平肩為度，掌心相對，虎口向上，兩拳間之距離，則與肩膀之闊度相等。在上舉之時，兩臂宜直，上身切忌動搖。

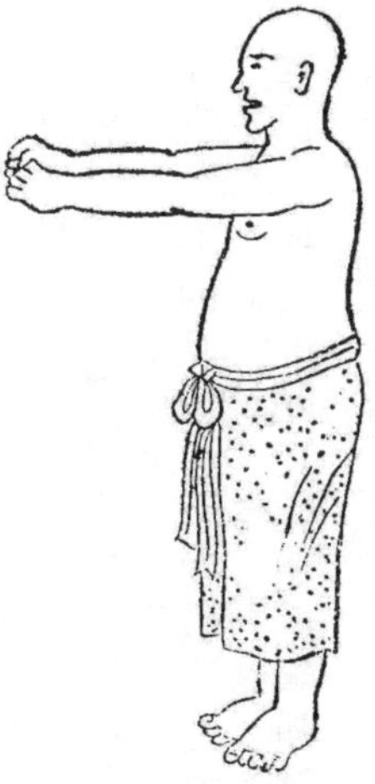
第四圖

略略停頓，即運力將拳緊緊握攏，以至極度，而兩臂同時向前伸去，位置雖不能伸前若干，但氣力則完全前注。停頓片刻，則將拳放鬆，而收回兩臂之伸勁。在伸出時，切忌左右宕動。如此一握一鬆為一度，共行四十九度，第四段功夫既畢矣。式如第四圖。

按：此一段乃氣注平行之法，使氣力進則注之於拳臂，退則流行於肩背。蓋握拳伸臂，兩肩必向前探出，背部之筋肉，勢必緊張，此時氣力完全前透。待鬆手收力，全部筋肉，完全鬆弛，氣力亦因而退行，流注於肩背各部矣。此段最忌者，即為用力時兩拳向左右宕動。因兩拳宕動，則全身之氣力，不能專注於前，而旁行散亂。勢散神亂，行之非但不足以獲益，反足以招害也，是宜特加注意。

第五段

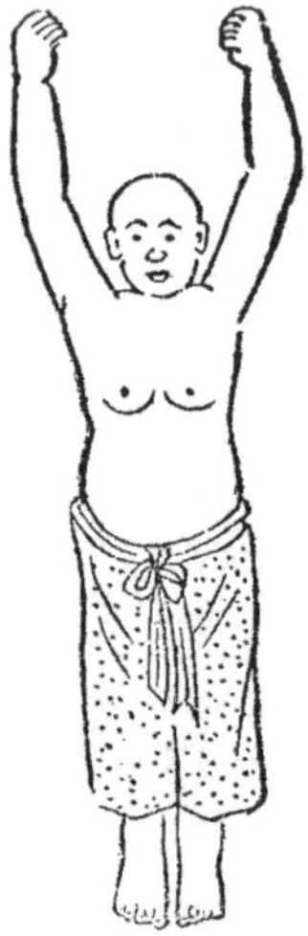

第五圖

行第四段功夫畢，略事休息，更續行此第五段。全身正立，兩足緊併，昂首緊目，閉口咬齒，凝神鼓氣，如第一段之形狀。將兩手握拳甚鬆，翻掌向外，徐徐從兩旁舉起，豎於頭之上面，掌心相向，虎口向後，肘節微彎，兩臂須離開耳際一寸處，切不可緊貼。在兩臂上舉時，兩足即隨之踮起，兩踵離地一寸左右為度。略略停頓片刻，乃將兩拳緊緊一握，兩臂則蓄力向下挫，似拉住鐵槓，將身上收之狀；同時，兩踵再乘勢向上舉起，至極度而止。停頓片刻之後，再將兩拳徐徐放鬆，收回氣力，兩踵亦緩緩放下，仍至離地一寸左右為度。如此一起一落為一度，共行四十九度，而第五段功夫畢矣。式如第五圖。

按：此一段功夫，乃將氣力流注全身之法。蓋舉踵踮趾，則腿胯等處必氣力貫注而後堅實。若氣力不注，則腿胯虛浮；腿胯虛浮，勢必全身動搖，不能直立，難於行功矣。至於兩臂上舉者，欲使其肩背胸脅腰腹等部之筋肉，處處緊張，以便氣力易於流注進退也。此段中之最須注意者，即在緊握雙拳之際，下挫其臂。所謂下挫者，乃運其兩臂之全力，向下挫去，並非眞將兩臂做有形之動作也，此實為運意而役使氣力之法。是當特加注意者，兩踵之起落，務宜徐緩，切忌猛疾。因起落猛疾，兩踵易受震激，足以影響及於頭腦與心房，為害甚烈，是宜切記。

第六段

行第五段功夫既畢，略事休息然後再續行第六段。全身正立，昂首睜目，閉口鼓氣

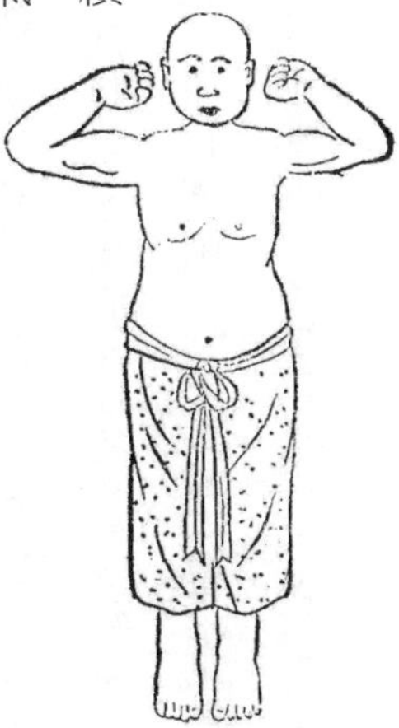

第六圖

如前。先將兩足分開，相距約一尺左右，趾踵須成平行線，切不可踏成八字式，因八字式力不專注，且易動搖也。兩手則將大拇指放在外面，以餘四指握拳，再將拇指放於指節之外。握時亦須鬆弛，不可過緊。然後將兩臂從旁側舉起，掌心向上，至臂平直時，更屈轉肘節，引肱豎起，至拳面適對兩耳，全臂成三角形。

拳以離耳一寸許為度，掌心則向肩尖。略略停頓後，即將拳徐徐握緊，以至極度，小臂則用力向內折，大臂則用力向上抬。此皆係力行，不以形式行也。略事停頓後，即徐徐放開，以復原狀。如此一鬆一緊為一度，自始至終，共行四十九度，而第六段功夫畢矣。式如第六圖。

按：此段功夫，乃運使氣力，進而流注於臂肘指節之間，退則流注於肩背胸廓之部。小臂內折，則筋肉緊張，氣力易於前達；大臂上抬，則胸廓開展，肩背緊張，而氣力易於流行，內府諸官，亦必因而舒伸，處處著力，毫不鬆懈。唯行此之時，上身切忌動搖，兩臂切忌震盪。欲免除此弊，在乎用力之時，徐緩從事，若舉動猛疾，則必難免也。

第七段

行第六段功夫之後，休息片時，再續行此第七段。兩足緊併，全身直立，昂首突視，鼓氣閉口如上。兩手則各將四指握在裏面，而大指則扣手指節之外，拳握甚鬆，由正前面向上提起。提至肩前，成平三角形時，略停片時，即運力於肱，徐徐向左右分去，至平肩成一字形為度，掌心向上。上身則略向後仰，唯不能過度。在兩臂分開之後，即將兩足尖徐徐抬起，離地約一寸許，專用兩足跟著地；同時，將拳徐徐握緊，從鼻中吸入清氣一口。吸盡一口，再將足尖輕輕放下，兩拳緩緩放開；同時，從口吐出濁氣一口，以復原狀。如此共行四十九度而功畢，式如第七圖。

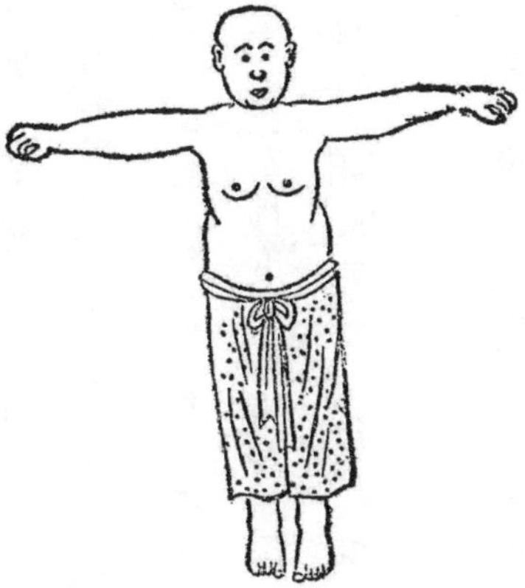

第七圖

按：此段乃運使氣力旁行之法，而兼調內府者也。伸臂握拳，所以增加氣力；一呼吸所以調內臟，即吐濁納清之意也。故行時上身必須後仰，始足以使胸廓開展，而可以儘量呼吸也。至於足尖上抬之故，亦無非欲使下盤固實而不虛浮。蓋足跟點地，氣力若不貫注，非但動搖，且立見傾跌。學者於此，宜三注意焉。

第八段

第八段

行第七段後，休息片時，再續行此第八段。此段與第四段之法，大同小異。併足正立，昂首突視，屏息鼓氣如前。將兩拇指先屈轉，置於掌心，更以其餘四指握其外，拳握甚鬆。再將拳由前面向上舉起，以平肩為度，虎口向上，掌心相對，唯兩拳間之距離，並不限肩之闊度，相去檢邇，約距二三寸。在兩拳上舉之時，兩踵亦徐徐提起，離地約二寸許，專用足尖點地。然後將兩拳用力徐徐握緊，以至極度。略事停頓後，再將拳徐徐放鬆，兩踵亦輕輕落下，著地時務須極輕。如此一緊一鬆為一度，前後共行四十九度而功畢，式如第八圖。

按：此段練空中懸動，使氣力流注於上下各部，與第四段相異之處在於兩拳距離之遠近，及舉踵與不舉踵二事。在握緊雙拳之後，更宜將臂向外分去，以至與肩膀之闊度相等；至放鬆時，則更徐徐合攏。行此段最難之點，則在於上身之向前後俯仰，而使下盤不能固實，故此一段功夫，實較第四段為難也。

第九段

行第八段功夫既畢，休息片刻，再續行第九段。全身直立，頭正目前視，上身須直，閉口鼓氣如前，兩足緊併。將兩大指屈置掌心，而以餘四指握其外，拳握甚鬆。然後將兩拳從下面提起，務須在正前方上提，提至腹前，則屈其兩肱，向上翻起，至當面為度。掌心向外，兩拳面則斜向鼻尖之兩旁，肘臂屈成三角形，兩拳相距約三寸許。然後更將拳徐徐握緊，以至極度；同時，將小臂用力向內翻轉，大臂則用力向前逼出，肘節則向後面分引，各部同時運用氣力。略事停頓之後，再徐徐放鬆雙拳，收回各部氣力，以復於原來情狀。如此一緊一鬆為一度，自始至終，共行

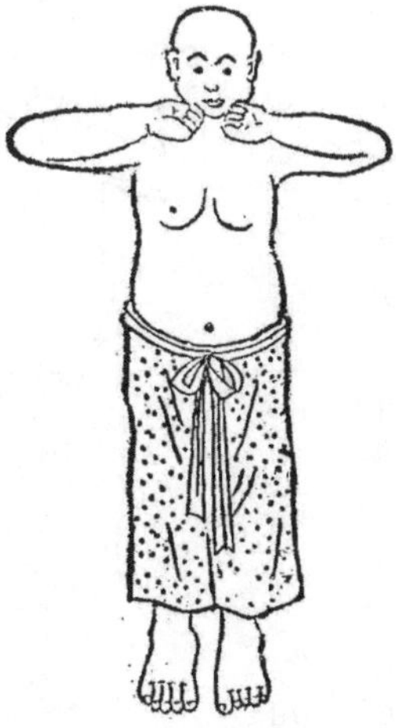

第九圖

四十九度而功畢。式如第九圖。

按：此段在翻肱向上時，宜似握千鈞重物向上翻提之狀，雖手中並未有物，心中當作如是想也。此段坊本錯誤者甚多，且有與第六段混為一談者，貽誤世人，不知幾許，故特加改正，並指其謬，以告學者。其與第八段不同之處，但須兩下參看，不難領悟也。

第十段

行畢第九段功夫之後，休息片刻，再續行此段。正立如前，兩足緊併，昂首挺胸，睜目突視，閉口屏息，鼓氣於中。將兩拇指屈置掌心，而以其餘四指握之成拳，並不甚緊，虎口貼腿，掌心向後，乃將兩臂從前面舉起。至平肩之時，乃運肘力向左右兩旁分去，與肩尖相平；同時，兩肱亦向上豎起，舉直為度。此時兩臂與頭，適成一山字形，掌心向前，虎口向兩耳。略事停頓之後，徐徐將拳緊握，以至極度；同時，兩臂用力向上托，如手托千斤之勢，兩肘節

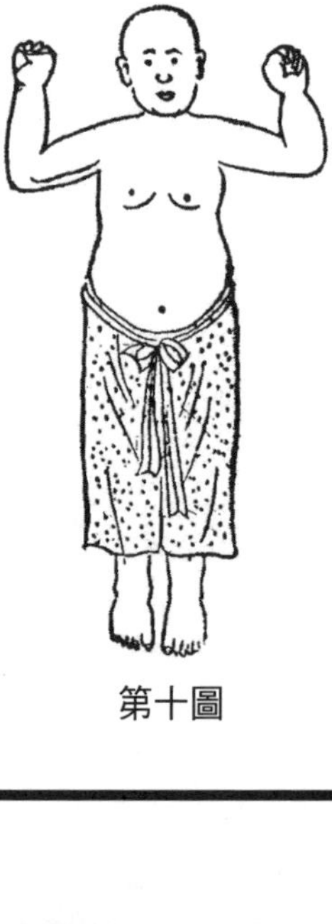

第十圖

則向外逼出，如欲使之湊合者，但皆用虛力，而並非有形之動作也。如此停頓片刻，即徐徐鬆手。如此一緊一鬆為一度，共行四十九而功畢。式如第十圖。

按：此段乃練氣力之上行，除握拳之外，其餘皆非有形之動作，亦運意使力之法也，拳家所謂意到神到而力隨之者是也。坊間俗本，不知此中奧旨，竟皆演有形之動作，則勢亂神散，而欲收效，其可得乎？荒謬之處，學者宜審思而明辨之，庶不至自誤也。

第十一段

行第十段功夫既畢，休息片刻，再續行第十一段。全身正立，兩足緊併，昂首突視，閉口鼓氣如前。兩手則各先將四指屈置掌心，而以拇指護其外，握成極鬆之拳，乃運用臂肘之力，將拳向上提起，置於小腹之前恰當臍輪之兩側，肘微屈，虎口斜對，拳面向下，掌心向內，拳距腹約一寸左右。略事停頓，即將每手之四指，徐徐緊握，以至極度，而兩拇指則用力上

第十一圖

翹，愈高愈妙。兩臂雖不做有形之動作，但氣力卻須上提，不可下注，似提千鈞重物之狀。停頓片刻，再將拇指徐徐放下，四指徐徐放鬆，而將兩臂之氣力，緩緩下注。如此一緊一鬆為一度，自始至終，共行九度，本段功夫畢矣。式如第十一圖。

按：此段功夫，乃運氣升降之法，在緊握之時，則自鼻中吸入清氣一口；在放鬆之時，則自口中吐出濁氣一口。唯須行之徐緩，吸須吸盡，吐須吐盡，切不可失調或中途停頓，致內部受到意外之震激。運力上提，本為無形之動作，兩肩切不可向上聳起，是為至要。

第十二段

行第十一段功夫即畢，休息片刻，再續行第十二段。全身正立，兩足緊併，昂首突視，閉口鼓氣如前。兩臂直垂，指尖向下，掌心向前，乃將臂徐徐從前面舉起，平肩為度，大指在外，掌心向天，兩手中間之距離，與肩膀之闊度相等。

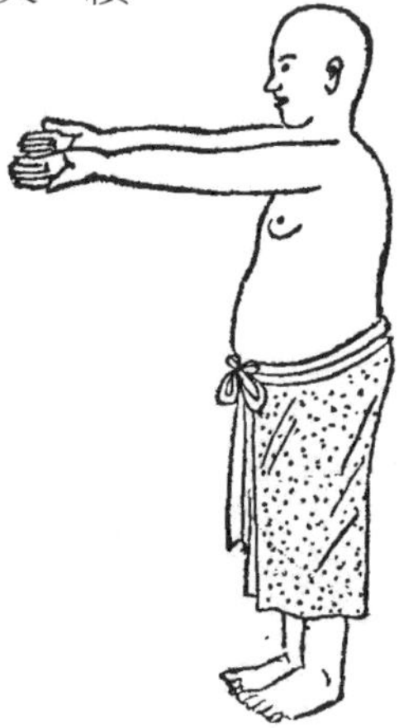

第十二圖

在兩手上舉之際，兩踵亦同時提起，以離地二寸許為度。略略停頓之後，兩手徐徐放下，兩踵亦輕輕落地。如此起落各行十二度，再舉掌如前。手掌向上一抬，肘即向下一紮；同時，兩踵提起，再輕輕收回，恢復原狀。踵落地之後，即將足趾向上蹺起，離地以一寸為度。如此亦連續行十二度而全功畢矣。

按：此段乃舒展全身筋絡血脈之法。蓋以上十一段功夫，各有功效，行時氣力不免偏注，故必須用此一段以調和之，而使氣力偏注於全體各部，無太過不及之病。是亦猶打拳者於一趟既畢之後，必散步片刻，然後休息也。綜上述十二段功夫，每日勤習，則三年之後，必可有成，而氣力相隨，無往而不可矣。

易筋經後部練習法

前部易筋經十二段，雖亦注重於氣力相隨，唯猶以力為主，剛多柔少，即以力行氣之法也。練習成功之後，雖可以氣力相隨，但欲其遍及全身，流行於內膜而無所阻核，尚難如願以償。欲達到此種程度，必須前部易筋經練成之後，再接續此後部。但亦不能入手即練後部，因此步功夫，完全注重於運行氣力於內膜，以充實其全身之筋肉，而不在於增加實力。然實力不足之人，欲其氣力運行，固不易言，即算能練成，其效亦至微弱。所以須先練前部者蓋亦增加實力，使與氣相隨，然後更進而練習後部，於純柔之中求運行之道，自易於入手，且收效亦較為神速也。

故單練前部，不練後部則可，單練後部則不可也。因單練前部，氣力縱未能運行於內膜，然較未練時必增加數倍，而收身強力壯之效，即不再進步而求其能於運行內膜，亦足以卻病延年矣。若後部則專講運行之道，單單練此，毫無用處，所謂徒勞無功者是矣。凡練少林內功者，對於此事，不可不知。茲且將後部易筋經十二段各法，列舉於下，以便練習。

第一段

先盤膝而坐，以右腳背加於左大腿之上面，更將左腳從右膝外扳起，以左腳背加於右大腿之上面，使兩足心皆向上。此為雙盤趺坐法，

第一圖

即尋常打坐，亦多用此法，唯須練習有素，始能自然。坐時身宜正直，且不能有所依傍，而坐於木板之上。因棕藤之墊，質軟而有彈力，易使人身體偏側，故不相宜。兩手則緊握雙拳，四指屈於內，而以拇指護其外，兩拳放於膝頭之上，須純聽其自然，不可稍微用力。將雙睫下垂，眼露一縫，口緊閉，上下牙關相切，舌舐於牙關之內，冥心屏息。周身完全不用絲毫勉強之力，唯將精氣神三者，用意想之法，而注於丹田。在入手之初，決不能立時匯合，唯如此凝思存神，日久自有功效。式如第一圖。

按：此段在未行功之先，因心中雜念，一時不易完全消滅。雜念不消，則心神不寧；心神不寧，則精神渙散，行功等於不行，絕不能收到絲毫效果。故先用此法消其雜念，然後行功，自無妨礙，所以必注想於丹田者蓋以其為內府之中宮也。

第二段

行第一段功夫，大約以一炊時為度，然後更續

第二圖

行第二段。趺坐如前，兩足並不放開，身體亦完全不動，唯兩手則將握掌之指，徐徐放開，以舒直為度。然後將兩臂緩緩從側旁舉起，掌心向上。舉至平肩之時，則屈肱內引，由頭上抄至後面；同時，翻轉手腕，使掌心向前，大指在下，至玉枕穴後面時，兩手漸漸接合，十指交叉，而抱持其後頭，兩手之掌根，適按於耳門穴之上，兩臂則成三角形。抱時不宜有有形之力。頭略後仰，胸稍前突，唯在兩手動作之際，軀幹各部，不宜稍有震動，心意仍須注在丹田。既抱住頭顱之後，略事停頓，即提氣上升，意想此一口氣似由丹田而起，經過臍輪，上達心包，而過喉結，直至頂門而停留片時。再使由頂門向後轉下，經玉枕穴由頸椎緣脊而下，過尾閭抄至海底，再轉上而回至丹田。初行時不過一種意想，氣力必不能遵此途徑而運行自在，唯練習既久，自有成效。

唯行此功夫時，須一切純任自然，不可有絲毫勉強，且不可過於貪功，是學者宜注意者也。式如第二圖。

按：此一段功夫，乃使氣力轉運循環之法。蓋頂門之百會穴，實為首部要區；而臍下之丹田穴，實為內府寶庫，同一緊要。故氣力上升，則貯於百會；

氣力下降，則歸於丹田。一升一降，即周天循環之道；一起一伏，亦陰陽造化之機。所以須一切純任自然者，蓋本乎先天之靜穆，而致後天之生動也。練習時以循環二度而停止，乃將雙手放開，握拳收置於兩膝之上，回復原狀。

第三段

行第二段功夫既畢之後，乃將圈盤之腿，緩緩放下，略事休息，使腿部之筋骨，得以舒展，氣血不至因而壅阻。但在此休息之時，心神猶須寧靜，切不可有絲毫雜念興起。一炊時後，再將兩足徐徐向前伸去，至腿部平直為度。兩腿緊併，兩足跟之後部放於板上，蹠則直豎，足心向前，足尖向上，更將上身徐徐下俯。兩手則從旁側抄向前方，至足前時，乃交叉十指，收住兩足。須將兩足用力向前伸挺，而兩手則向後拉引，方為得力，腰背兩部，始克因之而緊張。

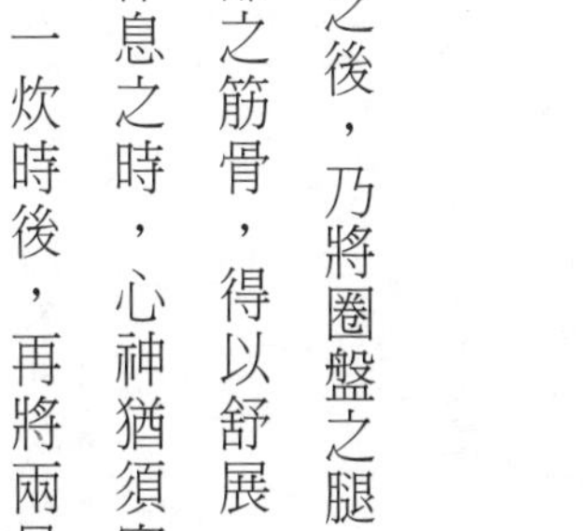

第三圖

成此姿勢之後，乃將貯留丹田之氣，運於肩背腰股各部。初時亦僅意想可

到，練至功夫漸深，則氣力亦可隨之俱到矣。行此一段功夫，亦以一炊時為度，然後徐徐放開，回原來之平坐狀態。式如第三圖。

按：此一段，乃充實軟襠各部之法，其主要之處則在乎腰間。因此一部，在人身各部之中為最軟弱，氣力亦最不易貫注，故行時必須俯身至極度，然後始能使腰部之筋肉緊張；筋肉緊張之後，氣力亦較易達到。勤加練習，自有妙用。唯身體起落之時，務徐緩，切不可向左右擺動，以亂其神而散其氣，是為最要。學者慎之。

第四段

行第三段功夫既畢，略略休息，更續行第四段。先將兩腳徐徐盤起，以右腳背置於左大腿上面，然後將左腳從右膝外扳起，放於右大腿之上面，兩腳心皆向天，成為雙盤坐之勢。唯在兩腳盤坐時，上身切忌向前後或左右搖動。坐定之後，寧神一志，注氣於丹田，摒除一切雜念。稍事停頓，兩手即徐徐翻腕，使掌心向外。然後兩臂從左右兩側緩緩上

第四圖

舉，至頂門上面相合，交叉十指。再將腕向前翻轉，而使掌心向上，兩掌用力上托；同時，運用其氣，使從丹田向上提起，轉入兩臂，而達於指掌。亦用以意役神，以神役氣之法，並無有形之動作，唯意念之專注耳。

行此一段功夫，亦以一炊時為度。然後徐徐將手鬆開，將兩臂仍從旁側落下，運氣下降，回復原狀。式如第四圖。

按：此段乃行氣於臂指之法，較第三段為難。因臂部肌肉堅實，氣不易行，如欲練至意到氣達，氣到力隨之境，非短時間能奏效，頗費苦功也。其所以須盤坐而行者，固實其下盤也。架手於頂門，則可使全身上提，正直得勢，使氣易於上達，更不至中途所阻核也。在兩手動作之時，務須徐緩而固其神氣，不可粗率也。

第五段

行第四段功夫既畢之後，乃將所盤之兩足，徐徐放開，向前伸去，以腿直為度。兩足相

第五圖

併，以足跟之後部，放於板上，足心則向前，足尖則向上，與第三段之起手時相同。略略休息之後，即續行第五段功夫。

先將兩手由兩旁側之下面，徐徐移向後方，至尾閭穴之後，兩手相合，交叉十指。將腕翻轉，使掌心向正後方，而兩手背則貼於尾閭穴之兩旁，須要貼得緊緊，不可稍有鬆浮。兩肩頭則用力向前逼出，兼向上聳，務使肩背部分之筋肉，緊張異常。然後用意想之法，運用其氣力，使充實其肩背。起初不過意行，久後自能達到。行此一段功夫，亦以一炊時為度，然後徐徐收回雙手，回復原狀。式如第五圖。

按：肩背等部，骨多筋雜，皮肉極薄而堅實異常，故氣力之不易運行與臂指相等。練習亦頗不易，收效之遲緩，較諸上一段為尤甚，然能下苦功，亦必有成。

此段之所以兩手放於後面，及兩肩前逼而兼上聳者，無非欲使肩背部分之筋肉緊張，而易於運行其氣，使之到達，不致多所阻核也。唯在運氣之時，並無有形之動作，純以意行耳。

第六段

行第五段功夫既畢，略事休息，然後續行第六段。先將兩足收回，成盤坐之狀，以右腳背放於左大腿上面，更將左腳從右膝之外面扳起，亦將腳背放於右大腿上面，使成雙盤坐法，與第一段相同。兩足動作時，上身切忌搖動。坐定之後，先將兩手從旁移至前面，至臍下時，兩手相合，而交叉其十指，翻腕向內，以掌心捧住少腹。初時並不用力，冥心存念，略定神思，然後運氣由丹田而注於腎囊，以活動其睪丸。

停頓少許時，乃提氣上升，以回原處，做似欲將兩睪丸吸入腹中之想。在提氣上升之際，同時兩手心亦漸漸用力，略做向上摩起之勢。略停片刻，更運氣注於腎囊。如此升降各十二度而功畢。式如第六圖。

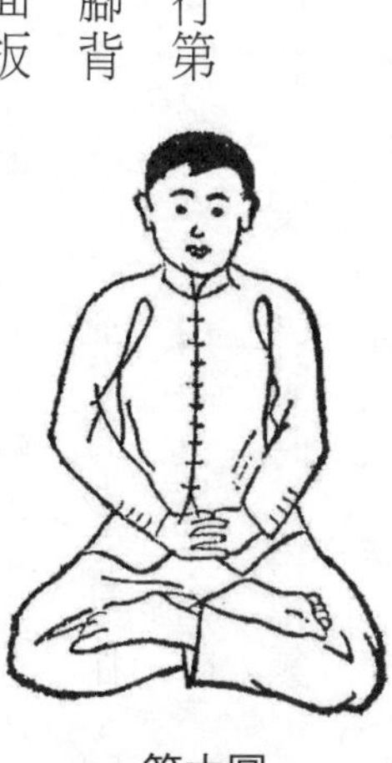

第六圖

按：腎囊為人身最要之物，睪丸又極嫩弱，稍受外力，即易破損。此一段功夫，乃專練收斂睪丸之法，即世稱之斂陰功是也。在初練之時，睪丸必難隨氣升降，然練習稍久，即易活動，反較運氣於肩背等為易於收效。因腎囊為筋絡所成，中空而運接於少腹，與丹田相距甚近，故氣力易於運到，待練習既久，睾丸自能隨氣升降矣。

此功練成，人縱欲取我下部而制我之命，亦無從下手矣。

第七段

行第六段功夫畢，略事休息，更續行第七段。上身及兩腿，完全不動，就原式略略加以停頓耳。兩手則從少腹上徐徐撤下，移向兩股之側，按於板上，大指在內，指尖則向前面，掌按板面，不宜過分用力，但求其能相貼合耳。心神既定之後，則將兩臂徐徐用力下注，意欲將上身做向上升起之狀，唯並非有形之動作；同時，提氣上升，使充於胸廓，停滯不動。歷一呼吸之久，再將氣從原道降下，停於丹田，而兩臂之力，亦同時鬆弛，回復原狀。更隔一呼吸時，再提氣上升如前。如此升降各十二度為止。此段功夫，雖不甚難，但在初入手時，亦不免

第七圖

有所阻礙，須經過若干時後，始克升降自如。式如第七圖。

按：此一段功夫，乃充實胸廓之法。運氣於內，固較行於筋膜之間為易，唯運行雖易，而停滯一事，極為煩難。若神氣未能完固之人，決難達到此目的，此即道家所謂凝神鑄氣之法也。初入手時，未能久停，為時不妨稍暫，以後逐漸加長可也，是在學者自己斟酌之。

第八段

行第七段功夫既畢之後，即就原式略事休息，調和氣力使稍弛展，然後再續行第八段。此段上身與兩足皆不動，一如以上二段之姿勢，唯將兩手提起，使離開板面，然後徐徐向前移去，繞至兩腳心之上面，即以左掌心緊按右足心，右掌心緊按左足心，即以中渚穴緊對湧泉穴也。大指在內，指尖相對，兩屈肘微，臂部並不用十分氣力，但以手足兩心貼合為度。

第八圖

略略停頓之後，始將兩臂稍微用力撐柱；同時，將氣從丹田中運行而出，使之從下抄左，轉上繞右方而下回至丹田，在臍之四周繞一圓圈，上及肚子之下，旁及前腰。如此運行一周之後，即休息一呼吸時，再為運行，以九度為止。若為女子，則宜自右而左。式如第八圖。

按：此段乃煉氣充實肚腹之法，而兼及於腰腎之前部者。行時宜先鼓足其氣，使之略一停滯，然後再運之循軌而行，似較稍易。唯在運行之時，非但外表不宜顯有形之動作，如身體動搖等，即內部亦不宜有迸氣掙力之相，須純任其自然。初時固未必能盡如我意，久後必可成功也。

第九段

行第八段功夫既畢之後，仍就雙盤坐之原式，略事休息。上身與腿足，完全不動，一如上式，唯將兩手徐徐至側面，仍按於板上。休息約三個呼吸時，則續行此第九段。

先將右手在前面徐徐向斜上方屈肱舉起，至左肩之上，即用手掌搭於肩

第九圖

上，掌心適按於肩窩穴上，五指則在肩後，肱緊貼於胸脅前面。然後再將左手亦從前面向斜上方徐徐屈肱舉起，左掌心按住右肩窩穴。肱則緊貼於右肱之外側，用力緩緩掰緊，而使其肩背之筋肉，緊張至極度；同時，則運用丹田之氣，使之上升，而充實其肩背之內部。初時決難氣隨神到，但宜用意想之法行之，日久之後，自能運行無阻。式如第九圖。

按：此一段亦係行氣於肩背之法。肩背以筋雜肉薄之故，氣力殊不易運到；唯其不易運到，故須多練，而此後部易筋經中，對於練習肩背之法獨多，亦以此也。行時所以必兩手抱肩，緊聚相搿者，亦正欲使其肩背緊張，而氣易於貫注也。

第十段

行第九段功夫畢，先將左手徐徐落下，按於板上，再要右手落下按板，然後將圈盤之兩腿，徐徐放開，直伸於前，略事休息，更續行第十段。須將兩腳收回，屈膝而跪，兩腿緊緊相靠，腳背貼板，臀

第十圖

部坐於小腿之上面，尾閭則緊靠兩腳跟，上身略向後仰，頭正目前視。但經此一番動作，心神必外瞀，故須休息片時，加以收攝。心神既定，則徐徐將兩手從側面抄至前下方，屈肱向上舉起，至心窩旁兩乳下為度，乃將兩手掌輕輕按於脅上，兩肘則略略用力後引，唯非有形動作。按定之後，即將氣提之上升，用意想之法，使之充滿於兩乳房。停滯不動，歷一呼吸之久，仍從原路使之下降，如此升降各九度而止。式如第十圖。

按：乳房在胸前亦係主要之部分，而膺窗、乳根等大穴，皆在於此，若不練氣之充實，最易為外力所傷，與斂陰一段功夫，實有同等之緊要。此段之所跪行者，蓋欲使上身正直，而氣易於運行也。兩手按脅者，即所以示氣循行之路也。

第十一段

行第十段功夫既畢，即就原式略息片時，兩手則徐徐放下，垂於旁側稍稍舒展，續行第十一

第十一圖

段。先將兩手稍微舉起，徐徐移向前面，至膝蓋之上，乃將右掌心按於右膝蓋，左掌心按於左膝蓋，即膝骨與腿骨接合之處。大指在內，指尖向前，兩臂稍為用力做撐柱之狀，上身則向後做倚靠之勢，頭則後仰至極度。心神既定之後，則將氣提之上升，經臍輪心坎等部而上起，至喉結穴而停留不動，使喉部充實。如此歷一呼吸時，仍將氣下降，停滯丹田。亦經一呼吸之時，再運氣上升而充注於喉結穴。如此升降各九次後乃將上身徐徐坐直，頭亦下俯，兩手亦收回垂兩側，回復原狀。式如第十一圖。

按：咽喉為人身最要之地，生死關頭之所繫，且喉管為一軟骨，雖有筋肉護於其外，奈極薄弱，故此部最易受傷，稍重即足制命，故必須加以鍛鍊。若能運氣於喉，而充實其內部，功夫精純時即快刀利劍，亦不足以損其毫髮矣。唯此部功夫，亦極不易練耳。

第十二段

行第十一段功夫既畢，則將上身抬起，而使

第十二圖

兩足徐徐舒展，直伸於前。略事休息後，即收起兩足盤坐，仍以右腳背置於左大腿上，而左腳背則置於右大腿上，成雙盤坐之勢。

在動作之後，神志不免外瞀，故須冥目靜心以收攝之，待心神既定之後，即將兩手移至前方，上下相向。右手在下，左手在上，掌心相合，然後用力將左掌自左而右，旋摩七十二度；再翻轉兩手，使右手在上，左手在下，用右掌之力，自右而左，亦用力旋摩七十二度。

此時掌心熱如火發，乃將兩掌移貼後腰，先由外轉內，旋摩七十二度；更由內轉外，亦旋摩七十二度，則此段功夫畢矣。仍收回兩手，做第一段趺坐之勢。式如第十二圖。

按：此十二段功夫，皆係坐行之法，甚不易行，且久坐傷精，為行功十八傷之一。此一段加於十一段之後，良非無故，蓋恐行功之人，久坐而損傷其精，故用此一段以養其精。後腰，精之門也，精門和暖，則生氣自足，更不虞其損傷矣。

象形拳法真詮

序

國民習於弱，始歸咎於體力之不強；國俗皆右文，乃慨歎於武學之不振，嗚呼惑已。夫熊經鳥伸，傳自上古，少林武當，拳家輩出，吾華武術，豈真後人？顧諳武事者，或則粗野無識，唯知以力凌人；或則秘而不宣，唯恐以武犯禁，馴致禦侮強身之術，起衰立懦之功，不能傳之人人，漸成此萎靡無氣之風習，滋可惜也。

我友薛君顛，河北奇士也，精技擊，通內功，復能不吝所知，欲盡所學之秘傳，筆之於書，公之當世。前曾著《形意拳講義》出版，早已風行南北，紙貴洛陽；近復著《象形會真》一書，於擊刺騰閃之法，俯仰進退之方，罔不詳晰指明，便人人無師自習，取象於獅熊猿鶴，而歸本於練氣練神，蓋術也而進乎道已。

予於武學一無所曉，力不能縛一雞，而薛君樂與予談，且示此編囑為之序，予將何以為言哉？唯期此書一出，青年有志，人手一編，修養身心，共臻強固。更願海內武學家，人人能志薛君之所志，各出其不傳之秘，以牖民而覺世。俾國人共同研習，體力資以鍛鍊，一洗從前荏弱不振之習，蔚成國民知方有勇之風，則薛君此編，功用將影響全國，不其偉歟！

民國二十二年二月　湘潭　吳家駒

序

自歐西火器，輸入中國，而拳勇刺擊之學，遂廢不講。夫文明國民，各有其獨精之技能，為世罕覯，鮮如日本尚能傳其柔術，以誇於世，如中國之大，乃於先民所遺武術，罔知研索，是誠有心人重為大息者矣。

薛君顛手著是編，蓋參會華氏五禽經，而得其奧者，學者神而明之，足以祛病延壽，用人勝天，視世所謂武術者，又高出百倍。茲以求之者眾，乃付手民，以公於世，所以振國民之精神，健青年之體育者，吾知其未有艾也，爰致數言，以志景仰。

中華民國二十一年歲次壬申九月　瀋陽　張廷諤撰

序

蓋聞德育、智育、體育三者為立身之要術，亦治國平天下之大經，凡古往今來之大英雄、大豪傑，莫不根基乎此。然物有本末，事有終始，諺云：「欲為健全之事業，必具健全之身心」，所以士欲充其德智而成大英雄豪傑以平治天下國家者，必先由鍛鍊身心始。

吾國體育一道，發明最早，起自伏羲畫卦，內運先天之炁以存意，外象鳥獸之勢以為形，意象交修，而內外固矣。厥後鍛鍊身心之術代有發明，如華佗之五禽戲、宋元之南北宗是也。然大半言術不言理，率多知其然，而不知其所以然。惜乎愈傳愈訛，迷入歧途而身不返，甚者欲益反損，求其能身心交修、易理透徹者不可多覯，誠可痛惜。即或間有一二傑出者得其竅要，然非心性編狹，即粗鄙不文，其教於人也，語焉而不詳，傳焉而不精，使學者迷離惝恍，如墮雲霧，而欲登堂入室，亦已難矣。

邇來我國鑒於人民之日弱、國家之式微，遂竭力提倡國術，以資圖強，然教者雖多，精者殊鮮。吾師薛公號顛，原籍河北束鹿縣人，天資既深，造詣尤宏。曾受業於虛無上人，親承口講指畫，面壁十稔，盡得三昧。所談皆易理易數，所演皆象勢象形，全革花勢浮文之俗套。闡揚禪理，發為武術，學者一經指授，莫不洞明竅要，不但僅能鍛鍊身體，且可由此明心見性。小之則能獨善其身，大之可以兼善天下，倘能人人明而習之，又何憂身之不健而國之不強乎？

吾師苦口婆心，設館授徒，雖盛寒暑不輟，然猶恐不能普及全國，流傳久遠，復發為文章，著《象形術》一書以廣播揚，其用心深遠，良可欽仰。捷親承教益，微有心得，又承囑為謄寫付梓用，特不揣作序，以介紹於有志之士，希共登道岸云。

中華民國二十年十月　受業門人　盧克捷謹序

自序

法曰 虛無上人法號靈空　五台南山卓錫崇峰
花甲兩度其顏猶童　求真訪道三教精通
參贊古易象理禪宗　以術延命普度衆生
負荷茲道傳之無窮

間維鍛鍊身心術亦多矣，創於古者為熊經鳥伸、呴吸導引，華佗氏之五禽戲是也。盛於今者為各項運動，孫唐氏之體操法、岡田氏之靜坐法是也。然前者去古彌遠，久失真傳；後者膚淺平庸，不足為訓。吾人生當晚近，不及私淑古人，欲求一性命精修之道，誠有如暗室中摸索，纖微之物終於取得無從，豈非恨事！就今有一二師資出而任此啟承重責，往往因遇非其人，不肯輕予授予。或雖遇其人，而機緣不合，非淺嘗輒止，廢於半途，既務廣而荒，莫精一技；甚至愈演愈遠，歧而又歧，不唯身軀無自健全，且有病害中於肢體，終身成為廢疾者比比皆是，詎非至可痛心者乎？吾師虛無上人，法號靈空，卓錫五台，功行圓滿，已得上乘法，而猶以不獲造極、普濟群倫為歉，年高已至花甲兩度，仍遍歷二十四省名山大川，尋師訪道。積時既久，爰本夙得三教真旨之竅奧，精研內家外家之功，運用先天固有之真，培養後天有象之體。近取諸身，遠取諸物，推演變化，妙極神明，內運其意，外發其象。象由於意，致意實在於象先，故象形者即誠中形外意也。蓋有象而外，全非真象，無意之中，確有真意。法曰：「有象有意，不成妙意；即象即意，不可思議。」此非淺造者所能領會萬一也。吾師以先知先覺之資，負啟導後知後覺之責，迷途指徑，正路可由。倘習斯道者，真能悟其真意，運彼性靈，通其變化，內外和合而神完，精炁堅凝而性定，健行不息，效用漸積而宏大，其身有不健、壽有不延者，無是理也。顛不敏，親炙於吾師之門，幾易葛裘，雖精究其法術，愧仍未盡其神化。但恐斯道自我得之，復自我失之，上無以對吾師，下無以慰同好，特草是編，以公世人，並為吾師廣播善緣耳。是為序。

中華民國二十一年　東鹿縣　薛顛著於天津國術館

凡例

一、是編象形術為修身而作，發源於倉頡造字、伏羲畫卦，取象於數理，立體於卦象，作象形以卻病苦，內易外象，形容盡致，是體育入道之法門也。且此術以修養膽力為主腦，以衛國保民為宗旨。

二、是編標舉象形之提綱要領，條目井然，按次習之，是無錯謬。

三、是編首述總綱。象形會真原理，自虛無含一炁無象而至於有象發源說起，將身體立正（此謂無極勢），再向左，姿勢附焉。此章乃五法八象之基礎，亦開宗明義之第一聲也。

四、是編由先天無極之勢說起，自第一章飛法至第五章旋法十九節，是五法上編；下編標舉八象化生萬億之法，身由震卦第一章龍象發起，至坤卦八章猿象四十節，是為下編。此書上下兩編合冊貫為全編，其中伸縮進退及生剋變化之功，言之綦詳，依法練習，莫使紊亂，則象形術之表裏虛實無不到，全體大用無不明矣。

五、是編此術之精意，取法於數象數勢而演之。其法身有精微奧妙之玄機，鬼神不測之妙用，學者心能證悟功用，庶幾有得，可能明萬象綱領，即道云「得其一而萬事畢」矣。

六、是編標明象形之原理及其效用，模仿各物形象，則精神態度之畢肖，法合一氣，更覺無窮神奇之功用焉。

七、是編文字簡單，明白如話，練習極易，功效最良，係順天地自然之道，運用一種至大至剛之氣，實為由體育入道不二之法門。但言詞力求淺近，以敘明象形之實益，學者幸勿以言之無文相譏誚也。

八、是編象形術之性質及其運氣易筋洗髓之要法，練習既久，不但四肢軀幹可為擊人之工具，即口中所出之聲及身上所發之電，均能摧敵於數步之外，豈待衝鋒肉搏然後有勝敗之分歟？換而言之，此乃精神之為用也（言以離奇，實習則明）。

九、是編以虛無上人之法傳，垂之文而為後世法。童子練之，則身體可得充分之發育；老翁習之，可得矍鑠之精神。一無努力傷氣之害，二無屈體折腰之苦，三無躍高冒險之危，且手舞足蹈，無須乎短服挽袖，雖常服大衣，亦可做運動之姿勢，實拳術中最儒雅之事也。古聖之喻言，一旦公之於世，學者幸勿以尋常武術視之。

十、是編有口令之規定及成排成連之教授，不獨個人可以練習，即數十人數百人亦可排成隊伍同時教之，人數愈多，教練愈有興趣。如各軍旅全體練習武術，則人人有蓋世拔山之氣力，衛身衛國之精神，何愁不能殺敵致果，戰勝攻取耶？

十一、是編圖解詳明，瞭如指掌，絕無望洋興嘆之弊。學者果能手置一冊，循序漸進，勤學不息，則由淺入深，自可入室升堂，得國術三昧，以鳴於當代，傳之後世焉。但自作聰明，任意改變，則差之毫釐，謬之千里，甚者入迷途，發生疾病者，尤不可不注意焉。學者其按部就班，毋蹈斯種覆轍為要。

十二、是編各勢象皆用詳細繪圖，使學者能按圖入手模仿，實力做去，易理久則自明，奇效必得，非紙上談兵之虛言也。

象形拳法真詮　目錄

象形拳法眞詮上編

象形拳法眞詮下編

緒言

自伏羲畫卦，闡明陰陽，遠取諸物，近取諸身，始作八卦，象生其中。嗣命陰康作大舞戲，舒展肢體，循環氣血，以癒民疾；黃帝作內經，採按摩導引諸法，以卻病苦；老子講性命，學成道教鼻祖；釋氏談慧命，旨成西方之佛；孔子論天命之性，而易行乎中；莊子吐故納新，合於呼吸，熊經鳥伸，以求難老，漢華佗氏因而推廣作五禽戲（虎鹿熊猿鳥），運動鍛鍊身心，以強精神，此皆古聖發明體育之由來也。

今之講體育者，不能參贊古聖之旨，言術不言理，言勢不言意，視擊技為無用，不以作鍛鍊身心之大道，已失體育之原理矣。且人生日食五穀，又有七情六慾之薰心，榮衛失宜，六氣所中氣，血凝聚而成疾，青年人往往而夭壽，良可痛惜也。此書是編，釋明古聖真意，作象形術以倡其道，使人四體百骸運動而像其形，效其靈性，悟其真意，通其造化，以除疾病，是故延壽莫大乎？法象變通莫神乎？心意象以道全命，以術延道，理則為體，術則為用，性命雙修之法門，盡在於斯。學者至誠不息，而深思默悟，得之於身心，用之則行，捨之則藏，則終身用之不盡也。

法曰

伏羲畫卦首明陰陽　取之身物卦象昭彰
陰康大舞民體健康　黃帝内經卻病良方
道家吐納禪定坐忘　孔言天命語極精詳
漢氏華佗象理闡揚　五禽遊戲俾人健强
象形取義道啓康莊　命以術延道以人昌
勿忘勿助至大至剛　精修性命云胡不臧

第一章

第一節　武藝道藝分論

蓋夫武術一途，分內外兩家，有武藝道藝之稱。練武藝者，注意於姿勢，而重勁力；習道藝者，注於養氣而存神，以意動，以神發也。茲分述如下：

（甲）練武藝是雙重之姿勢也。兩足用力，重心在於兩腿之間，全身用力。用後天之意，一呼一吸，積養氣於丹田之內，而吸收其有益之成分，久之則身體堅如鐵石，站立姿勢穩如泰山。一旦與人相較，起如鋼銼，落如鉤竿；起似伏龍登天，落如霹雷擊地；起無象，落無蹤，起意好似捲地風。束身而起，長身而落，起如箭，落如風，追風趕日不放鬆。拳經云：「足擊七分手打三，五營四梢要合全；氣連心意隨時用，硬打硬進無遮攔。」此謂之濁源，所以為敵將之武藝，固靈根而動心是也。若練到登峰造極至善處，亦可以戰勝攻取，無敵於天下也。

（乙）練道藝者，是單重之姿勢也。一足用力，前虛後實，重心在於後足，前足可虛亦可實。心中不用力，先要虛其心實其腹，使意思與丹道相合，進退靈通，毫無阻滯。進則如弩箭在弦，發出直前而行；退則如飛鳥歸巢，飄然而返，勇往迅速，絕無反顧遲疑之狀態。且練習之時，心中空空洞洞，無念無想，其姿勢雖千變萬化，然不勉而中，不思而得，所謂從容中道者是也。偈曰：「拳無拳，意無意，無意之中是真意」，心無心，心空也；身無身，身空也，釋迦所謂「空而不空，不空而空，是謂真空」，其殆道藝之學不二法門歟。蓋靜者動之基，空者實之本，心中空虛則靈不昧，有大智慧，大明悟發生。如有人來擊，心中並非有意防範，然隨彼意而應之，自然有堅決之抗力，靜為本體，動則為用，正是此意也。蓋拳發三節無有象，如有象影不為能。隨時而發，一言，一默，一舉，一動，行止，坐臥，以致飲食之間，皆是用，所以無入而不自得，無往而不得其道，以致寂然不動，感而遂通，無可無不可，此是養靈根而靜心者之所用也。

第二節　初學規矩

練拳術，應循規蹈矩，不可固執己見，致有偏枯之弊。若專從力之方面發展，則為力所拘；專從氣之方面發展，則為氣所蔽；專求沉重則為沉重所捆；專求輕浮，則為輕浮所散。

總之氣血並重，性命雙修，循序漸進，自強不息，久之則神意歸於丹田，靈炁貫於腦海，其身體自然能輕，能重。輕則身輕體健，行走如飛；重則屹立如山，確乎不拔，蓋練神還虛則身輕如羽，氣貫湧泉則重如泰山也。

第三節　初學三害

練武術，有當注意之三害，三害不明，練之足以傷身。學者，能力避三害，非特體魄強健，而且力量增加，勇毅果敢，並能神清氣爽，明心見性，直入道義之門。三害者為何？一曰拙力，二曰努氣，三曰挺胸提腹。

拙力者用力太笨，氣血凝滯，以致血脈不能流通，筋骨不能舒暢，甚至四肢拘急，手足不能靈活，浸假而虛火上炎，拙氣滯滿胸臆，乃肢體凝滯之處，或細胞爆烈變成死肌，或結為癥瘕，貽害終身不可不慎；努氣者，力小任重，或用力太過，以致氣滿胸膈，壅滯不通，其氣管往往有爆烈之慮甚至氣逆肺炸或不治之痼疾者，亦數見不鮮；挺胸提腹者，氣逆上行，不能降至丹田，兩足似浮萍之無根，重心不定，身體搖動不安，譬如君心不和，百官失其位，拳術萬不能從容中道。練習時，務要將氣降至丹田，以直達於湧泉，然後身體屹立如山，雖有雷霆萬鈞之擊，不能撼動其毫釐。

學者，果能明三害，力為矯正，用九要八論之規矩，勤加鍛鍊，循序漸進，以致升堂入室而得拳法三昧是為入道，學者，其各注意焉。

第四節　樁法慢練入道

觀夫世之進化，每種事業，無不先立基礎而後進展，基礎固，則進步速。拳術之道，尤宜先立基礎，故初學，以樁法為始，一曰降龍樁，二曰伏虎樁。練此樁法，先要虛其心，涵養本源，以呼吸之氣下貫丹田，而充實其腹，慢慢以神意運動，舒展肢體，使氣血循環周身，流通百脈，臟腑清虛，筋絡舒暢，骨健髓滿，精炁充足，而神經敏銳，故謂之養基立本，此樁法慢練增力之妙法也。諺云：「本固枝榮」；儒謂「本立而道生」。以後無論操演何種拳勢，精意莫不本此，雖起初不得妙境，久而久之心領悟會，不難妙極神明。否則不依規矩，操之過急，四肢必生挫折之苦，雖費神勞力而不得佳果。

樁法慢性之鍛鍊，係順天命之性，合乎自然之道，一動發於性，一靜存於命，偈曰：「靜為本體，動則作用」，正是會意形象之法門，而道蘊藏其中矣。急練求之者，難得其中實益也。

第五節　三層道理

㈠練精化氣；㈡練炁化神；㈢練神還虛（練之以變化人之氣質，復其本然之眞也）。

第六節　三步工夫

㈠**易骨**。練之以固其基，以壯其體，雖老年人，可減少其石灰質，而增加其彈力性，肢體骨骼，堅如金石，重如山岳，有時意輕輕如鴻毛，意重而似泰山。

㈡**易筋**。練之以騰其膜，以長其筋，俾伸縮力，逐日增加，有拔山蓋世之氣，奮發有為雄飛於世界，雖血虧氣弱之病夫，一變而為銅筋鐵骨之壯士，豈非易筋云乎哉！

㈢**洗髓**。練之以減其重量，增其彈力，輕鬆其內部，活潑其運動，俾骨中清虛靈活而身輕如羽，體健似金剛矣。

第七節　三種練法

㈠**明勁**。練之有一定之規矩，身體動轉要和順，而不可乖戾；手足起落要齊整，而不可散亂，方者正其中，即此意之謂也。

㈡**暗勁**。練之以充實其丹田，使肢體堅如金石，但神氣要舒展而不可拘。運動要圓通，活潑而不可滯，圓者應其外，正是此意也。

㈢**化勁**。練時周身四肢動轉進退起落不可著力，專以神意運用之，唯形象規矩，仍是前兩種，不可改移，但順其自然之程序，勿忘勿助，一氣貫通而已，三回九轉是一勢，即此意也。

第二章　九要

第一節　三　弓

脊背相弓督脈上升，兩肱相弓出勢速猛，兩股相弓進退靈通，故謂之三弓。

第二節　三垂

肩要下垂氣力貫肘，肘要下垂力氣至手，氣要下垂丹田養守，故謂三垂。

第三節　三扣

膀扣開胸精氣上升，陰氣下降任脈通行，手足指扣周身力雄，故謂三扣。

第四節　三圓

脊背形圓精炁催身，身形勢圓旋轉通神，虎口開圓剛柔齊伸，故謂三圓。

第五節　三頂

頭上有頂衝天之雄，手上有頂推山之功，舌上有頂吼獅威容，故謂三頂。

第六節　三　擺

兩肘要擺擺肘保胸，身形宜擺擺身形空，膝擺步拗旋轉靈通，故謂三擺。

第七節　三　挺

挺頸貫頂精氣上通，勢若挺腰氣貫四梢，一身抖挺力達九霄，故謂三挺。

第八節　三　抱

膽量抱身臨事不亂，丹田抱氣氣不外散，兩肱抱肋出入不緊，故謂三抱。

第九節　起躦落翻要義

起要勢躦，落要勢翻；起要勢橫，落要勢順；起為橫之始，躦為橫之終，落為順之始，翻為順之終，起躦落翻，四字理分清。

第三章 八論

第一節 論身

前俯後仰，左側右斜，正而似斜，斜而似正，陰即是陽，陽即是陰。

第二節 論肩

精氣貫頂，肩要下垂，兩肘齊心，手勢相隨，身力至手，肩肘所催。

第三節 論肱

左肱前伸，右肱揹肋，似曲不曲，似直不直，曲相弓形，出用返方。

第四節 論手

右手在肋，左手齊心，兩手陰陽，用力前伸，手隨身動，勢出宜迅。

第五節　論　指

五指各分，形相似鉤，虎口圓開，有剛有柔，力要至指，須從意求。

第六節　論　股

左股在前，右股後撐，似直不直，似弓不弓，進則用力，股如返弓。

第七節　論　足

左足直出，右足斜橫，步法莫紊，前踵對脛，兩足旋轉，足趾扣定。

第八節　論　轂

轂道提起，氣通四梢，兩腿轉動，臀部肉交，勢隨身變，速巧靈妙。

法曰　九要八論理要明　生剋變化有神通
學者悟通玄中妙　心意象形任性行

第四章 四梢

第一節 筋梢

爪為筋梢，手足指功，手抓足踏，氣力兼併，爪之所至，立生奇功。

第二節 骨梢

齒為骨梢，有用在骨，切齒則發，威猛如虎，牙之功用，令人膽觫。

第三節 血梢

髮為血梢，怒髮衝冠，血輪若轉，精神勇敢，雖微毛髮，力能撼山。

第四節 肉梢

舌為肉梢，捲則降氣，目張髮豎，丹田壯力，肌肉像鐵，臟腑充實。

法曰 四梢之威理要研　精神勇敢力摧山

若明四字玄中妙　神意光芒氣綿綿

第五章

第一節　六合

六合有內外之分，內三合，心與意合，意與氣合，氣與力合；外三合，手與足合，肩與胯合，肘與膝合。又曰：筋與骨合，皮與肉合，腎與肺合，頭與手合，手與身合，身與足合，又謂之內外三合。總而言之，合則謂全身法相，即是神合，意合，精炁合，光線芒芒神光四射，一氣貫通而謂之真合矣。

法曰　心要虛空精神要堅　意要安怡氣要混元
神光燿射光線綿綿　全體法相無處不然

第二節　八忌歌訣

1. 出拳高舉兩肋空
2. 絕力使來少虛空

3. 力猛變遲傷折快　　4. 臂肱直伸無返弓
5. 身無樁法如竿立　　6. 相擊易跌一身空
7. 怒騰氣升血沖腦　　8. 心智變動不機驚

第三節　八性

八性者，即抓撲抖掀截掛舒綿是也。抓者，如饑鷹之抓物；撲者，似狸貓之向前之撲鼠也；抖者，一身之力如猛獸之抖毛；掀者，即托起，平托，高托，左右相托也；截者，是挨住不讓敵人手足發出也；掛者，乃是掛住敵人手足不能退回，或左掛，右掛，使一身不得中和之力也；舒者，伸開，於鳥之抖翎，展翹抖搜擻法也；綿者，柔也，柔中有剛，如沾綿聯絡相隨之意也。

第四節　論步

（甲）寸步。在前之足不退，向前進步。後足蹬力，催前足（又謂之墊步）。此著之用，為敵所逼，無暇換步，方取此捷徑，以制敵所不備，以其全用寸力，故曰寸步，路線圖如左。

（乙）**蹽步**。前足先進，後足一直向前大進，即進之足復為後跟，以其步法運環，故曰蹽步，路線圖如左。

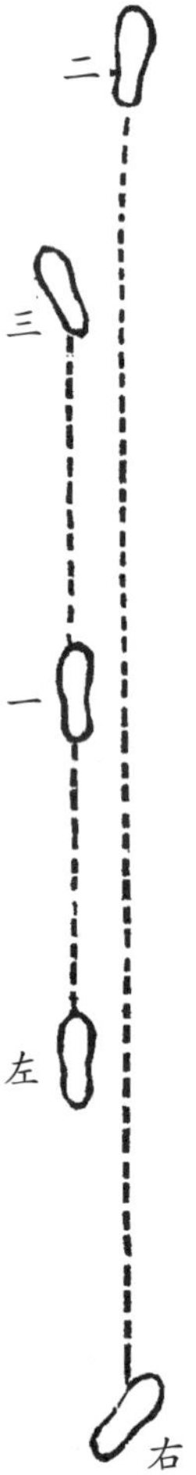

（丙）**弓箭步**。兩足斜丁勢，前足著地，足心懸起，五指抓地，腿似半圓形勢，後足尖著地，足跟欠起，膝蓋下跪，腿似曲弓，即返弓，因其兩腿似弓，其要點全用後足尖往前放力催身。此步用途最廣，消息全憑後足蹬，故曰弓箭步，路線圖如下。

圓圈印足尖著地之足，左右進步換勢皆依此類推。

（丁）三角步。進退皆以三角勢，或左右，或進步，抽撤無方，行蹤無定，以其進退曲斜，故曰三角步，路線圖如左。

三角步圖

進退無定形踪飄忽皆依三角路線推演

進退無定，行蹤飄忽，皆依三角路線圖推演。

（戊）八字步。左足在前，右足在後之姿勢，向右轉為順步勢，回身先以左足向右足外合勁扣步，扣成八字形勢，路線圖如左。

此右一左二之足勢，如向左轉為進步回身，將右足進步，向左足外，往裏合勁，扣步與左足成八字形勢，路線圖如下頁。

進步路線

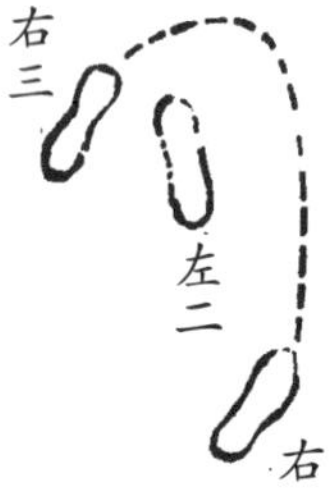

以上兩節皆是左足前、右足後之換勢，如右足前、左足後，換勢亦依前兩節類推，故謂之八字步。八字之妙用，轉勢換身，最靈巧之步法也，學者，默悟生化無窮。

（己）縱跳步。兩足之動作，或高，或遠，平行而飛，或二三尺，數十尺不等。縱跳步最難練習，非功夫純熟，身輕如猿，像似飛鳥，不能得其要素，學者得其真意，須以猿象中，恒心而研究焉。

第六章

第一節 陰陽

陰陽，動靜，剛柔，虛實，一陰，一陽，一動，一靜，動而生陽，靜而生陰，動之始則陽生，動之極則陰生；靜之始則柔生，靜之極則剛生，動而生陰陽，靜而生剛柔。虛實，則陰陽動靜之機；剛柔，則一動一靜之理。一陰一陽之謂道，生生之謂易，成象之謂乾，效法之謂坤，通變之謂化，陰陽不測之謂神。剛柔相推，而生變化，陰陽相摩，八卦相蕩，而易行其中。以象形之理而言，動則為意，靜則為性，妙用為神。動靜，動而未發謂之機，發而中節之謂和。中者，陰陽之大本也；和者，天地之大道也，致其中和，則天地位焉，萬物育焉，心意象形之理而成乎其中矣。

第二節　丹田充實法

《論語・鄉黨篇》言：「孔子屏氣似不息者」；《老子》謂：「虛其心實其腹」；《莊子》云：「至人之息以踵」；《孟子》曰：「善養吾浩然之氣」，此四子者，不但得式術之三昧及養生之秘訣，並且存心養性，守中抱一，得列聖相傳之道統，後人談文治武功者，莫不奉為師表，吾儕之欲研究國術者，豈可不尊為神明，以為卻病延年、衛國保民之基礎耶？

今之談武術者，莫不以練精化炁、練炁化神，及洗髓、易筋等語，逢人說項，成了一種口頭禪，及問其具體練法及習學之步趨，則箍口結舌，茫然不知所答。茲將方法步驟及效果，述之於下，以供獻於社會焉。

㈠丹田俗名小腹，即道家所謂安爐立鼎之處，在人一身之中，即力學上所謂重心者是也。欲使元氣充足，變成金剛之體，每日或每夜，擇空氣清新之處，靜立或靜坐，皆可練習。注意適當之姿勢（即合法規之勢），先用略粗之呼吸，以開通氣道，以意力送至丹田，待到腹中氣滿，然後呼出（此謂後天呼吸法）。如此數至十次，或二十次，即舌搭天橋，換為細呼吸，數至五十次或一百次，迨至無思，無慮，五蘊皆空，然後順氣息之自然，勿庸暗數矣。

㈡練氣百日，必丹田膨脹如鼓，堅硬如石，宜再注意尾閭夾脊，以上達於玉枕及玄關，一氣灌活，週而復始，上至泥丸，下至湧泉，氣息綿綿，聽之無聲，視之不見，所謂「至人之息以踵」者是也。

㈢每日練習不稍間斷，不但坎離相交（心腎相交），有不可思議之樂趣，而丹田充實。元氣既足，則電力（即一身之法相）增加，磁氣（即全身精炁光線）發動，能擊人於數步之外，有鬼神不測之妙用，知此玄理可以入道矣。

第三節　鍛鍊筋骨

欲求身體之健康，首要鍛鍊筋骨。骨者，生於精炁而與筋連，筋之伸縮，則增力，骨之重者，則髓滿（髓是人之精也）；筋之伸縮，骨之靈活，全係鍛鍊。頭為五陽之首，尾閭為督脈之門，頭宜上頂，尾閭中正則精炁透三關入泥丸（腦海）；背胸（指背筋、胸筋言）圓開，氣自沉下歸丹田（小腹）；兩肱抱撐，肩窩吐氣，開合伸縮，力達指心（指：手指；心：是指手心，屬筋）。象其形，龍蹲，目之精，爪之威；虎坐，搖首怒目，胯坐挺膝腰；腰似車輪轉，身有平準線；兩足心含虛，抓地如鑽鑽；兩股形似弓，進退要連環，骨靈河車轉（如機器之輪軸也）；筋絡伸縮如弓弦，身勁動發若弦滿，手出如放箭，運動如抽絲，兩手如撕綿；手足（手足四腕力也）挺勁力，叩齒骨自堅（齒屬骨）。形其意，搖首攬尾閭，動如飛龍升天，蹲似猛虎出林，縱跳靈空像猿猴，步法輕妙如貓行。得此要素，神乎技矣。

第四節　三性合一

夫三性者，以心為勇性，以目為見性，以耳為靈性，此三性為藝中應用之根本也。然運用之法，心應不時常警醒，目應不時常循環，使之精靈三性，象影相合，運貫如一。蘊發在意，其大無外，其小無內，放之則彌六合，捲之則退藏於密，其味無窮，正是三性之要義也。

第七章　六　意

第一、二節　會意象形

象形者，會意也，發於外而謂之象，蘊於內而謂之意，意可蘊，亦可發，意由心出，象由性生，《中庸》云：「誠於中，形於外」，正是意象之謂也。以人之四體，百骸運動而象其形，悟其真意，效其靈性，通其造化，而以術延壽，以健身心，如華佗之五禽是也。

第三節　假借

假借者，是乘敵人之來勢也，運吾之機謀，忽縱而忽橫，縱橫因勢而變遷；忽高而忽低，高低隨法（法者，天也，流行之氣也）以轉移；尾閭中正神光耀（精炁，電力四射也），炁透三關入頂門；腰像車輪，身有中線，全身法象，如百煉鈍鋼繞指柔，似萬縷柔絲纏繞綿綿不斷，彼剛，我柔，彼柔，我剛，任他巨力雄偉漢，一指運動分千斤。

此假借命名之義也。

第四節　轉注

轉注者，旋轉圓動力而中心不失也。圓中縱橫似彈丸，光線芒芒無分左右前後，即《中庸》云：「中立而不倚，和而不流」，正是此義。

無論如何旋轉不失中心，取義指南，命名「轉注」也。

第五節　指　事

指事者，如陣法，似長蛇，擊首則尾應，擊尾則首應，擊中則首尾相應，忽上像飛龍升天，忽下似潛龍在淵，忽前後，忽左右，忽高低，像雲龍之探爪，氣若龍飛萬里，像猶虎賁三千，如戰陣行軍，聲東擊西，故而謂之指事也。

第六節　諧　聲

諧聲者，發號施令也，如龍吟虎嘯睡獅吼，神氣能逼人，精氣能攝人，威猛能驚人，兩目神光耀，使人一見而生畏。形之於戰鬥力，斜入而直出，直進而橫擊，剛來而纏繞，柔去而驚抖，丹田含炁，神意貫指，按實用力，吐氣發聲，故取義諧聲也。

第八章　名稱五法（內附五中）

第一節　飛　法（直中）

飛法者，直中也。性屬金，練筋力，有剛堅之氣，外剛內柔，有挺勁與橫力，能攻堅擊銳。

第二節　雲　法（化中）

雲法者，化中也。性屬水，練柔力，形似波浪，外柔，內剛，有彈簧鼓蕩吞吐驚抖之機。

第三節　搖　法（圓中）

搖法者，圓中也。性屬木，練身力，剛柔相濟，有曲折回環機驚翻浪抖擻之威。

第四節　晃　法（虛中）

晃法者，虛中也。性屬火，練定力（以意而作用），含火機之妙，外靜內意，柔剛兼有，有爆烈驚炸之猛。

第五節　旋　法（實中）

旋法者，實中也。性屬土，練圓力，剛柔相合，足有踏八卦步九宮之奇，象有墩厚、沉實、方正、圓活之象，法曰方者以正其中，圓者以應其外，三回九轉即是此法之意義也。

第九章　八卦成象（緒言）

乾坎艮震巽離坤兌，震為龍，兌為虎，離為牛，坎為馬，乾為象，艮為獅，巽為熊，坤為猿。

法曰　游龍　睡獅　威猛虎　精神猿
　　　醉熊　文象　馬跡蹄　瞪目牛

第一節　龍

龍象，練精意。龍有遊空探爪縮骨藏形驚抖纏繞之神。

第二節　虎

虎象，練精炁。虎有怒目搖首擺尾橫衝豎撞奔拔之威。

第三節　馬

馬象，練腹實，腹實體健而身輕。馬有跡蹄跳澗之勇。

第四節　牛

牛象，練蹠力。久練此象，能生千斤力。牛有兩足栽根，身重如山之狀。

第五節　象

象象，練筋絡。人之一身，大者為筋，小者為絡，象有屈伸四體百骸筋絡之法。

第六節　獅

獅象，練神氣。獅有心定神寧養性修直之妙。

第七節　熊

熊象，練靜力。熊有晃身沉實氣貫丹田之真。

第八節　猿

猿象，練靈神。猿有三閃六躲輕妙縱跳之靈。

第十章　八象合卦

第一節　四合卦

坤乾卦，猿象二法相合，土生金，卦名地天泰；坎離卦，馬牛二法相合

（卦名水火既濟，陰陽相交）；震巽卦，龍熊二法相合，屬陰陽二木，卦名（雷風恒）；兌艮卦，虎獅二法相合（土生金，卦名澤山咸）。

第二節　四生氣卦

乾兌卦，象虎二法相生，卦名天澤履；坎巽卦，馬熊二法相生，卦名水風井；坤艮卦，猿獅二法相生，卦名地山謙；震離卦，龍牛二法相生，卦名雷火風。

第三節　四絕命卦

艮巽卦，獅熊二法相剋，卦名山風蠱；離乾卦，牛象二法相剋，卦名火天大有；坤坎卦，猿馬二法相剋，卦名地水師；震兌卦，龍虎二法相剋，卦名雷澤歸妹。

法日　八卦八象陰陽化生　六十四卦內藏眞情
性命雙修參贊禪功　水火既濟火候純青
聯絡縱橫奇妙無窮　證悟道理性命長生

法曰 練至骨節通靈處　周身龍虎炁橫行
掌心力從足心起　一指霹靂萬人驚
學藝精心求其妙　吐氣使力如山崩

第十一章

第一節　修養要論

蓋夫人先天體質虛弱，後天失調，久罹病苦，醫法已盡，藥物無靈，此術能使其身體健康，患根拔除；膽氣薄弱，意志顛倒，煩亂不寧，陰陽不交（即心腎不交），稍遇驚恐，心膽俱裂，苟能依術鍛鍊，丹田之炁，充實其腹，以鎮定心神，而增百折不撓意志力。法不僅癒己之病，而且對於家庭之上，精神、肉體痛苦，亦能隨緣普濟。換而言之，由肉體方面，漸進向精神進步研究，善能變化人之氣質，使剛者柔，弱者強，病者癒，膽驚壯，學者得此要素，則人生多美感之快樂。古聖千辛萬苦始得之法門不傳，今一朝啟其秘藏，明此道理可以通三教之真髓矣。

第二節　生理呼吸

人類呼吸之作用目的，最切要者，曰生活機能，故聖人視息曰命，可知生命與呼吸是非有二，一呼一吸者，即吾人之生命也。欲知生命之真意，必先研究根本，第一步曰「呼吸」，且吾人肉體中，最重要之物質，為血液。

夫血液之營養分，非借呼吸不能製造純良鮮血質，因空中氣分中有一種養料，名酸素（氧氣），此質吸入內部，則使全體能起酸化作用，且酸素與細胞組織中老廢物，化合而為碳酸素，借呼吸作用以吐出之。空中之新酸素吸入腹內後，則能使黑暗色之舊血液為深紅純良之新血液，輾轉交流，循行全身，是即呼吸收效果目的之法門也。

第三節　實修內容大綱

㈠正身法；㈡調息法；㈢修心法。其正身法內有注意與隨意二法。調息法內有三步呼吸：⑴努力呼吸；⑵丹田呼吸；⑶體呼吸（即法輪長轉）。

修心法：⑴至誠；⑵守一；⑶腹呼吸。此為修心煉性，次第實修之法門，調息法與修心法，互相結合，篤行而生一種天然之佳趣，下列表以指示結合系統途徑：

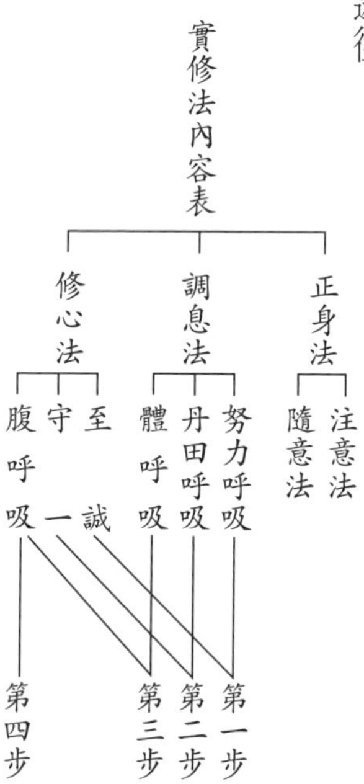

此表學者，初見似難悟會，然實極簡易，其要點不過由淺入深。如調息法中之努力呼吸，即丹田呼吸之先導，丹田呼吸又為體呼吸之準備，詳而言之，體呼吸又為修道之終法，最上乘之工夫。修心法中，至誠不息，為守一之綱領，守一又為體呼吸之法門，如學者，果能至誠不息，則可以入道矣。調息由精神方面作用，進於體呼吸，先要剷除雜念，而至誠不息，抱元守一之佳果得矣。

第四節　正身法

先要注意身體相當之姿勢及態度，無論行止、坐臥，務要使脊骨柱正直無曲，首勿傾於前後；耳與肩對，鼻相對臍，道經云：「尾閭中正神貫頂，炁透三關入泥丸。」

此姿勢，宜常保守，不但練時為然，勿論何時、何地，莫忘卻此法，《中庸》云：「道不可須臾離」者是也。正身用意，動作皆於法規，不可隨意傾跌，學者最宜慎之。

第五節　注意法

欲實行修養法時，最注意者，即適當之姿勢。如練時，先向下腹部，以意沉氣貫通，使出小腹突出（常人不知此法）。

但初行時，總苦氣不及於腹。其法最緊要者，即閉口齒，以鼻向外徐徐出氣（而微細有聲，出至力不能出時，下腹自然實出）。

第六節　隨意法

隨意法，即權便之法門也，無論行止、坐臥、車上、馬上，皆可隨意而練之（此法用意而練），有一時工夫修一時道，有一刻工夫練一刻心，一日內，十二時，意所到，皆可為，偈曰：「行立坐臥任呼吸，一呼一吸立丹基，唇齒著力學龜息，息字自心聖人知，四個橐籥八卦爐，不知不能立丹基。」

第七節　三步調息法

調息法者，即調和氣息之謂也，分為努力呼吸（後天）、丹田呼吸（先天）、體呼吸（周天）。此三種呼吸，乃是修道始末根本工夫，由粗入細，由細入微，由微入道。

若論其極，綿綿若存，若有，若無，若實，若虛，勿忘，勿助，呼吸不從鼻中而出，從全身八萬四千毛孔，雲蒸，霧起，往來而出入。道至此時，全體安適，悠悠而入於極樂世界矣。

第八節　呼吸與精神關係

呼吸者，則謂之調息也，息調則心靜，息外無心，心外無息。欲得息外無心之妙，必須真調息，息調則心定，心定則神寧，神寧則心安，心安則清靜，清靜則無物，無物則氣行，氣行則絕象，絕象則覺明，覺明則性靈，性靈則神充，神充則精凝，精凝而大道成，萬象歸根矣。

第九節　組織調息法

練功夫時，宜擇天朗氣清之地，斂情攝念，心無所思，目無所見，鼻無所嗅，耳無所聞，口無所言，神將守形，任從兩足行動處，一靈常與炁相隨。

《壇經》云：「行也能禪，坐也能禪；行也綿綿，坐也綿綿，醒也綿綿，睡也綿綿；氣升乾頂，氣降坤田；出息微微，入息綿綿，至誠不息，性命永安。」

第十節　努力呼吸

努力呼吸，與自然呼吸並無大異，唯呼息吸息稍微用力於下腹部耳。開始行功之時，須將身體立正，面微仰，目斜上視，先從口中念呵字，念得氣不能出時（念時切莫有聲，有聲反損心氣），然後再用鼻子吸入空中新鮮清氣，使肺中十分充滿，則橫膈膜向下，以意力向下腹用力，徐徐送至丹田，時間停止少許，謂之停息。嗣後將腹內之氣，從鼻中微微呼出，使橫膈膜次第向上，而胸部肺底之濁氣可以排泄而出。

以上呼息、吸息二法，循環為之，其呼吸機能順通，乃移於丹田神意呼吸，偈曰：「一呼一吸，通乎氣機；一動一靜，通乎造化」，正是此意也。

第十一節　丹田呼吸

丹田呼吸，此法與前努力呼吸所異者，呼息氣下入丹田，而謂之闔；吸息氣闢而上升，謂之開（又謂陰陽相交）。《易》曰：「一闔一闢謂之變，往來不窮謂之通（即明心見性）。」呼息下貫丹田，吸息上至心腦（謂之水火既濟），以心意而存於心腎，使氣上下而往返，則精氣透泥丸。偈曰：「三田（泥丸、黃庭、土釜）往返調生息，混元二炁造化機。」神不離氣，氣不離神，呼吸往來通乎二源，久行此功，則丹田炁充而精凝，精凝則性靈，性靈則神合一，呼吸之息如無呼吸狀態。工夫至此，然後可進論體呼吸法矣。

第十二節　體呼吸

體呼吸者，乃呼吸最上乘法，前兩步呼吸，不過為達此步之途徑，雖由丹田呼吸漸進而至於體呼吸，但體呼吸乃是周天法輪之呼吸。

此呼吸全不賴呼吸器而出氣息，從全體八萬四千毛孔雲蒸霧起而為呼吸。然此呼吸，實為呼吸最終之目的，最上乘之法門，故習此道者，不可不恒心努力達此境域。

蓋真體呼吸，雖未易得，而能恒性求之，不難由近似而得真實也。練體呼吸，須要充實氣力於下腹，以意在內換氣，呼吸從尾閭，上升透脊骨，過玉枕，入泥丸，而至下鵲橋，度重樓，過黃庭（離宮心也），至丹田，而謂之一周（周天），轉法輪以意力，由臍輪向左從小而大，再向右轉臍輪，由大而小，由中達外，中全外，由外至中歸無極。

此節工夫，乃是精神真正呼吸，非有真傳播難入其道，非有恒心難達其境，學道者，勉力為之，以期達此境域是為至盼。

第十三節　修心法

修心法者，即成道成不二之法門也，釋謂明心見性；道謂修心練性；儒謂存心養性，其名雖殊，則理是一。

至其練法，則先藏氣於丹田，作丹田中之意識，使頭部漸漸冷靜，雜念滅除，妄念次第消散，以全身精神集注於下腹，入於無念狀態，腹呼吸自然現於意識界，遂成一種抱元守一之象。以期達此三步最上乘工夫，從至誠不息中而求之，修心練性之術，尤願上等有根器者篤行之。

象形拳法真詮上編

總綱

第一節 虛無無極論

法曰 無虛無極炁中理　太虛太極理中炁
動靜乘風分陰陽　相分陰陽為天地

虛無者，○是也；無極者，◉是也。虛無者縹緲空空，無極者混混沌沌，則其中含一點生機，此極為先天真一之祖炁，性命之根，造化之源，生死之本，龍虎二炁發源之始，易謂之太極也，儒謂浩然，道謂金丹，釋謂牟尼，正此之謂也，名雖殊其理則一，知此道理可以入德矣。

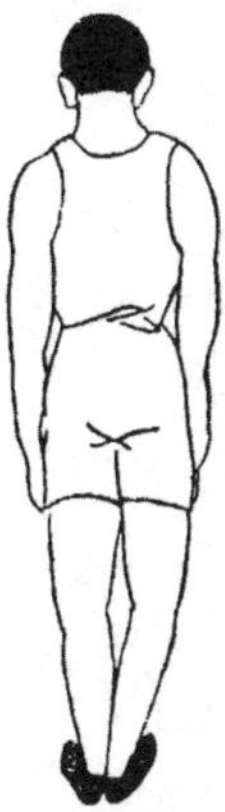

無極圖

開始

預備起點，先將身體立正，兩手下垂，面微仰，目平視，兩足九十度之姿勢，聽息下行，使氣充實丹田，心中屏除一切雜念，無思無慮，五蘊皆空，此勢順行天地自然化生之道，又謂之混元一炁，取一炁含萬象，以後無論演各法象，皆依此而開始。

第二節　太極論

法曰　太極動靜分陰陽　少陰少陽體中藏
陰陽互生為四象　中間五土自生黃

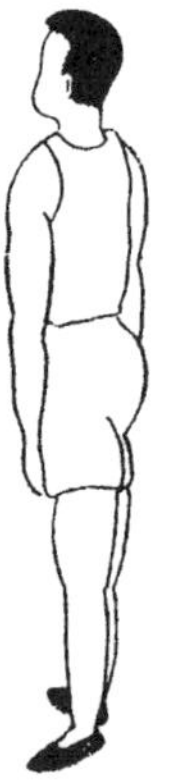
太極兩儀圖

太極者，炁形之本，無極而生有極也。自無歸有，有必歸無，無能生有，有無相生，無有盡時，則綿綿流行不息。太極陽儀是氣之伸也，太極陰儀是氣之縮也，太極中於四象，兩儀之母也。其性屬土，天地萬物皆由土而生，故萬物之旺，以土為本，萬物之衰，由土而歸根。取之於身，在臟，屬脾，為土，脾旺則四體百骸健全。取諸於法象，為旋法，土力也，內包四法，即金力、水力、木力、火力是也，共謂五德，而又謂之五行也。

化身

將無極之勢，半面向左轉，左足跟靠右足裏脛骨，為四十五度勢；隨時再將身體下沉，腰塌勁，頭頂勁，目平視，內中神意，抱元守一，取義中立不倚，和而不流；口似張非張，似合非合，舌頂上齶，穀道微提。

此勢取法一炁含四象，謂之攬陰陽，奪造化，轉乾坤，扭氣機，於後天之中，返先天之真陽，退後天之純陰，復本來之真面目，歸自己之真性命，而謂之雙修也。故心一動而萬象生，其理流行於外，發著於六合之遠，無物不有；心一靜，其意退藏於密，無一物之所存。所以數不離理，理不離數，數理兼用，方生神化之道，體用一理，動靜一源，分而言之為化象，合而言之仍歸一炁也。

第一章　飛法會眞

飛法性似閃電，屬天干庚辛，在身為腎，兩儀也，屬右命門；在五行屬金

（情也），有白虎肺金之氣。形之於性體，筋絡舒暢，丹田炁足，靈炁貫頂，玄門謂之曰雲朝頂；形之於拳法，骨堅如金石，動如閃電，縮身而起，長身而落，有挾人之技，穿針之妙，點穴之精，返身旋轉之靈通，行如流水，無堅不入，無物不摧，故曰屬金力者是也。

其拳順，則肺金之氣和暢，而無咳嗽之疾；其拳謬，則肺努而體弱，弱則生病，學者尤宜加意焉。步徑斜曲，兩步一組，圖列後。

法曰 白虎之精五行肺金　丹田火發靈炁通神
形於拳法閃電穿針　四體和暢剛柔齊伸

飛法進步路線

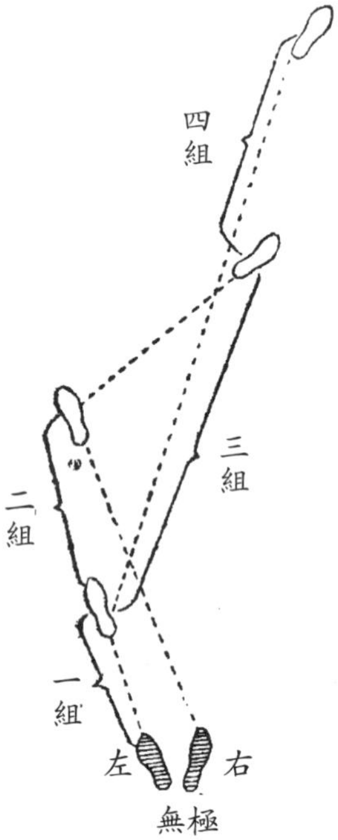

第一節　飛法

【開始】將兩儀之勢。

【步法】右足不動，左足向左斜進步成斜丁勢，兩股屈弓，左足尖挺勁蹬力，膝蓋上提，右足全蹬力，膝蓋下跪勁，兩膝裏相合，小腹放在大腿根上；

【手法】兩手同足進時，向裏合勁，合至手心朝上，從心口上起，往前托勁伸出，兩肱抱撐，似直非直，似弓非弓，右手在左手腕下、肘前，相離三四寸，目視左手中指梢。鼻與手對，手與足順，兩肩鬆開，兩胯根塌勁，是肩與胯合；兩肘微垂勁，兩膝合勁，是肘與膝合；兩足蹬勁，兩手五指伸勁，是手與足合，此謂之外三合也。要而言之，是肩催肘，肘催手，腰催胯，胯催膝，膝催足，上下合而為一。此身法，不可前栽後仰，左斜右歪，正是斜，斜是正；陰為陽，陽則陰，陰陽相合，內外如一，謂之六合也。總而言之，六合是內外陰陽相合，陰陽相合，則兩儀分象，三才而生之法門也。取之拳意，謂金

飛法開始左圖一

手，金手剛猛，力能攻堅擊銳，故各法象，皆依此開始而化身也。

法曰 三才三身非無因　分明配合天地人
三元靈根舩妙用　全體法象億化身

法曰 左足斜出　右足斜橫
兩股形曲　兩足力蹬
手心朝上　前伸順胸
兩肱抱撐　目視手中
肩鬆胯墜　頭要上頂
五指各分　陰陽化生
兩儀分象　化身（意也）無窮
三元靈根　久煉堅凝

第二節　飛法——左化身（變化是也）

左足不動，右足向前進步，足腕挺勁；右手

飛法左化身圖二

心朝上，亦同時順左手腕外，向前稍擰伸勁直出；左手掌同時順右肱向裏合勁，至手心朝下，往回極力拉勁，至右肘下緊靠停住；兩肱抱撐，屈伸，兩肩鬆開，兩股彎曲，頭頂，身挺，胯墜，仍如前勢，目視右手中指。

法曰

左足不動　右足前進
左手回拉　右手前奮
前手取鼻　後手肘近
手足與鼻　列成直陣
頭頂足蹬　肩窩吐勁
兩肱抱撐　丹田氣沉

第三節　飛法——右化身一

左足不動，右足向右方斜進步；右手心仍朝上，臂肱挺勁，同足進時，用橫力向右直出；左手不動原勢，與右手同時向右橫力；肩鬆，胯墜，氣沉，腿屈，身子半陰半陽，目注意右手中指。

飛法右化身一圖三

法曰 左足莫動 右足右進
兩手原勢 橫力挺勁
目力貫指 丹田氣沉
肩鬆胯墜 腰似車輪
挺勁貫頂 身有平準

第四節 飛法——右化身二

右足不動，左足向前進步；左手同足進時，順右肱外擰至手心朝上，極力伸出，至極度為止；右手亦同時向裏合勁，至手心朝下，順左肱向回拉勁，至左肘前緊靠，停住；兩肱、兩股、胯、腰、膝之勁力，仍同前勢，目視左手中指。再向前練，左右二勢化身，手足身法步，均同，數勿拘。

法曰 右足不進 左足前行
左手前伸 順肱（右肱也）出擰
右手合扣 回拉護胸

飛法右進化身二圖四

第五節　飛法——回身法

【回身法】左足在前，右轉身，右足在前，左轉身；

【右轉回身法】先將左足尖向回扣步，與右足尖相對成八字勢；左手同足扣時，向右肩，平合勁；右足隨進仍順，右手同時順左肱肘外扭勁前伸，至極度止，高與肩平；左手隨向裏合勁，手心向下順右肱往回拉勁，至右肘下停住，緊靠，目視右手中指。再進步化身，法均同，收勢原地休息。

法曰　左足回扣　隨勢轉身

左手右合　右手前伸

右手進前　手足對準（鼻子也）

目視手掌　聽息下沉

再向前演　手足莫紊

飛法右回身圖五

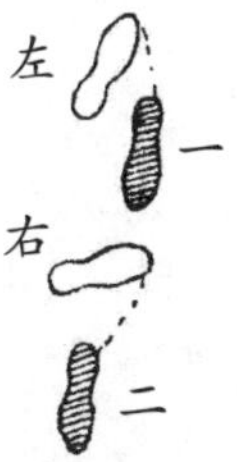

回身路線

左右回身　依此法啟

第二章　雲法會眞

雲法性似波浪，屬天干壬癸，性能一氣流行，忽高，忽低，蕩蕩流行綿綿不息。以拳法性情言之，雲從龍，身體行動如神龍遊空，蜿蜒旋轉行蹤無定，猶水之流，克盡其曲折能事；取諸身屬腎，在五行屬水，故謂之雲法水力也。此拳形，外和順，而內剛猛，有丹田炁實之妙，古仙云：「丹田氣實，身輕體健」，正是此形之要義也。拳行順，則清氣上升，濁氣下降，百疾不生；拳行逆，則意失其真，氣不下降，兩足如浮萍，真勁不生，拙力不化，終身未克有濟也。步徑曲直無定，兩步一組，學者，最宜深究其妙道，圖列後。

雲法進步路線

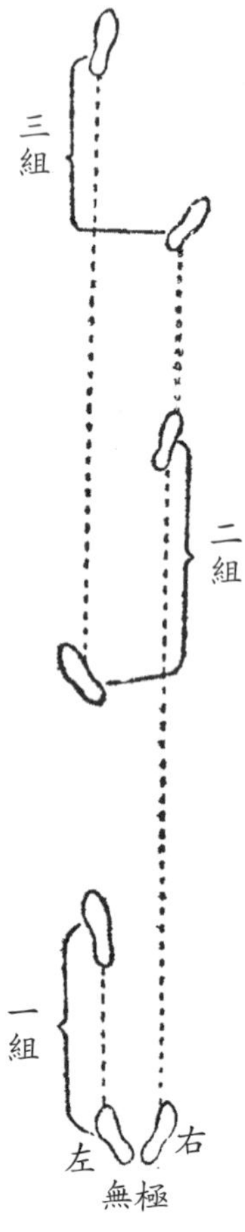

法曰 雲龍遊空忽高忽低　蕩蕩流行綿綿不息
行跡無定身輕腹實　萬緣皆空精神蓄之

第一節　雲法——開始

無極之姿勢，先將左足向前進步，右足不動；（左右）兩手同足進時，從胸向前極力伸出，左手心朝上，高與左肩，順膝；右手心亦半朝上，掌伸至左手腕下，相離四五寸；兩肩鬆開，兩肱屈伸，頭要上頂，腰挺胯墜，兩股屈弓，雙手腕皆宜挺勁，目視左手心，勢謂之雲法接手。

法曰 左足先開　右足斜橫
兩手同發　迅速要猛
前手平肩　後手抱胸
腰挺胯墜　頭宜上頂
四腕挺力（手足指腕）股肱屈弓
目視手心　精氣要充

雲法左開始圖一

第二節　雲法——化身

右足不動，再將左足尖斜橫，向前進步；左手同足進時，向裏合勁，合至手心朝下；右手亦同時向裏往上扭勁，扭至手心朝上；兩手一齊向後極力拉勁；右肱拉至肘在胸，手順左膝，與心口相平；左手拉至右肘旁大指相靠，身含縮力；臀下坐力，兩肱屈弓，兩足蹬力，目視右手心。

法曰

右足不動　左足進橫
雙手陰陽　回捋縮弓
左手肘近　右手平胸
臀向下墜　頭宜上頂
股肱屈弓　兩足力蹬
目視前手　神意兼雄

雲法左捋手圖二

第三節　雲法——化身

左斜之足不動，右足向前進步；兩手原勢不變，極力向前推勁伸出，右手伸至高與右肩平順，左手伸至右手腕；股肱皆要半圓形勢，肩鬆開，挺膝，坐胯，目視前手心。再演，化身，手足身法如一圖、二圖，數勿拘，左右進步，化身，皆依此類推。

法曰

左足不動　右足前進
兩手原勢　極力前奮
右手順肩　左手腕近
手足與鼻　列成直陣
化身再演　手足莫紊
依此法規　變化通神

雲法化身進步圖三

第四節 雲法——回身法

【回身法】左足在前，右轉身，右足在前，再轉身；

【右轉回身法】先將左足尖向回扣勁，與右足成八字形，右足隨進成順；右手同轉身時，向裏合勁至心口上，左手亦向下合，往懷中抱勁，至右肘，同時極力伸出，如雲法一圖。回演化身，仍如前勢，歸與原地休息。

法曰

左足回扣　右足順進
兩肱合抱　隨轉前伸
左右化身　手足莫紊
原地收勢　屛息下沉

雲法右轉回身圖四

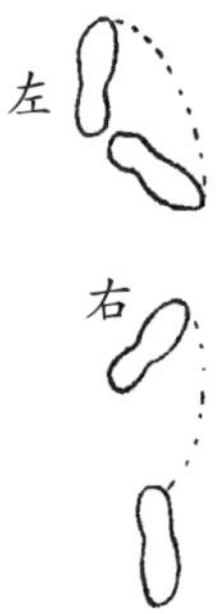

回身路線

第三章 搖法會眞

搖法，性似龍，屬天干甲乙。在身為腎（兩儀），屬左腎門，在五行為木

（性也），在五臟屬肝，有青龍肝木之炁，施之於身則平肝固氣，形之於四體百骸，則皮肉如綿，而筋骨如剛，骨骼無處不生鋒芒；曲直之形，以拳法妙用言之，活動筋絡，能曲，能伸，有飛騰變化之神，有靜中策動之妙，故曰：搖法性似龍，屬木力者是也。此拳外靜，而內動；外柔順，而內剛猛。拳形順，則心中虛空，丹田炁堅（釋教謂之牟尼珠），平肝固氣，而目光明；拳形逆，則性味不靈，氣滯傷肝，肝傷則兩目昏瞀，動罹疼痛之患，學者不可大意，若能細心研究其妙道，神乎技矣。步徑斜曲，兩步一組，圖列後。

法曰 青龍之炁五臟屬肝　四體百骸筋骨剛綿
外靜內動丹田炁堅　精炁貫頂勁起湧泉

搖法進步路線

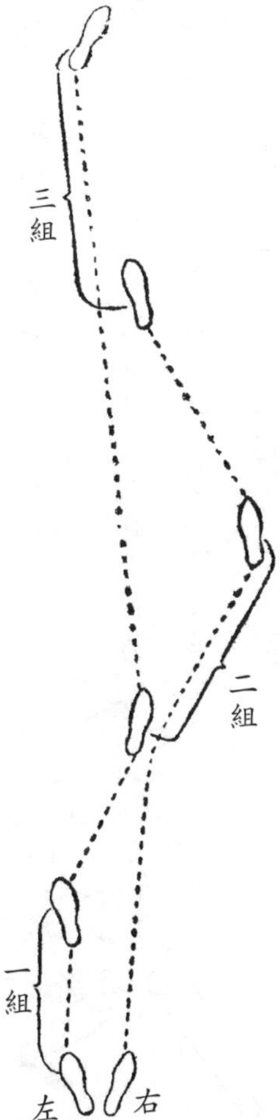

第一節　搖法——開始

無極勢，右足不動，左足前進步；雙手同時手心翻上平心口，極力向前伸出，左手順膝平肩，右手伸至左手腕下（勢謂之無極接手）；勢不停，兩手陰陽向左斜橫（弧形）極力捋勁，右手心捋至朝上，肘順左膝平乳；左手捋至手心向下，在右肘旁，相離四五寸。形象右肩左膝，頭頂身拗，目向右平視。

法曰　右足不動左足前進　雙手翻上順力前伸
伸勢不停回捋斜勁　左手抱肘右肘順心
兩手陰陽目右傳神　舌捲氣息屏氣下沉

第二節　搖法——化身

左足先向右進步，右足隨前大進步，足尖稍

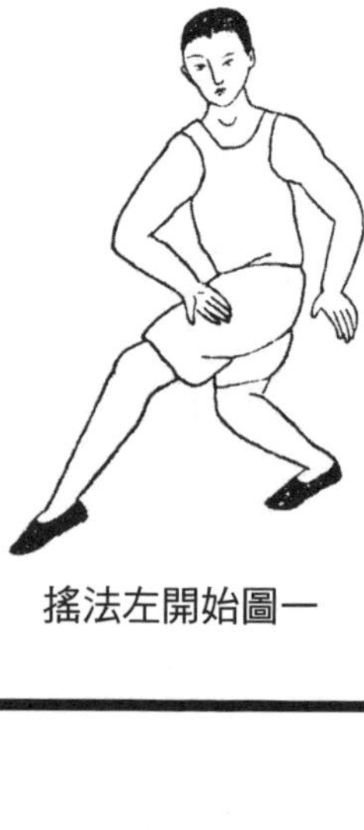

搖法左開始圖一

搖法右化身圖二

向裏合；兩手陰陽，同足進時，向右斜橫（弧形）極力捋勁，左手心捋至朝上，肘順右膝平乳；右手捋至朝下，在左肘旁，相離四五寸。勢象左肩右膝，目順左手心前視。再演化身，手足、身法意，均相同。

法曰　左足斜步右足大進　兩手陰陽斜橫捋勁（向右）
左肩右膝目順手心　右手旁肘左肱屈伸
左右化身勢不宜紊　依法類推陰陽通神

第三節　搖法——回身法

【回身法】左足在前，右轉身，右足在前，左轉身。

【左轉回身法】右足向左足旁，回扣步，成大斜八字勢，左足隨進；兩手同轉身時，陰陽合力，向左斜橫（弧形）捋勁，左手心向下仍抱右肘，右手心向上仍順左膝；平肩，與前勢相同，左右回身依此法，收勢原地休息。

搖法左回身圖三

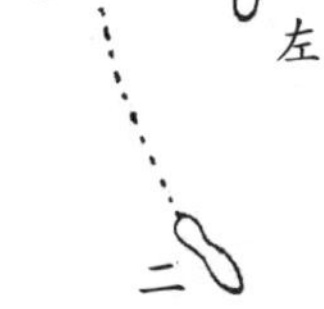

左回身線

法曰

右足回扣　左足隨進
兩手陰陽　隨勢化身
手足變化　肱屈力伸
兩股弓屈　足指扣勁
收勢休息　丹田氣沉

第四章　晃法會眞

晃法性似醉翁顛倒（內含眞火），在天干為丙丁，在五行屬火，取諸身為心。生心為性，性定即禪，心動即機，機動則猛虎出林，火發則神龍遊空。形之於內，有禪機之妙，醉翁火發之意；形於拳法，用之發手如爆列之炸彈，勢動如火之燒身，有捭（音背起也）捽之功，有猿猴之靈，且異常猛烈，剛柔相濟，故曰晃法火力也（火有性而虛無）。拳形和，三昧通靈，躁心化，玄妙生，體舒神暢；拳形不和，則中心不空，四體失中，筋絡拘率，諸法皆不得中立地步，學者不可不慎焉。倘能詳細研究，得其真詮，以術接命，而壽延年。

身拗步斜，兩步一組，圖列後。

法曰　醉翁性顛顛倒顛　性定神安醉如眠
禪機一動眞火發　性命皈根見玄關
三昧通靈成大道　以術延命壽綿綿

晃法進步路線

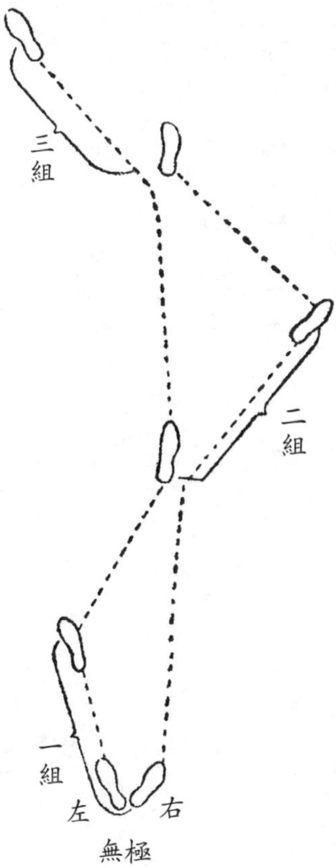

第一節　晃法——開始

無極勢，右足不動，左足向左斜進步；（左右）兩手同足進時，向裏扭勁，至手心朝上，平心口一齊往前極力伸開，如托重物相送之意，與肩相平；

兩肱屈伸，如懷中抱物之勢，俟伸至極端，兩手隨向下翻勁平胸（頭要上頂力），如托物猛翻下放之意，兩手俟平胸之時不停，仍手心翻上，還成托物之勢；股肱屈伸，頭頂，身挺，目視兩手中間。

法曰

左足斜進　右足斜橫
雙手起伸　托物手中
俟伸極端　翻放平胸
勢不宜停　翻上要猛
仍落起勢　目視掌中（兩手中間）

第二節　晃法——化身

左足向右斜進步，兩手托物之勢不拳回，同足進時再向上起，端勁，齊眉，向右方搖肩，晃

晃法左開始圖一

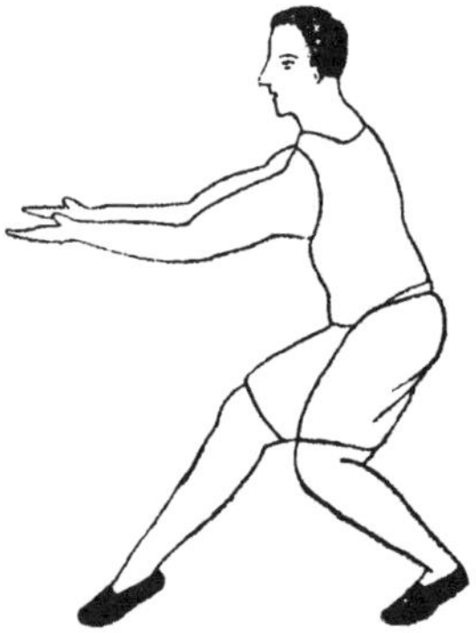

晃法右化身圖二

身兩肱似畫上半圓形；右足隨大進，兩手俟右足著地時，隨向下翻勁平胸，如托物翻放之意，兩手俟至胸不停，仍翻上成托物之前勢。再演，唯兩肱不拳回，手足身法步相同，數勿拘。

法曰　左足右開　手托上舉
搖肩晃身　肱半圓勢
右足著地　翻落猛起（手翻上起）
勢不宜停　互相一理
手足身法　以此為之

第三節　晃法——回身法

【回身法】左足在前，右轉身，右足在前，左轉身。

【左轉回身法】右足先向左，轉身進步扣勢，與左足成大斜丁勢，兩手仍托物之勢，隨同上起，搖肩晃肱齊眉；左足隨轉身進步仍順，兩手俟左足著

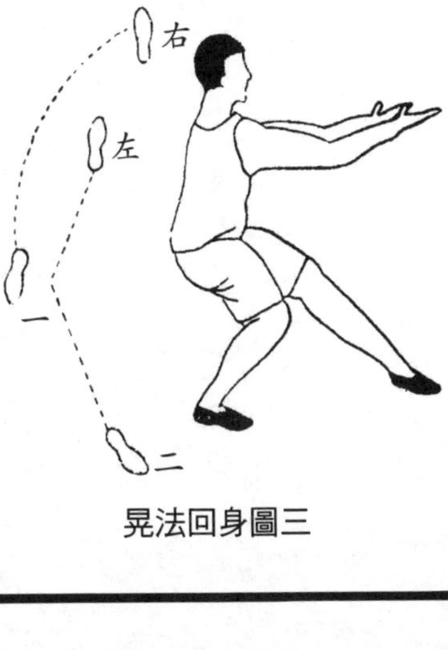

晃法回身圖三

地，仍猛翻，下放，上起，與前勢精神、勁力均同，左右回身，皆依此法，收勢原地休息。

法曰

右足回扣　隨勢轉身
兩手上舉　兩肱力伸
左足隨進　手翻氣沉
下落上起　力舉千斤
左右互換　手足莫紊

第五章　旋法會眞

旋法，性似旋風，在天干屬中央戊己，在五行屬土，取諸身為脾。脾者，意也，為人之元性，意能變通萬象，如土能生長萬物也。形之於身內，屬陰陽二炁闔闢之機，左旋右轉，一起一伏，兩者循環，形似璇璣，釋謂法輪，道名周天，孔云行庭。形之於拳法，性能，是一氣之開合，其形圓，其性實，無縱橫，旋轉似彈丸，萬法開端，能與各法相合，故曰土力也。形勢順，則內五行合，身體健壯，百疾不生；形勢逆，則氣努傷脾，脾胃虛弱，則五臟不克溶化食物，各疾因此而生，諸法亦失其真意矣。學者深思默悟而得之於身心，以通諸竅。步徑，斜八，正八，斜丁，正丁，內含八卦圖，圖列後。

法曰　天旋其外寒暑無窮　身旋其內術命相通
形之於拳開竅通靈　脾胃健壯百疾不生

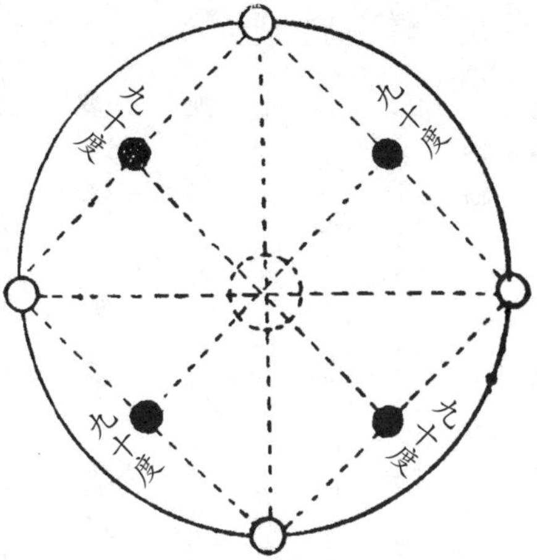

旋法步徑圖

旋法，與各法之步徑不同，由中央戊己土開始，以立正九十度之無極勢開步，左旋右為齊，（主也）右旋左為齊，此圖外圓內方，取天圓地方中央土之意。足之動機、開合，皆依正八、斜八、正丁、斜丁，或左向右，或右向左，九十度之步驟為之。其動機之四周，合三百六十周天之數，學者，悟此圖之禪機，遊身、化象、八卦、九宮之玄理，在其中矣。道云：

「得其一，而萬事畢」，即此意也。

第一節　旋法——開始

無極勢，先將右足向左足旁回扣，進步成八字勢（此謂之合），左手隨右足扣步時，向裏合勁，從胸前，順右乳上躦，至手心朝上，與頂相齊，肘與右膝相順，右手亦同時向裏合外扭，至手心朝下，大指緊靠右胯，頭頂，身擰，膝扣足蹬，目視左手心。

法曰

右足回扣兩足八形　左手上伸極力躦擰
左肘右膝目視手中　右手心下肱稍外擰
頭身挺起兩肱拗弓

第二節　旋法——化身

右足不動，左足向外進步，與右足成

旋法左轉身開步圖一

旋法左轉身開步圖二

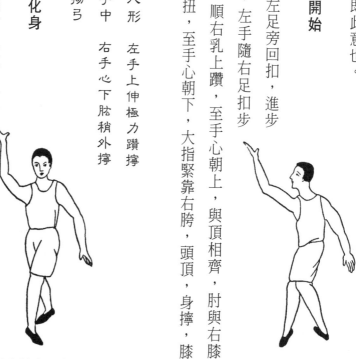

反八字（足謂之開），左手向外扭，用抓力，俟左足著地，隨向下攞勁，攞至左胯，手心朝下，肱稍外扭，右手亦同轉身開步時，向裏合勁，從胸順左乳上躦，與頂相齊，與左膝相順。頭頂，身擰，足蹬，目向右視，再進步化身，右足仍扣，左手上躦，右手下攞，與扣步圖一同，再化身與圖二同，數勿拘。如右轉化身，手足身法均同，收勢歸於無極休息。

法曰

左足進開八卦成形　左手抓擰下攞胯平

右手上躦手心平頂　右肘左膝挺勁身擰

兩足蹬力目視順平　右轉化身與此雷同

第六章　五法合一五行

天有陰陽闔闢之機，人有陰陽動靜之理；天有寒暑，人有虛實。天地合氣，別為九野，分為四時，月有大小，日有長短。人身陰陽不離呼吸，陰陽動靜，合乎天地，陰陽生化，分為四象，合中一行，內有五臟，外有五官，皆與五行相配。心屬火，肝屬木，脾屬土，肺屬金，腎屬水，此五行隱於內；舌通心，目通肝，鼻通肺，耳通腎，人中通脾，此五行發於外。且五行有相生之道，水得金而生，木得水而達，火得木而旺，土得火而多，金得土而生，陰陽化生萬物育焉。五行相剋，木遇金而伐，火遇水而滅，土遇木而剋，金遇火而缺，水遇土而絕，五行之氣，萬物盡然，豈可勝竭。且五法拳術之生，取義包羅萬象，五法之剋，以應敵，取其五種力也，生剋之理，取義命名，亦猶此意。五法分演謂之闢，合演謂之闔，單習謂格物，合而謂修身。單習不熟，且莫合演，因內中神化難得貫通一氣。

且拳法貴乎一氣呵成，不可中間斷意。五法合一演習，勢如連珠箭，無論地址大小皆可為之。小者，用八字步進退、轉身；大者，飛行九宮之步，使於遊身化影、縮身藏形。其大無外，其小無內，狹小之地，且不覺其小，方圓寬大之處亦不見其大。合一圖路線，謂之初步，如往寬大演之，至十二節旋法，（土力）不回身，仍接演左手飛法，（金刀）再演前勢。如回身，至旋法而回演，進退往返四十八勢矣。學者，依圖悟象形，神妙禪機，點穴妙法，劍術神化，諸器械應用，無不含藏其中，知此術可以通神明矣。

第一節　五法合一連珠——飛法開始

無極，左足，先向左斜進步；兩手同足進時，向裏合勁，至手心朝上，一齊極力向前伸出，左手與左膝相順，與肩相平，右手在左手腕下。手足，身法，勁意，仍與單習勢同，目視前

飛法開始圖一

五法合一五行步徑圖

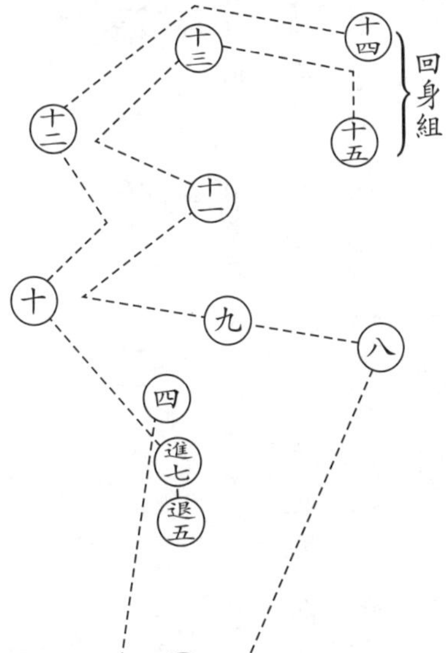

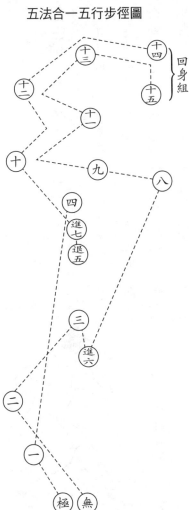

手心，謂之金力也。

第二節　飛法——化身

左足不動，右足前進；右手同足進時，順左肱手腕外，極力向前伸出，手心向上順鼻平肩；左手向裏合，至手心向下，順右肱往回拉勁，至右肘停住，目視前手心。一二圖手法，要連貫一氣為之。

第三節　雲法——化身一

右足，向右方斜進步，左足稍動；左右兩手，同足進時，向右橫勁，挺力，俟足著地時，陰陽合勁，左手心朝上前伸平乳，肱順右膝，右手心朝下，在左肘，大指靠肘，兩股相拗，目視左手心，謂之金生水。

飛法化身圖二

雲法化身一圖三

第四節　雲法——化身二

右足不動，左足直向前進步；左右兩手，同足進時，擰勁相抱，極力向前撲出，手指稍扣力，抓勁，兩大指相對，手心朝下與鼻相順平心口；頭頂，兩肱屈伸，兩股屈弓，腰挺起，臀坐力，目注意大指中間平視。一二雲法，手足身法意，要連貫一氣，不停為佳。

第五節　搖法——化身一

左右兩足不動原勢，雙足同時提起往後退步；兩手同足退時，向左陰陽合勁捋力，捋至右手朝上平乳，肘順左膝，左手心朝下，在右肘旁，相離四五寸，肱半弧形，目向右前平視，謂之水生木。

雲法化身二圖四

搖法化身一圖五

第六節　搖法——化身二

左足俟兩足同退著地時不停，隨往前進步，右足稍跟；左手同時順右肱極力往前發出，手心朝下平肩；右手亦同時向裏合勁，手心朝下回拉至左肘下平心口，大指相靠肘，兩肱屈伸合抱，目順左手中指平視。

第七節　晃法——化身一

左足不動，右足向左斜進步；兩手掌同足進時，向裏合勁翻上，如端物之意相送前伸，高與鼻平；頭頂，身挺，臀坐，目視兩掌中間，謂之木生火。

搖法化身二圖六

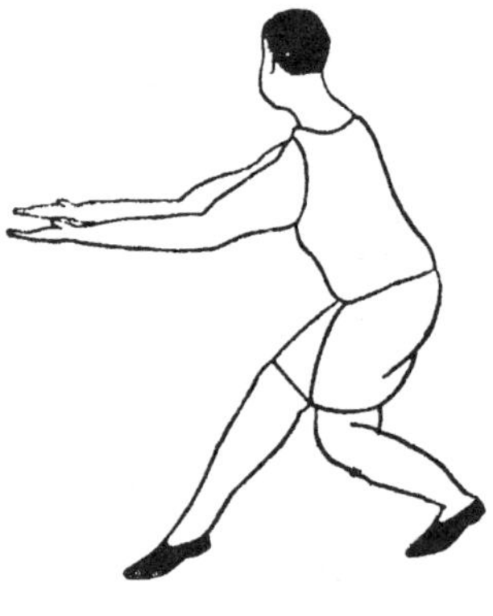

晃法化身一圖七

第八節　晃法——化身二

右足再向左方斜進步，左足隨向左大進步，著地；兩手端物之勢不動，亦同足進時向左搖肩，晃身，俟左足著地，猛將手掌向下翻勁平臍，如手中端物，翻勢擊碎之意；身向上挺力，目向前平視。

第九節　旋法——化身一

左足不動，右手向裏合勁，至手心朝上起躦，手與頂齊，肱順左肩；左手向回拉勁，至胯，大指靠臍；右足再向右，斜進步，右手俟足著地時，速向外扭勁，至極處向下抓力，按勁，下捋，順右膝肩，兩肱向裏有抱力；兩足蹬勁，目向右手平視，謂之火生土。

晃法化身二圖八

旋法化身一圖九

第十節　旋法——化身二

足不動，左手向裏合勁，至手心朝上，蹪起，肱順右肩，手齊頂；右手微裏合勁，下捋至右胯，左足向左斜進步著地，左手俟足著地時，速向外扭勁，至極點，向下抓力，按勁，下捋，順左膝平肩；兩肱要開展抱力，足蹬勁，目順左手平視。

第十一節　旋法——化身三

右足仍向右斜進步，左右兩手動作、勁力、神意，仍與旋法九節同，左足仍存原勢。

旋法化身二圖十

旋法化身三圖十一

第十二節　旋法——回身法

旋法，回身與各法象不同，右足在前右轉身，左足在前左轉身，轉時，前足稍動，後足向前足之外回扣步，與前足成大斜八字勢；左手同足扣時，向裏合勁，順胸極力擰躦，上起，手心朝上，高與頂齊；右手亦同時向下抓力，下捋，手掌至右胯停住；身擰，頭頂，股拗，目向右肩平視，謂之旋法回身。

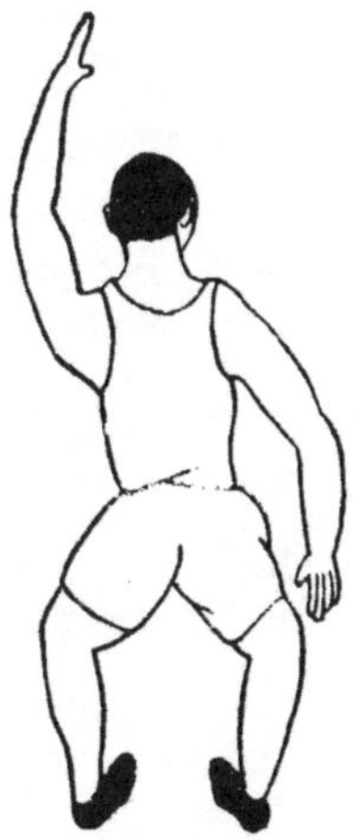
旋法回身圖十二

第十三節　飛法——化身

扣足不動，（即左足）後足隨轉身時向前進步仍順；右手同足進時，向裏合勁，至手心朝上齊胸，向前極力伸出，自極度，高與肩平；左手亦同時向外扭勁，下捋至胸，極力同右手前伸，

旋法回身化身飛法圖十三

手心朝上，至右肘下停住，目順右手心前視，謂之土生金，仍與飛法開始相同。再演左手，左足進步、化身，與二節飛法同。回演仍接左手雲法，左右互相演習，依此類推。

象形拳法真詮下編

竊考伏羲畫卦，取象而易成，修道之士，演象以延壽。鶴能養神，鹿運尾閭，龜善納氣，天性各賦，有延年之良能，而人不能，故先哲取義於法象也。靈空禪師，忝贊三教真法，通明禪理，發明玄機，取象於數理，立體於卦象，命名於道統，曰象形術。外形其象，內蘊其意，推演八象之化身，而練心、練性，悟三昧之竅奧，而養氣、修真。且八象之性靈，有三十二法象，億萬化身，只以龍善變化，虎長三絕，猿神靈空，吼獅威容，牛生蹠力，馬練腹實，象通筋絡，熊練丹田。

是術，不為而健身心，且又專工點穴（《點穴術》一書詳細繪圖，另付梓行世），其中有法，有則，盡理盡性。若能至誠不息，玩其象而悟其意，煉其性而養其神，效其良能，通其造化，可以易骨，易筋，洗髓，而益壽延年。若得其神妙，非口授心傳，學者難得其要素。其象可以形容，其神實難筆述，孟

先後天八卦合一圖

子云：「大而化之之謂聖，聖而不可知之之謂神」，正是此義，善練者，玩索而得之，則終身用之不盡也。

易云：兩儀生四象，四象生八卦，更推演為六十四卦，參伍錯綜，肇自太極。太極者，先天之祖炁，天地之始，萬物之祖，陰陽之母也。陰陽之母，乃是五行八卦之蒂，五行者，五法身也；八卦者，八法象形也，亦即先天、後天、內卦、外卦，合而歸一之道也。二者之分別，在後天能為先天之用，先天能為後天之體，性命雙修，即在於此（華佗五禽術論之最詳）。無先天，則後天無根本；無後天，則先天不完全，本之為言根源也。有先天之本，無後天之培養，則入於清靜、無為、枯禪、寂坐，不能以全其體。若欲先天健全，六陽純正，非借後天有象之身，以行其有為生化之道（即五法八象），不能補其先天真一之祖炁也。

但功夫初練時，四體之作用，心不合意，意不合氣，氣不合力，力不合勢，勢不合象，凡此不合，雖有順逆之分，要皆由於先後天不合之故耳。

以象形之理而言，分則謂之先天後天，合則謂之混元一炁。以先天言，五法八象無形之意（外靜內動之意），即身中無象之八卦也；以後天言，則四體動靜、開闔、伸縮，即有象之八卦也（八象法身）。然從此分，指先後兩天而言也，若合先後天而言之，則曰「太極」。

太極者，天命之性也，秉於心者，謂性，發於心者，謂意，意之所至，則四體百骸莫不聽其指揮也。若欲練習合一之體，得其神化之道，故須莫犯三

害，九要八論更不可失，依象形之規矩，次第運用而習之，久則若合符節，得其神化之理，不難妙極神明，自然發揮，一至火候純青，剛柔相濟，象無象，意無意，無意之中是真意，登峰造極，達其境矣。

此八卦八象合一之解釋，練功之要著，殆盡於此。《中庸》云：不見而章，不動而變，無為而成，其所在斯乎，苟學者，至誠無息，心體力行，通其變，極其數，引而申之，觸類而長之，則斯道之能事畢矣。

第一章　震卦龍象會眞

☳震仰盂，震卦，雷象，震得乾初陽，主生長，其性屬陽木，故居正東木旺之方。取諸身，在臟，為肝，又為心，屬離火。象之於物為龍（龍性陽含眞陰），《丹經》云：龍從火裏出。龍之為物，其動生雲，雲從龍，龍生六氣，在拳象之有六法：㈠降龍法（謂龍象蹤）；㈡雲龍虎顯（又謂遊空探爪）；㈢龍飛萬里（又謂神龍鬧海翻江）；㈣神龍縮骨（又謂抖甲）；㈤潛龍在淵飛龍升天（《易》云在田在天）；㈥神龍擊地（俗稱劈雷擊地）。

以龍之性靈言，神生目，威生爪，炁發丹田，勁起湧泉，剛柔屈伸，纏繞驚抖，隱現莫測，動如雲行萬里，勢猶虎賁三千。與虎炁相接，一升，一降，互為循環，道家謂之水火相交，外剛，內柔。其象合，心內虛空，清氣上升，而邪火下降，三田往返，關節通靈；其象謬，則氣努，肝火旺，身被陰火焚燒，而心竅不能開矣。學者，深思格物，勉力求其要義，以術延命。圖解、步徑列後。

法曰 震卦陽木五臟屬肝　心為離火龍性起源（古仙云：降住真龍丹可圓）

龍生六氣雲龍虎顯　神威生目炁發丹田

剛柔屈伸莫測隱顯　關節通靈三田往返

心竅開朗道法眞源　龍法心得性源永安

（《丹經》云：心性源頭參不透，空從旁路去尋眞）

龍象路線

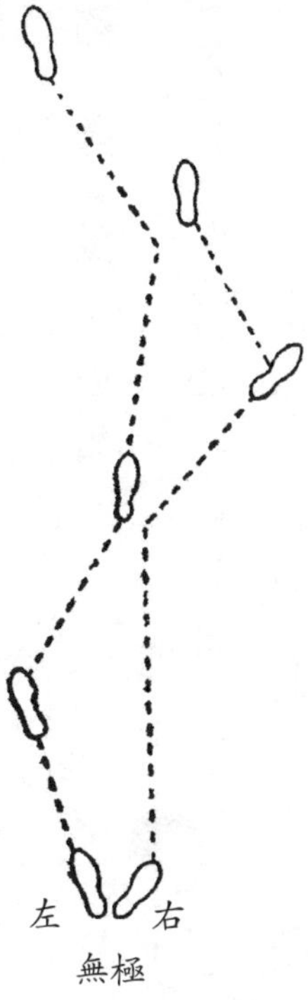

第一節　降龍象——開始

無極，先將左足向斜前進步，足心懸起，趾抓地，右足不動；左膝提勁，足腕挺力，右膝跪勁，兩股屈弓，兩膝裏扣，小腹放於兩腿根上，腰挺起；兩手同足進時，向裏合勁，合至手心陰陽相對，如捧重物相送之意，極力向前伸出，伸至左手心朝下，高齊眉，與鼻相順；右手心朝上，伸至左手腕下，相離五六寸，平喉；兩肱屈伸抱撐，肩肘鬆開，微要垂勁，頭勁頂起，脊柱直豎，臀坐力，怒目視左手大指。練此勢心內不用力，先要虛其心，聽息下行，至關節通靈時，再化右法象。

降龍法象圖一

第二節　降龍象——右化象

左足先向右斜進步，右足隨同向前大進步；左右兩手心相對不拳回，同足時進，向右陰陽合

降龍法象圖二

勁，扭力前伸，右手心朝下，伸至高齊眉，與鼻相對；左手心朝上，仍在右手腕下，離五六寸，平喉。手足身法意，與開始相同，怒目視右手大指，停住。學者練此左右二象，宜慢不宜速，一勢要站五六分鐘工夫，左右化象，皆依此法，故謂之降龍蹤。

龍象各身法，皆用此法開始，書此二圖，以備學者單習。若演縮骨抖甲，仍歸開始一圖為之。

第三節　龍象——化象一

降龍一圖，左足往右足前斜進步，足尖斜橫向外；兩肱不拳回，左手同時再往裏扭勁至極處，手心向上，躦過頂抱頭；右手往下合抱伸力，掌心朝內，順左胯，齊脅，兩肱合抱勁。形勢右肩左膝，兩股相拗，頭頂，身擰，骨縮，腹在腿根上。氣沉丹田，怒目，順右肩上視，謂之神龍縮骨。

神龍右縮骨圖一

第四節　龍象——化象二

左足不動，右足往前進步；右手同足進時，極力猛向外，往上翻力抖勁，抖至手半朝前，高齊頂，與膝足相順；左手亦同時向裏合，抓勁，往下捋至手心朝下平臍，相離七八寸。頭頂，身挺，臀坐，尾搖，晃身，怒目視右手虎口。

第五節　龍象——化象三

左足不動，右足斜橫往左斜進步；兩肱不拳回，右手同足進時，向裏扭勁，至極處，手掌上起過頂抱頭；左手往下合抱伸力，順右胯齊脅。形勢，勁力，兩肱合抱，左肩右膝，兩股相拗，頭頂，身擰，骨縮，腹在腿根上。丹田沉氣，怒目順左肩上視，手足身法意，與右一圖同。

神龍右抖甲圖二

神龍左縮骨圖三

第六節　龍象——化象四

抖甲，手足、身法、勁力、神意，與右二抖甲圖同。

再演縮骨、抖甲，仍同前，唯練習縮骨、抖甲二勢，要一氣呵成，方得其真意。

第七節　龍象——化象五

右足在前，左轉身，左足在前，右轉身。

【右轉回身法】右足稍動，左足向右回扣，進步與右足成大八字勢；兩肱同時合抱力，左肱不拳回，向裏合勁，合至手心半朝上，過頂抱頭，右手亦向裏合抱力，至手心半朝內，在左脅（相離六七寸）。形勢右肩左

神龍左抖甲圖四

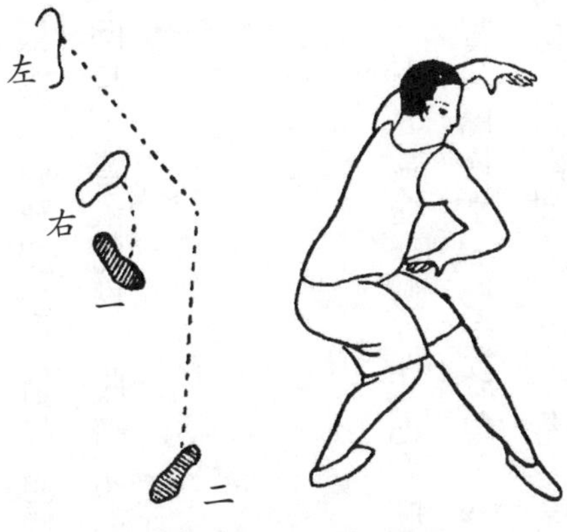

神龍右轉回身縮骨圖五

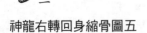

膝，兩肱屈抱，兩股屈拗，頭頂，身擰，骨縮，氣沉，腹在腿根，目順右肩平視。再回演，手足身法意，均與前化象同，左右回身，皆依此推，收勢原地休息。

第二章　兌卦虎象會眞

☱兌上缺，兌卦，澤象，得坤末陰，主消化，其性屬金，故居正西金旺之方。取諸身，在臟為肺，屬陽明燥金之氣，又為腎，屬坎水。形之於象，為虎（虎性陰含眞陽）道經云：虎向水中生。虎之為物，動則御風，風從虎，虎炁六法，以拳象之有六勢：㈠伏虎法（又名虎樁）；㈡猛虎出林；㈢猛虎搖首搏食（又名翻蹽攫食）；㈣猛虎奔坡（內藏爬心剖食，又名怒虎驚哨）；㈤猛虎搖首擺尾（又名虎坐抖威，又名單爪搏食）；㈥猛虎搜山（又名搖首返身）。

以性情言之，虎性靈，精壯有生氣，勁力起於臀尾（名督脈穴），頭頂，爪抓，周身鼓蕩，意相搏擊，精炁催身，神發威嚴（神氣精意目力也），進退猛烈，橫衝豎撞，浩氣勃勃，呼嘯叱吒，谷應山搖，像猶虎賁三千，氣若龍飛萬里，與龍法之炁，聯屬升降，丹經謂之水火既濟（演龍虎二法，非精神圓滿內炁充足，不能得其要素）。形容於拳法，剛柔相濟，法象順，則督脈通，督脈為百脈之源，仙佛成道之途徑，督脈一通，百脈皆通，則肺金氣合，先天炁足，習久自臻上乘；法象逆，則肺金氣努，而百脈亦因之不貫通，諸化象亦無法身矣。學者苟細心默悟，不難得龍虎二炁之要素，以健身心，而性命雙修焉。圖解、步徑，列後。

虎象合法路線

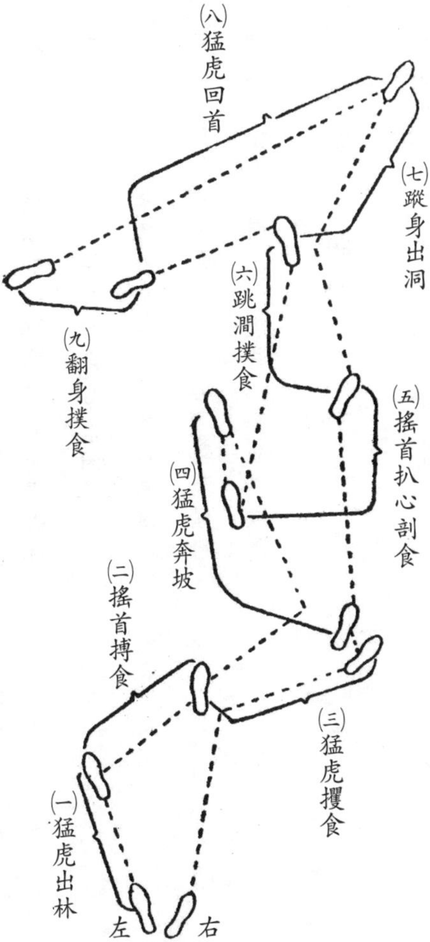

法曰

兌虎命根五臟屬金　動則脚風猛虎出林

（《丹經》云：伏住眞虎命永固）

靈氣貫頂鼓蕩周身　象取於拳神氣催人

勁起臀尾動生風雲　叱叱谷應勃勃精神

虎貴三千威力逼人　虎法心悟立即成眞

第一節　虎象——開始

無極，右足不動，左足向左前進步；兩手同足進時，掌心朝下，猛向前，平胸撲出，手要有摧搓抓按勁力，兩大指相對，平心口，與鼻相順；兩肱屈伸抱撐，肩窩吐氣，意達指心，身腰挺勁，兩股形曲，足趾抓地，臀坐搖尾，頭頂，怒目，眼順兩大指中間前視，謂之出林。

猛虎出林圖一

第二節　虎象——化象一

左足，向右斜橫進步；兩手不拳回，掌心仍朝下（虎象之手心朝下，演法身永不朝上），同足進時，向右搖肩，晃肱，手往上起，至平頂，向下斜撲出，撲至兩手平心口；身腰有擰、縮、伏力，右手肘順左膝，向前屈伸，左手在右手腕後，兩肱屈伸，兩股剪子股勢，怒目順右手背前視，謂之搏食。

第三節　虎象——化象二

左足不動，右足隨往前大進步，著地；左右兩手，俟右足著地時，極力猛向前推出，兩肱屈伸撐抱，肩要鬆開，掌平，朝前，有摧搓抓按勁力，頭欲衝人，足欲踏人，氣欲催人，神欲逼人，威猛迫人，怒目順兩手中間前視。

搖首搏食圖二

猛虎伏身攫食圖三

第四節　虎象——化象三

右足稍進，右手不拳回，掌心向左平合，合至平順左肩；左足隨向前進步著地，左手亦同時順右肱向前推出，平心口，右手俟左足著地時，手心合下向後回拉至左肘下臍上；兩足蹬勁，頭頂，腰挺，怒目，順左手背前視。

第五節　虎象——化象四

兩足同時提起換步，右足向右進步，左足向後稍退步，兩足成斜丁勢；兩肱不拳回，右手心朝下，同足換步時，順左肱向前伸開，至極處，用抓勁，下按力，高與心口相平，足尖鼻尖相順；左手亦同時抓力，撕勁，回捋至右肘旁平臍；兩肱屈伸撐抱，足趾抓地，挺勁，臀坐，胯墜，尾搖，晃身，抖肩，怒目，順右手背前視。

猛虎搖首奔坡圖四

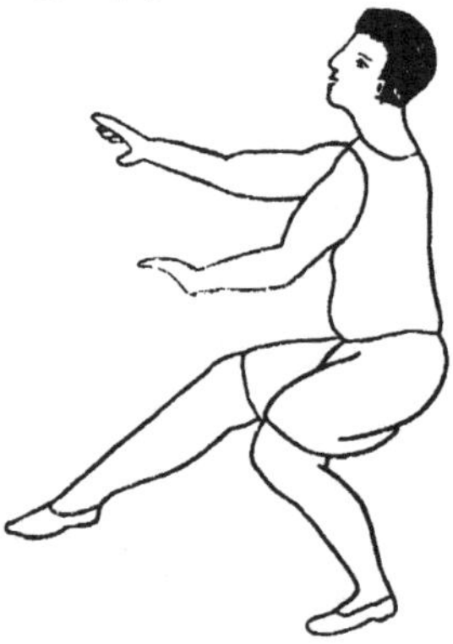

搖首扒心剖食圖五

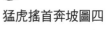

第六節　虎象——化象五

右足不動，左足斜橫，向前進步；左右兩手，同足進時，齊往前伸，出至極處，高平臍，右手稍向前，左手在右手腕下，兩肱屈伸；腿剪子股勢，身腰伏勁，臀向後坐力，腹放腿根上，氣沉丹田，怒目，順右手背前視。

第七節　虎象——化象六

左足不動，右足向前進步；左右兩手，同足進時，向懷中摟勁，至肘，對臍不停，仍極力猛向前抖勁撲出，掌出平心口，大指相對；頭頂，足蹬，搖首，怒目，坐胯，挺膝，目順大指中間前視。

跳澗撲食圖六

猛虎縱身出洞圖七

第八節　虎象——化象七

左足在前，右回身，右足在前，左回身。回身時，前足微動，後足向後退進步；左右兩手不拳回，向前仍存原勢，身腰伏力，頭頂，往回，後扭勁，神意，怒目，順後腿向前遠視。

第九節　虎象——化象八

左足不動，右足向前大進步；左右兩手，朝下隨足進時，向左一同橫勁斜行撲出，左手稍向前伸，右手在左手腕下，兩肱屈伸；腿似剪子股勢，身腰下伏，腹在腿根，臀部後坐，頭頂，怒目，眼順左手背前視；再進步，化象、勁力、神意、手足法身均與猛虎出林一圖同，左右化象，

猛虎伏身回首圖八

回首返身搏食圖九

互相聯絡，演之均同，數勿拘。推演此合法，須連貫一氣呵成，不可中間斷意，收勢無極休息。

第三章　坎卦馬象會眞

☵坎卦，水象，坎陷也，坎得坤中陽，陽陷陰生，陽入而生潮，故有坎中滿之象。取諸身內，則為意，意出心源，故道經名意馬。意屬脾為土，土生萬物，而意，通變萬象。以性情言，謂之心猿，以象形言，謂之馬象。馬是離宮火畜，而居於坎位，坎屬水，故有坎離相交，水火既濟之功。

法象於拳，用言，有龍之天性，有抖毛之威、跡蹄之功、撞山跳澗之勇，外剛，內柔，具有丹田炁滿之能力，中心虛空之妙象。其法象和，心中虛靈，丹田炁足，陰火消滅而清氣上升；法象不和，則腎水虛弱，先天失調，心中邪火不降，反為陰邪所侵，各疾因此而生。學者最宜細心研究，得其妙道，而體健身輕。圖解、步徑，列後。

法曰　坎中水滿意生心源　脾為後天腎為先天

意馬心猿坎位中安　法象於拳抖毛跳澗
剛柔兼併炁滿丹田　心中虛靈身輕體健
水火即濟性命雙練　得其妙道於佛有緣

馬象行步路線

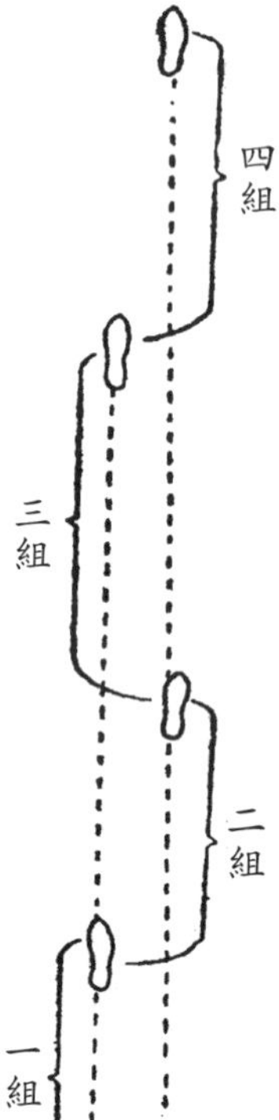

第一節　馬象——開始

無極，兩足立正面微仰（練此象先宜調息），從鼻中吸氣，綿綿不斷，一直吸入丹田，微停（謂之後天深吸機）。此時兩股下屈，左足直向前進步，左右兩手同足進時，掌心半朝下，指分開，平小腹一齊極力，猛向前伸，伸至與心

馬象吸呼二機圖一

口相平，兩大指相對；吸機之氣，俟手足前進發出時，一同呼出（呼機），兩肱屈伸，右膝下跪力，左膝提勁，足蹬力，腹在腿根，臀部下坐，頭頂勁，目順兩掌中間前視。

第二節　馬象——化象一

左右兩足不動，兩手心朝裏合，向懷中抱勁，抱至臍腹，兩手大指、食指、中指相對成△象形，兩肱肘成陰陽魚象◐，鼻子亦同時綿綿不斷，向丹田內吸氣，頭上頂，腰身上挺；兩股內意，似伸非伸，足趾蹬力，目向前平視，謂之坎中滿（後天吸機）。

第三節　馬象——化象二

左足不進，右足向前直進步；左右兩手同足

馬象吸機圖二

馬象吸機圖三

進時，手心半朝下，從臍向前極力猛勁發出，平心口，吸機之氣，從丹田亦同時呼出。手足身法意，與一節一圖同。向前接演，吸機手向回合抱，呼機手向外發出，數勿拘，自便。

第四節　馬象——化象三

左足在前，右轉身，右足在前，左轉身。

【左轉回身法】左足向右足傍進步，回扣成大斜八字，右足隨提起併立，足尖著地；左右兩手，同時亦向懷中合抱，掌心至臍，大指食指中指相對，兩肱仍陰陽魚象，氣亦同時吸至丹田，頭頂，身挺，股屈，目向前平視。回演吸機手合抱，呼機手伸出，左右回身均同。練此法象，宜靜不宜動，總宜深呼吸為佳，久練百日純工，則丹田氣足而堅凝，腹硬如石，有不思議之妙趣，《老子》云：「身輕腹實」，正是此意也。以後手足動作，皆依法規為之，收勢原地。

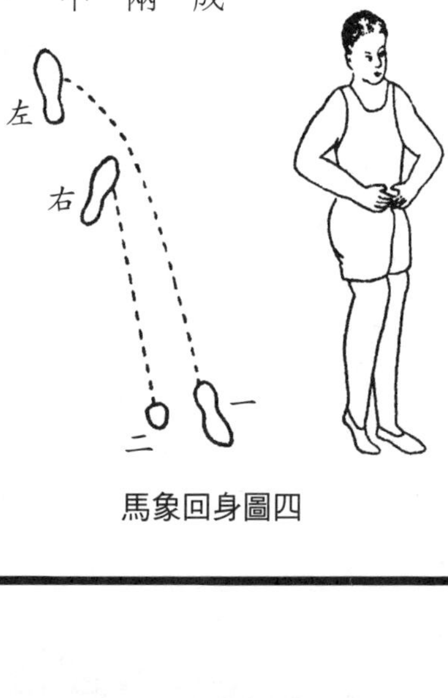

馬象回身圖四

第四章　離卦牛象會眞

☲離中虛，離卦，火象，為陰中陽，陰借陽生明，故居正南火旺之方。取諸身，為性，性定為禪，性動為機，又為心，心中有虛空之象，象取於物則為牛象。牛之為物，秉土氣而生，有九宮之稱，有火土合德之義。

象形於拳，外剛，內柔，兩足能栽根，性有挺勁之力（挺頸精神貫頂），有擺角之威（骨骼生鋒芒），有廝鬥之勇，與猛虎相搏，而其肘，且具有按點之術。其法象順，則心中虛靈，抑心火，滋腎水，通任開督，真精化炁，流通百脈，灌溉三田，驅逐一身之陰邪，滌蕩百脈之濁穢；其象逆，則心竅不開，脾衰胃滿，五臟失調，而象內神化不能得。學者，精力做去，以開心中靈竅，而得神化之妙道，圖解、步徑列後。

牛象行步路線

步徑謂之半騎馬勢

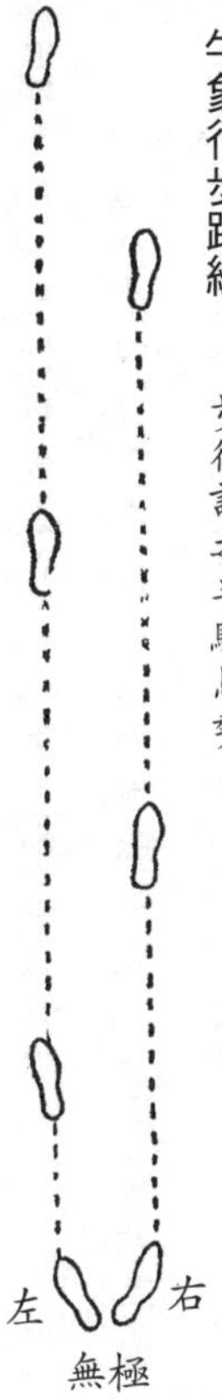

法曰

動則為機禪定為性　心生虛靈道謂空空
通任開督化炁真精　流通百脈灌溉三宮（黃庭土釜泥丸）
象形於拳擺角挺頸　猛虎相搏廝鬥之勇
肘有按點步行九宮　精力做去神化自生

第一節　牛象——開始

無極，右足不動，左足向前進步；左右兩手，同時攥拳，掌心向下，一齊從小腹，分張伸開平肩，手背向上，虎口相對，離八九寸，兩肱合抱，肘向外扭；兩股屈弓，足半騎馬勢，臀部下坐，與兩膝蓋平行線稍高，頭頂，身挺，胯墜，氣沉丹田，瞪目向前平視。久練此象，足下能生千斤力。

牛象開始圖一

第二節　牛象——化象一

左足不動，右足半騎馬勢，向前進步；兩肱兩手不拳回，仍存原勢，同足進時，搖肩，晃身。手足身法意，與一圖同，左右互相化象，進步皆依此推，數勿拘。

第三節　牛象——化象二

左足在前，右轉身，右足在前，左轉身。

【右轉回身法】左足往右足後進步，扣成大斜八字勢；左右兩手原勢不拳回，右手拳隨轉身時，向裏擰肘，擰至順乳，拳心朝上，左拳亦擰至平肩，兩拳心相對；身腰向右擰勁，目順右肩平視，謂之犛牛擺角。再回演，兩手兩足，仍歸原象，左右回身法均同，收勢歸原地休息。

第五章　乾卦象象會眞

☰乾三連，乾卦，天象，乾陽之性也，三爻

牛象化象圖二

牛象回身擺角圖三

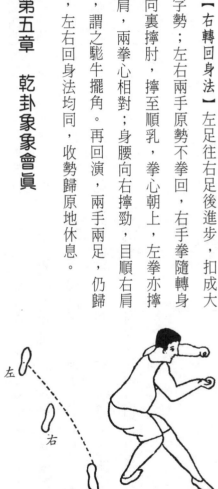

相連，其性屬金，以象體言，謂之天，以性情言謂之乾，以其不能生育萬物，故退居西北陽弱之方。其象於物，則為象，象為南方水中之獸，水生木，取諸身則屬肝肺；象之於拳法，外柔，內剛，能附蓋肝肺，活通筋絡，有屈伸、捲擲之特能，故象勢順，則肺金肝木氣和，血脈舒暢，精神活潑，神力倍增，而無咳嗽目疾之患；法象謬，則乾遇震四體不得中和，乾臨坤心竅不能開朗，筋絡發拘，百骸關節失靈。學者，宜果力精心求其神化，證悟其理，以得其道。

圖解、步徑，列後。

法曰

乾卦三連金木之精　退居西北因其不生
物形為象神力無窮　象形於拳身力反弓
筋絡舒暢關節通靈　伸曲捲擲精炁培增
淂其神化果力求精　證悟其道即見虛空

象形進步路線

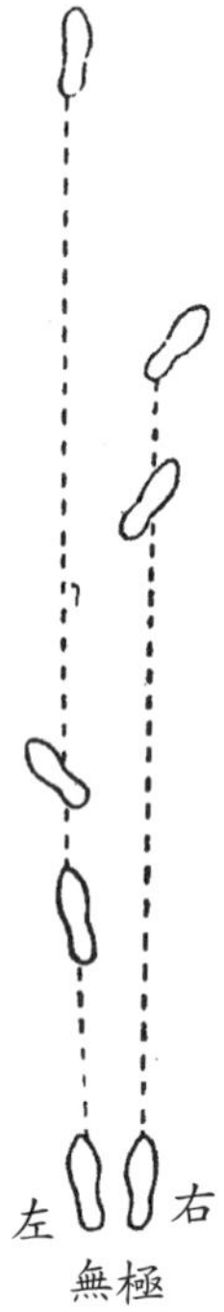

第一節　象象會意——開始

無極，左足向前直進步，右足不動；左右兩手，同時掌心半朝上，平心口，向前直伸，伸至與頂相齊，左掌順鼻，右掌中指、食指、無名指，在左手腕下相靠；兩肱屈伸，肩鬆開，兩股屈弓，臀坐，胯墜，足蹬力，目順左掌心前視。

象象開始圖一

第二節　象象——化象一

再將左足尖向外斜橫進步，右足仍不動；左右兩掌心，同時往裏合勁，陰陽相合，向下捋，身子亦向下伏；右手肘捋至在左膝，左手捋至在右肘下，兩掌心，半陰陽相對。身法：右肩、左膝，兩股剪子拗勢，臀後坐，頭頂力，目向上視。

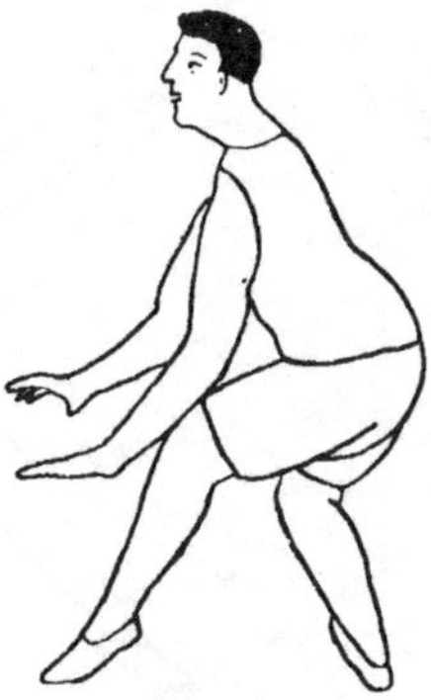

象象圖二

第三節　象象——化象二

左足不動，右足向前直進步；兩掌心相對，同足進時，一齊向上伸出，身子亦挺勁，右掌心半朝前，伸至左掌腕下；兩肱屈伸，肩鬆開，兩足蹬勁，兩股屈弓，目順掌前視。再向前演，兩手陰陽向下捋勁，身子下伏勁，與二節二圖同；再化象，三圖同，左右互相化象，均同，數勿拘。一二三圖，要一氣呵成，不可中間斷意。

第四節　象象——化象三

左足在前，右轉身，右足在前，左轉身。

【左轉回身法】右足向回扣步，足尖與左足尖相對；左手同時向裏擰勁，擰至手心朝上齊

象象圖三

象象左轉回身圖四

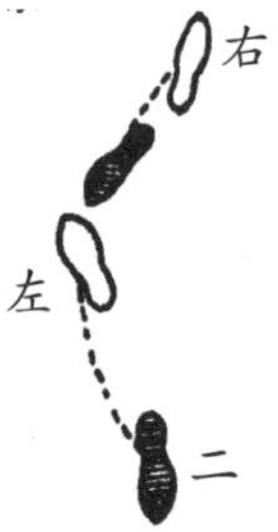

左轉回身線

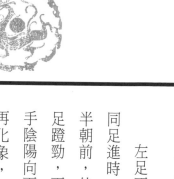

頂，右手向下合勁，合至左肘下，左足隨同前進仍順，兩掌相對，亦同時擰勁向前伸出，伸至與頂相齊；兩肱屈伸，身腰挺力，臀下坐勁，目向左手背前視。左右回身，手足身法意均同，收勢歸原地休息。

第六章　艮卦獅象會眞

☶艮卦，山象，艮止也。艮得乾之末陽，主靜，其性屬陽土，故居東北陽弱之方。取諸身內，則為胃陽之氣，以胃氣滋生各臟，故象發於外，而化身萬象。取諸於物為猛獅，其象生威嚴，其性最勇猛，有攫食虎豹之力，有抖毛之威。象取於身心，蘊於內者為意，意可蘊，亦可發，意由心出，性由心生，性定神寧，則心藏於淵（謂之聚精會神）。氣要綿綿，三田上下而往返，精炁透泥丸（此節為禪功妙道），發於外而為獅象，以四體、百骸，運用而形其象，效其神意。

威嚴猛烈，龍蹲虎坐，搖首怒目，晃身擺尾，而運尾閭，坐胯挺膝，而倒委窩。神發於目，威生於爪，炁發丹田，勁起湧泉，頭頂，足蹬，肩垂，兩肱抱撐，神意（勁力也）貫爪，丹田蓄炁（吐氣發聲），鼓蕩周身，吞吐驚抖，關節靈活，筋絡伸縮（有纏繞縮放力）。動如神龍探爪，蹲似猛虎出林（此法象內含龍虎二炁，故有是論），神意合一，光線芒芒，長伸（有攻擊力）大撲（有擒拿力），短用（有返弓力）猛翻（有蹦縱力），神氣逼人，身力催人，步要過人，足要踏人，手要抓人，大小關節，無處不有分爭含蓄混元力，外柔，內剛，外靜，內動，有丹田炁足之妙，有中心虛空之靈。

其象順，誠於中發於外；其象逆，而神炁虧，難入其境，學者深思格致，以得其神意。圖解、步徑列後。

法曰

獅象性體其靈最猛　抖毛之威虎豹心驚
取之於意心定神寧　尾閭中正精炁貫頂
炁生綿綿即是禪功　象形於拳神威爪鋒
丹田蓄炁吐氣發聲　鼓蕩周身吞吐抖驚
關節靈敏中心虛空　淂其妙理法象為宗

獅象行動路線

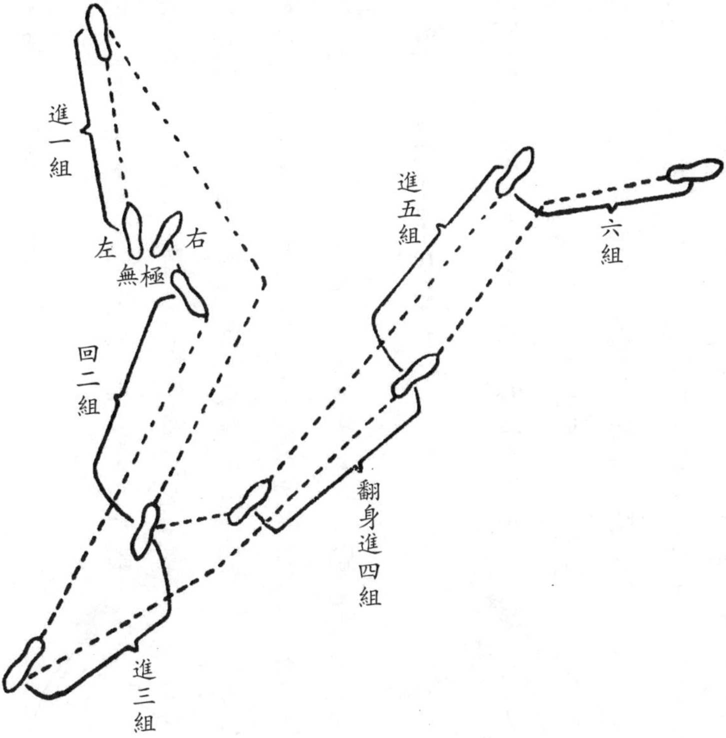
進一組
左
右
無極
回二組
進三組
翻身進四組
進五組
六組

第一節　獅象——開始

無極，右足不動，左足向左進步；左右兩手，掌心半朝前，同足進時，平胸猛向前，一齊撲出，與心口相平，兩大指相對，掌有摧搓抓按勁力；兩肱抱撐屈伸，肩窩吐氣，力貫指心，身腰挺起，兩股弓屈，足趾抓地，頭頂，目怒，尾搖，坐臀，精炁摧人，目順兩大指中間前視。

第二節　獅象——化象一

右足向後退進步，左足隨向右轉身大進步，進至右足前；左右兩手不拳回，掌心向下，同足進時，用橫勁挺力，往右畫半弧形，俟右手順右胯時，向回攏勁合抱，抱至肘順心口，掌心半朝上，左拳亦抱勁，合力至右腕傍平肩，相離七八寸，兩掌半相抱，似抱球之意。身腰擰勁，兩股相扣合拗，

猛獅滾球圖一

猛獅回首抱球圖二

目順右肩前視。

第三節　獅象——化象二

左足不動，右足向右前進步，左右兩手同足進時，身腰挺勁，一齊向前，猛烈右擰，摧搓撲出，兩肱屈伸，大指相對，指掌有摧搓抓按力；臀後坐勁，兩股屈弓，足趾抓地，頭頂，怒目，搖首，擺尾，鼓蕩周身，神氣逼人，目向兩大指中間前視。

猛獅滾球圖三

第四節　獅象——化象三

左足（在後之足）向回後退進步，右足隨轉身斜橫，向左足前大進步；兩肱不拳回，掌心朝下，同足進時，一齊向左搖肩晃肱。手往上起，俟至頂斜橫向前撲出，撲至兩掌在心口下，與左膝相順，左手前伸，右手在左手腕後；兩肱屈弓，身腰有擰縮伏力，兩股弓屈相拗，頭頂，怒目，順左手背

猛獅翻身撲球圖四

前視。

第五節　獅象——化象四

右足不動，左足向前進步，左右兩手同足進時，身腰挺勁，極力一齊，猛向前平胸撲出；兩掌半朝前，有摧搓抓按勁力；兩肱屈伸抱撐，肩窩吐氣，神意貫指；頭欲衝人，足欲踏人，爪欲抓人，神欲逼人，氣欲摧人，搖首，擺尾，坐胯，挺膝，怒目前視。

第六節　獅象——化象五

左足不動，右足向右進步；左右兩手陰陽相合，向左捋勁不停，同足進時，向右極力猛烈撲出，與第一節開始一圖同。

以上六節，謂之左開始，化象，再演，右化象，六節，為右一圖之開始，

猛獅搓球圖五

猛獅搖首撲球圖六

二、三、四、五圖手足、身法、勁力、神意均與左化象同，收勢，歸於左開始一圖休息。

第七章　巽卦熊象會眞

☴巽下斷，巽卦，風象，巽入也。巽得坤初陰，主潛進，其性屬陽木，故居東南陽盛之方。其於物也為熊，熊之為物，其性最鈍笨，而剛直不曲，象最威嚴，有豎項之力。其象外陰而內陽，屬之人身為肝，能使心中虛靈下歸丹田，真精化炁，補還於腦（古仙云：欲得不老，還精補腦，正是此象之要義）。法象於拳，以心意效其性能，有晃海（下丹田腰身）移山（兩傍）之力，有拔山之能，鬥虎之勇，抖擻之猛。其象順，則真精化炁，穿關，透頂，入泥宮，永無頭痛肝目之症；其象不順，則真勁不能貫徹四體，流通百脈，反為陰火所侵，心竅不能虛空，而生頭眩目暈之疾。學者，於此法象，當至誠無息，以求其真意，而得之於心。圖解、步徑列後。

法曰　熊之為物其象威嚴　外陰內陽身中心肝

靈性下降水火注返　意效其象晃海移山
抖擻鬥狠精神勇敢　真精化炁上升泥丸
流通百脈灌溉三田　得其妙道體健身安

熊象行步線

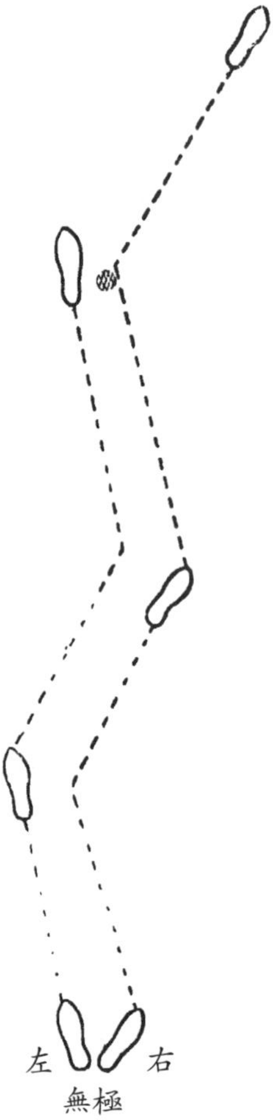

第一節　熊象——開始

無極，左足向左進步；左手同時向左順膝，掌心半朝上，上起推出（似推物之意），肱半屈伸，肘暗含勁，指掌平肩，右肱肘，向裏合扭力，扭至右掌心朝下，向後在胯；兩股勢屈，頭頂，晃肩，搖身，挺腰，沉氣，坐臀，目順左掌

老熊出洞左推山圖一

大指梢前視。

第二節　熊象——化象一

左足不動，左掌向裏合勁，合至手心朝下，順膝下捋至左胯，手指向外扭；右足提起，俟靠左足脛骨不停，隨向右進步，右手亦同時向裏合勁，合至掌心朝上，順膝向右推出，平肩，肱半屈伸，肘暗含勁；搖肩，晃身，頭頂，尾擺，目向右掌上視。再化象，進左足出左手，進右足出右手，左右互相化象，手足身法神意，皆與一二圖相同，數勿拘。

第三節　熊象——化象二

左足在前，右轉身，右足在前，左轉身。

老熊化象右推山圖二

老熊左轉身望日圖三

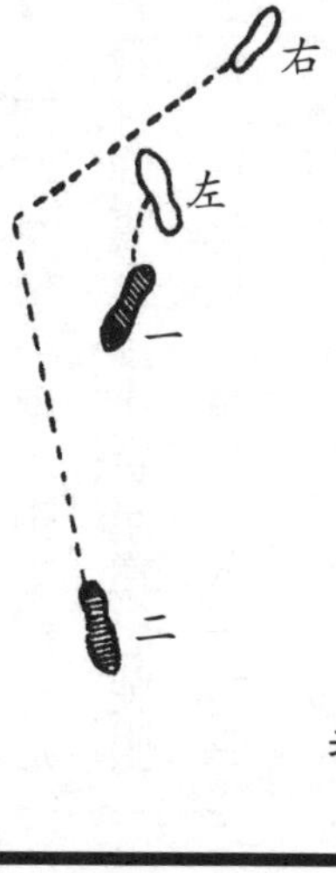

【左轉回身法】左足後退進步，右足隨轉身，向左足傍前進，扣步與左足成大斜八字勢；左手原勢，仍在左胯，右手隨轉身，向裏合勁，合至掌心朝上齊鼻，肱半屈伸，肘暗含勁順右膝，目向左斜上視。再化象，右掌下落，左掌上起推出，仍歸原象。左右回身法依此，收勢原地休息。

第八章　坤卦猿象會眞

☷坤六斷，坤卦，地象，順陰之性也，其性屬陰土，以象體言，謂之坤，以性情言，謂之地，其於物也為猿，性最機警而靈巧，有縱跳之神，伸縮之法，化身變象不測之妙。取之於身內為心，心為一身之主宰，心定則神寧，心動則變化萬象。

猿性好動而無定，人心好動，出入無時，莫知其鄉，取名心猿，正此義也。道經有言，鎖住心猿為修性，拴住意馬為立命，譬喻至為顯著。象形於拳，其功用，有封猴掛印之精，有偷桃上樹墜枝之性，有返身旋轉，三閃六躲之靈。

法象順，則心內虛空，而神炁圓滿，身輕體健，動轉靈活；法象逆，則心竅不開，靈光不生，骨節失靈，四體失和，迄無學成之一日焉。學者，倘虛心誠意，仿之，效之，積久而神意逼真，其象成矣。圖解、步徑列後。

法曰

猿之為物其性最靈　三閃六躲天生奇能
法象於拳縱跳身輕　取諸人身心無定形
心若大定即得禪功　至誠無息法象神通

猿左右化象路線

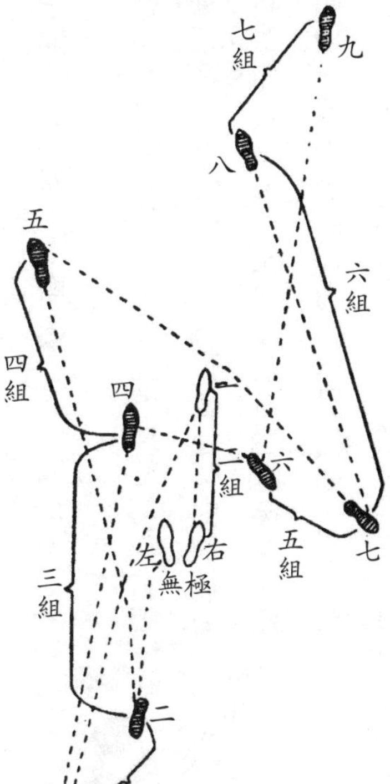

第一節　猿象——開始

無極，左足不動，右足向前進步；左右兩手，同足進時，掌心朝下，一齊上起，向前極力出伸，右手伸至過頂，左手伸在右手腕後；肩鬆開，肱屈伸，五指張開抓力，兩股勢曲，足指蹬力，臀坐，尾擺，搖肩，晃身，頭頂，目瞪，眼順右手背前視。

第二節　猿象——化象一

【左轉身】左足向後退進步，右足尖斜橫向左轉身，進步著地，兩股相拗，左右兩手亦同時往回捋勁，俟右足著地不停，順左膝向前直伸，手心朝下，右手心朝下伸至掌在左肘，身腰向下伏勁，頭向後扭，目向後上視。

老猿掛印圖一

老猿轉身回首望月圖二

第三節　猿象——化象二

左足稍動，右足回退，向前進步；左右兩手陰陽相合捋勁，俟右足前進著地時，一齊向前伸開不停，再向右扭，扭至左手心進上齊鼻，右手扭至掌心朝外齊眉；兩肱皆半圓弓，兩股弓屈，相拗。法象，左肩，右膝，身腰擰力，目順左掌上視。

第四節　猿象——化象三

右足不動，左足直向前進步；左右兩手，陰陽下合，一齊向左擰，至右肘順左膝，掌心朝上齊鼻，左肘擰至平肩，掌朝外齊眉。此兩手法不停，左手下合，順右肱向前直伸過頂，手心朝下，右手裏合，手心朝下，回拉至左腕後肘前，兩肱直伸，指

老猿墜枝摘果圖三

老猿抖身圖四

爪有抓力；搖肩，晃身，目順左手背上視，與第一節開始一圖同，○以上四節謂之右開始，再演左化象，四節為左一圖之開始，二、三、四圖，手法、身法、神意均與右化象同，收勢歸於右開始一圖，休息。

靈空禪師點穴秘訣

靈空禪師
五台道僧
兩度花甲
其顏猶童
訪道求眞
偏歷各省
五禽傳法
象形會（悟也）宗
以術益壽
普度衆生

虛無上人靈空禪師之像

序

吾國文化最古，此世界列強所公認，蛟龍猛虎之威，又為人類所能道者也。薛君顛所傳藝術，分為先天後天，剛柔相濟，聚精會神；柔能克剛，像龍像虎；撼山震海，遊遍全國，粹礪數十年，誠武術道中之鳳毛麟角，東亞病夫之渡世慈航也。吾人鍛鍊心身之法，自達摩祖師創易筋洗髓之術遺示後人，張三豐創武當拳修內功為道術之祖，志士好強，令人景仰。余今夏送小兒鴻鈞投考河北省立第一師範，得以天緣，邂逅薛君，於客次曾披覽其著作之《象形拳法真詮》及《形意拳術講義》並《一字慧劍之妙訣》，包羅萬象，久已風行海內，紙貴洛陽，近又集華佗五禽術及其乃師靈空禪師所傳之點穴法冶於一爐，著書啟秘。處此二十世紀危亂邦家之下，強者存而弱者亡，且有強權而無公理，吾民族有臥薪嚐膽樂志斯道者，獲益豈可勝言哉！是為序。

中華民國二十二年歲次癸酉孟秋下浣　識於天津縣教育會　曹樹藩

自序

法曰　靈空禪師五台道僧　花甲兩度其顏猶童
取義南華推廣禽經　參贊先旨演象道成
象取會意八脈通靈　口授指南點穴匯宗
內附秘方神效無窮　詳細圖解參觀自明

顛自幼失學無文，天性好道，喜習武事，慕朱家郭解之遺風，遍歷數省，尋師訪道，遇良師良友，多蒙指示，無任感荷。其中最道高者，莫如五臺山南山寺（吾）靈空禪師，演象得道，壽高花甲兩度，以煉神煉炁普度眾生為宗旨，取義南華經，會意五禽術。《莊子》云所謂玄中玄，華佗所謂養五靈，即（余）著之象形術是也。

《易》云：先天後天；釋云：即色即空。蒙師心法口授，所學者象形妙理，所練者靈禪靈根，並蒙賜《點穴秘訣》一冊，內附詳細圖說、秘方數十種。

此術先哲秘而不宣，顛不敢自私，發先哲之秘藏，願公諸社會，以享同志。希吾民族有志斯道者，當手此一冊，以為參考防身之寶筏云爾。

民國二十二年東鹿縣頁眞子著於積德草堂

凡例

一、是編點穴一書為五臺山靈空禪師心法相授，昔者先哲秘而不宣，今一朝啟其秘藏，（余）公之於世，以為有志斯道者作參考之必備。

二、是編本書注明人身一百零八穴，三十六死穴、七十二麻竅詳細圖、解穴之分寸及受傷用藥之法則，使學者無望洋不及之歎，讀之一目了然。

三、是編書內詳載秘方數百種，真有一方千金不換之價值，學者購得此書，詳細參觀，方有實益，慎之寶之。

四、是編本書宗旨宣佈先哲之秘法，而使青年生存於世有自衛之能力。

五、是編學者將此術詳細研究，心體力行，得之於心，而作防身利器救自己急難為要務。

六、是編此術為行俠好義救人防身之寶筏，學者萬不可因一時之私憤，好勇鬥恨而亂用，亂則反損陰騭，因果報應即是理也。

靈空禪師點穴秘訣

第一章 總綱圖解

第一節 正面總穴圖

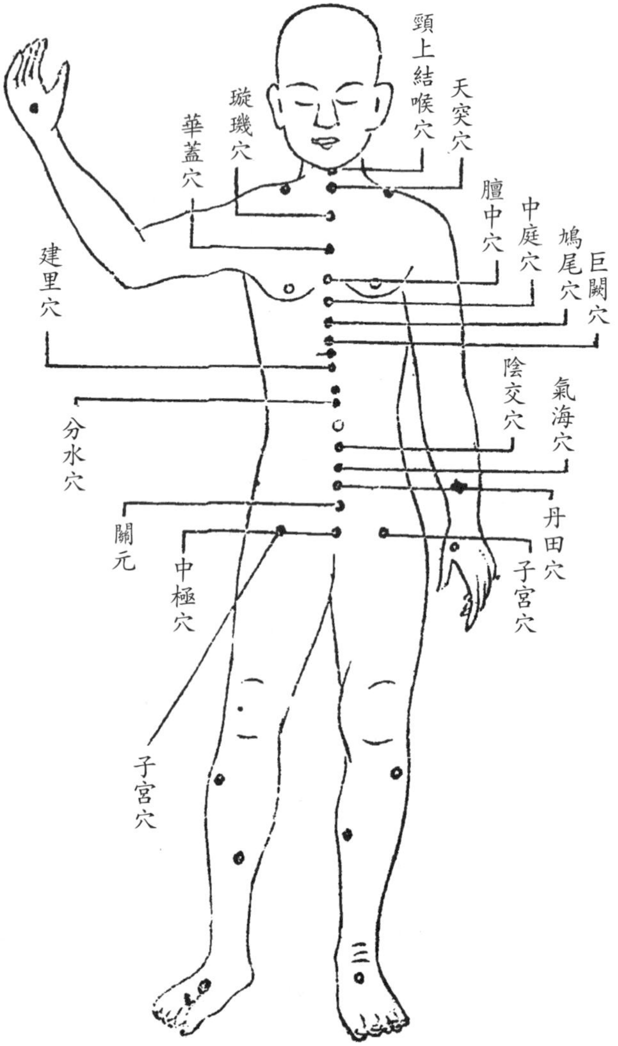

第二節　背面總穴圖

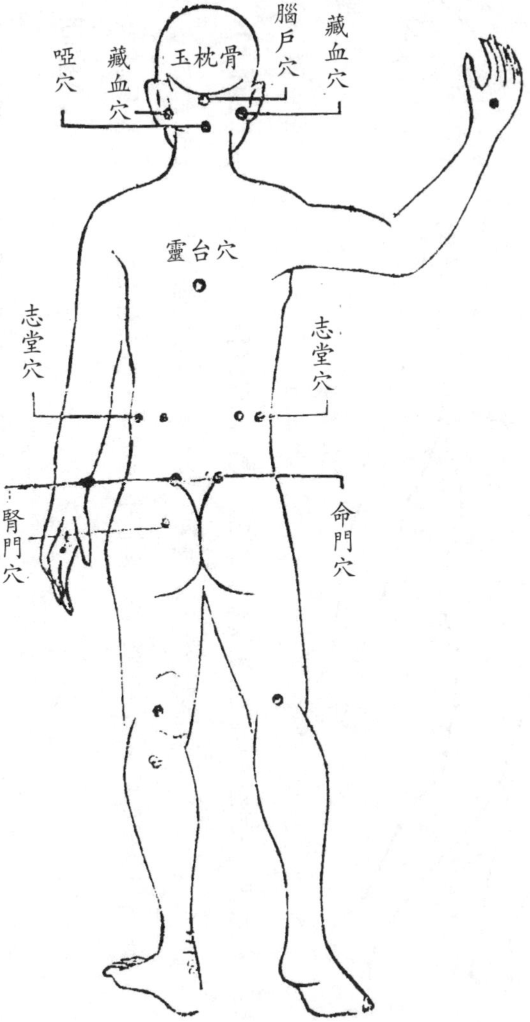

腦戶穴
藏血穴
啞穴
藏血穴
玉枕骨
靈台穴
志堂穴
志堂穴
腎門穴
命門穴

第三節　正背側面周身分圖

巨闕穴

在鳩尾下一寸，心之幕也，又謂之返魂穴。點重者，昏迷人事不省。

【用打法】在右邊肺底穴，半分，使掌一推，即醒。

【法用】十三味方，加桔梗一錢，川貝一錢，同煎二副服。再服奪命丹三五副，紫金丹二三副。

不癒者，一百二十日死。

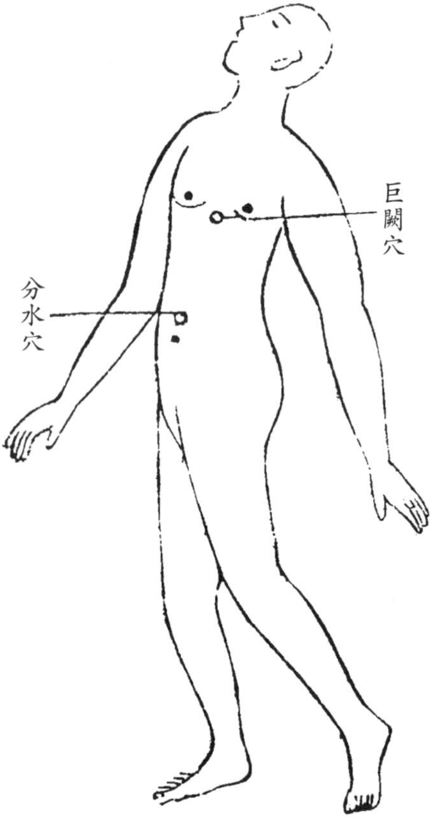

第一圖

氣海穴

在臍下一寸五分（男子生精之源），二寸丹田（男子藏精之室）。

此二穴，以拳足擊傷者，三二日亡。

【調治】法用十三味方，加木通一錢，三棱錢半同煎，沖七厘散一分五厘。再服，加減十四味方，二副。

服藥不癒，四十八日死。

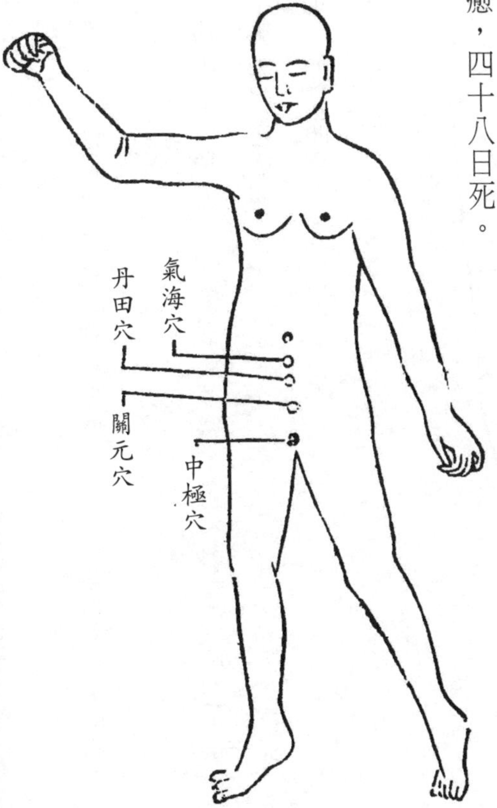

第二圖

志堂穴

在項上大椎，下數第十四節，兩旁各開三寸，屬腎經。以五法八象之化身點傷者，三日發笑而亡。

【調治】法用十三味方，加桃仁、菟絲子各一錢，同煎服。再用奪命丹，三五副，再以藥酒服之癒。如不除根，症發而死。

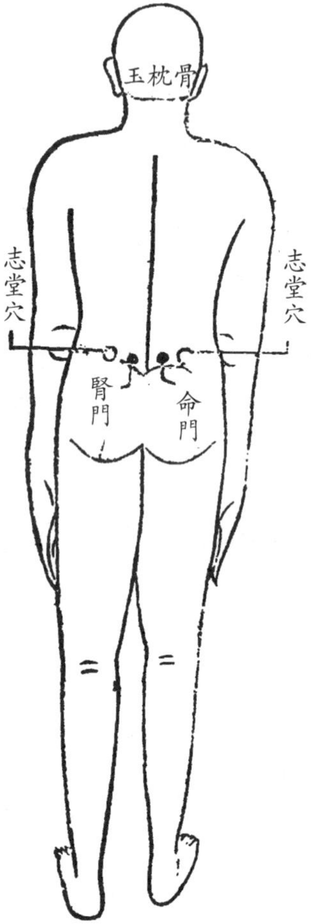

第三圖

臀股尾梢（名督脈穴）

骨梢下二分，為海底穴。以足點重者，全身失聯絡，七日主亡。

【調治】法用十三味，加引經藥、大黃、月石、木瓜各二錢，煎沖奪命丹三副。

如尾梢骨傷，不治而癒，一年發黃胖而死。

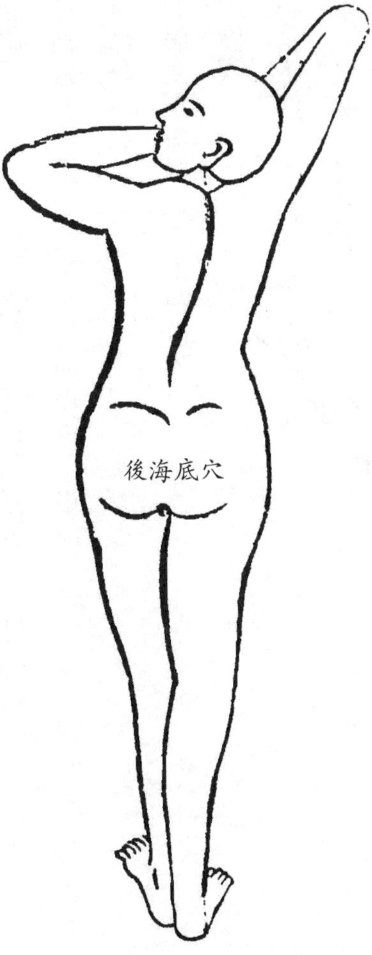

第四圖

關元穴

在臍下三寸，為小腸之幕。用足點重者，五日必死。

【調治】法用十三味方，加青皮、車前子各二錢，同煎沖七厘散三分服；再服奪命丹三副。

若服藥不除根，二十四日死。

中極穴

在臍下四寸，為足三陰之會。以拳足擊重者，大小便不通，五日死。

【調治】法用十三味方，加生大黃、蓬朮、三棱各一錢同煎，沖七厘散一錢五厘，再服紫金丹二副。

若不除根，百日必死。

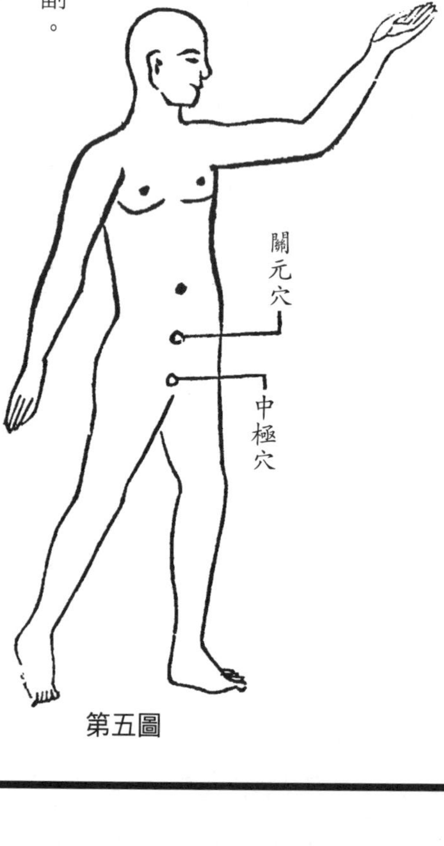

第五圖

幽門穴

左屬肝，右屬肺，在心下巨闕穴兩旁，各開五分。以五法八象化身擊傷者，一日死。

【調治】法用十三味方加白豆叩、木香各一錢，同煎沖七厘散三錢服，再服壓命丹三副，再服加減十四味方二副，沖紫金丹三副外上吊藥。

如服藥不除根，其傷必發，一百二十日死。

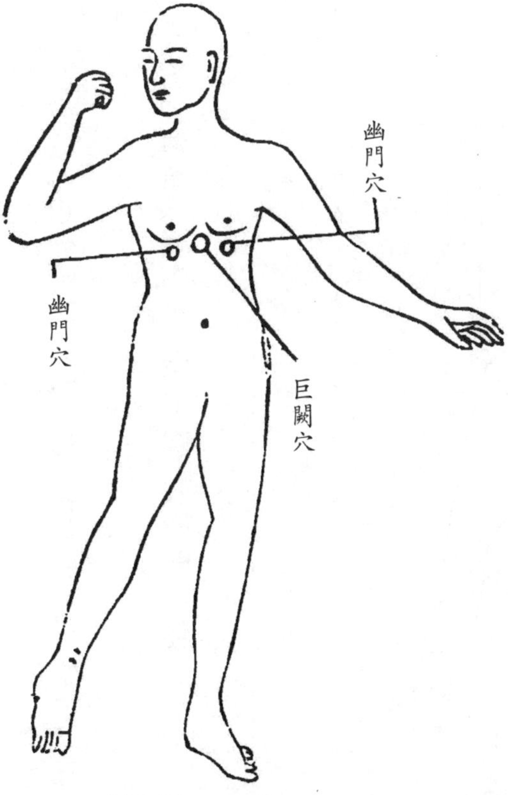

第六圖

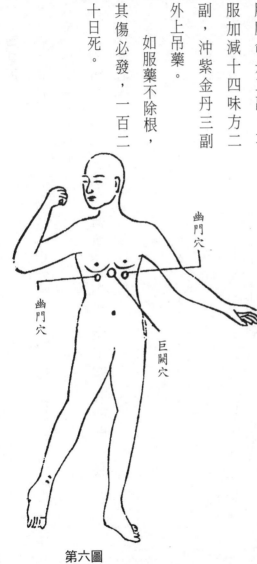

腹結穴

在左脅梢骨下一分，此處氣血相交，又名氣血囊，右脅亦同。如左受五法八象化身點傷者，四十日亡。

【調治】法用十三味方加蒲黃二錢、生韭菜子錢五分，同煎服。

右腹結穴

拳指點傷者，四十日亡。

【調治】法用十三味方，加丹皮、紅花各一錢同煎服，沖奪命丹二三副。

如不食藥，不除根，一年必亡，左右皆同。

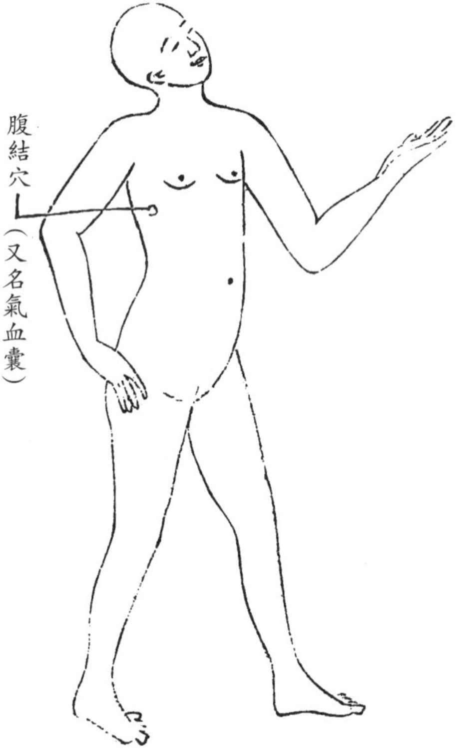

第七圖

命門穴

在項上大椎，下數第十四節，骨下縫間，左旁開一寸五分。以龍爪拳法或足踢擊重者，一日昏迷不醒而死。

【調治】法用十三味方加桃仁一錢同煎服，再用奪命丹三副。

腎門穴

在項上大椎下數十四節，骨下縫間，右旁開一寸五分。以虎爪拳法或足踢擊傷者，吐血，吐痰，三日亡。

【調治】法用十三味方，加補骨脂、杜仲各一錢五分同煎，沖服奪命丹三副，次服藥酒痊癒。

如不除根，後發症而死。

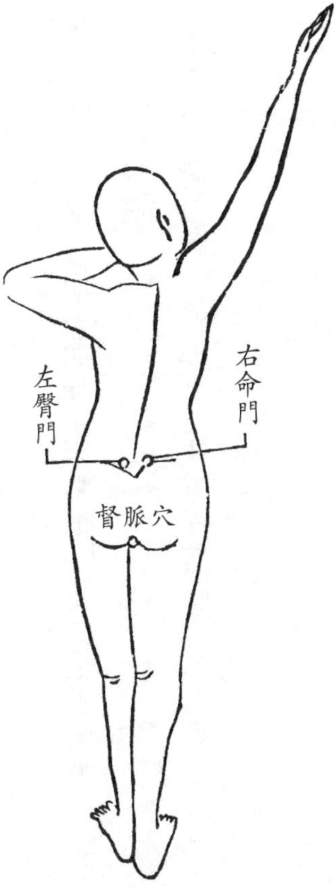

第八圖

經心穴

額頭前正中，屬心經，主血。用雲龍探爪手點傷，見血怕風發腫，三五日死；不腫，不見風不死。如受傷。

【調治】法用川羌活、防風各一錢加十三味方同煎服，再用奪命丹三四副即癒。

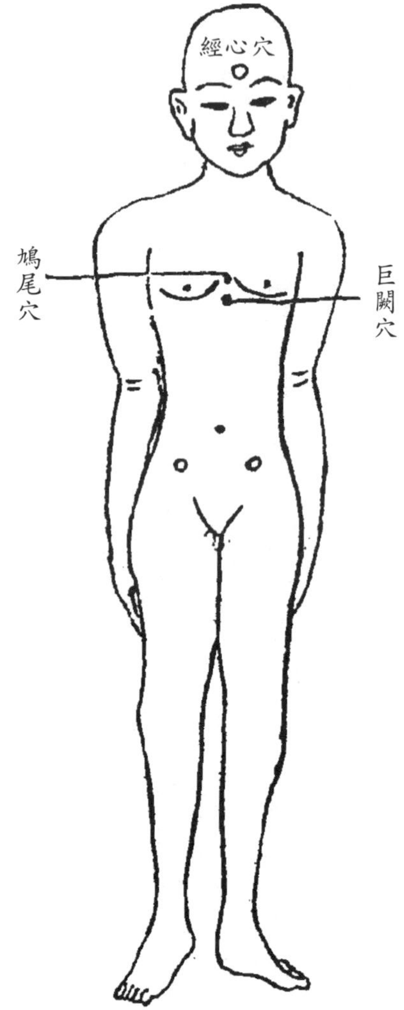

華蓋穴

結喉下一寸天突穴，天突下一寸六分璇璣，璇璣下一寸六分華蓋穴（即心口上），此穴為五臟之華蓋（故名之）。以神龍探爪或猛虎奔坡手法點傷者，不省人事，失去知覺性，血淤心經，不治必死。

【調治】法用只殼三錢、良薑一錢，加十三味煎服，沖七厘散二分五厘，行心胃中，泄瀉癒。或泄瀉不止，用冷粥止，再服奪命丹兩副癒。如不除根，三五日死。

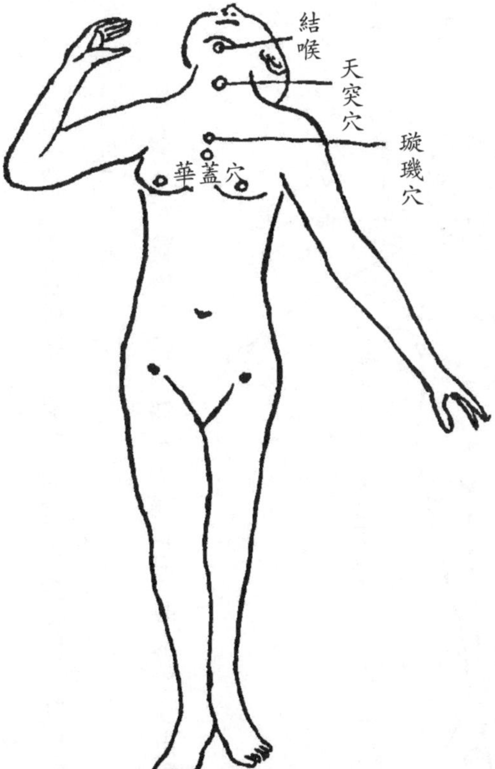

乳根穴

左乳根穴在左乳下一寸六分，又謂之翻肚穴，名下血海，屬肝經。以雲龍虎顯、獅子滾球手法點重者，吐血死。

【調治】法用十三味方，加鬱金、劉寄奴各一錢半，沖七厘散二分，再服奪命丹二服。

服藥不癒，三十日死。

右乳根穴在右乳下一寸六分，又謂之下血海，屬肺經。以五法八象手勢擊傷者，兩鼻出血，九日亡。

【調治】十三味方加百部草、桑白皮各一錢同煎，沖七厘散一分五厘，再服紫金丹三服。

若不除根，一年必死。

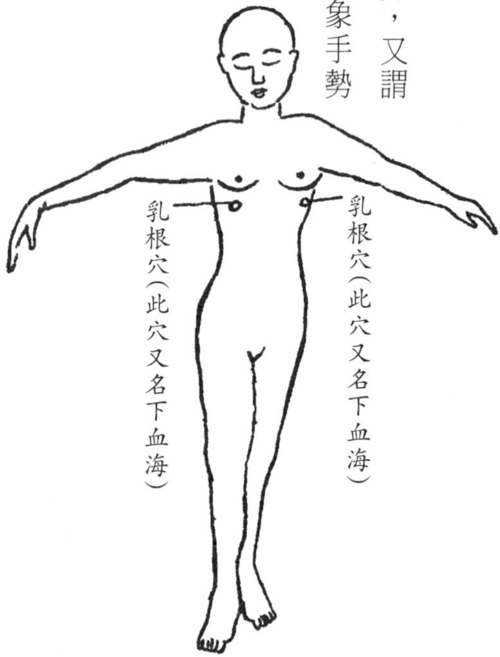

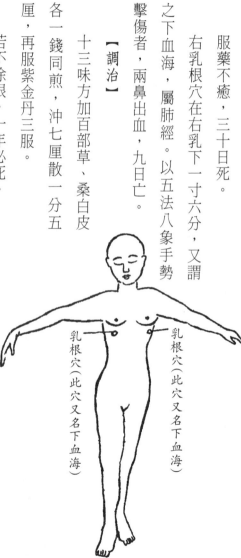

期門穴

直乳二脅端一寸五分，屬厥陰肝經。

膺窗穴

在左乳上一寸六分，又謂之上血海，屬肝經，主血。以龍、虎、猿、象手法、神意點重者，十二日亡。

【調治】十三味方，加青皮、乳香各一錢煎服，沖七厘散三分，再服奪命丹三副，每服三錢，沖十三味方藥內。

膺窗穴，在右乳上一寸六寸，又謂之上血海穴，屬肺經，主氣。以拳指點重者，十二日死。

【調治】十三味方加廣木香一錢五分同煎，沖七厘散二分，可行，再服奪命丹三副癒。

如不治好，則終身有肺癆之症。

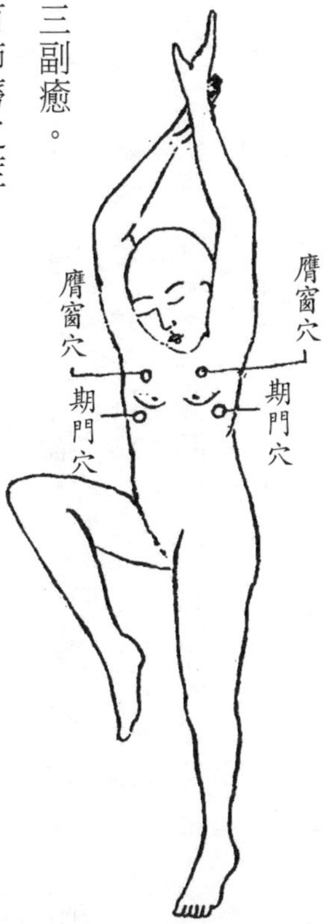

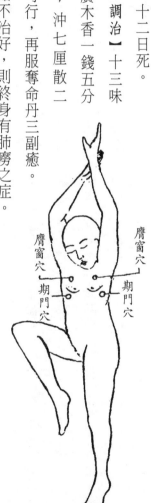

章門穴

屬足厥陰肝經，在大橫肋外，季脅之端，骨盡處，軟肉邊，臍上二寸，兩旁六寸，又名血囊。以八象手法點重者，四十日死。

【調治】法用十三味方加歸尾、蘇木各一錢同煎，沖七厘散二分五厘，再服紫金丹三五副癒。如服藥不除根，一百日亡。

天池穴

手厥陰經，屬心包絡，腋下三寸，乳後一寸，著脅直腋，撅肋間。

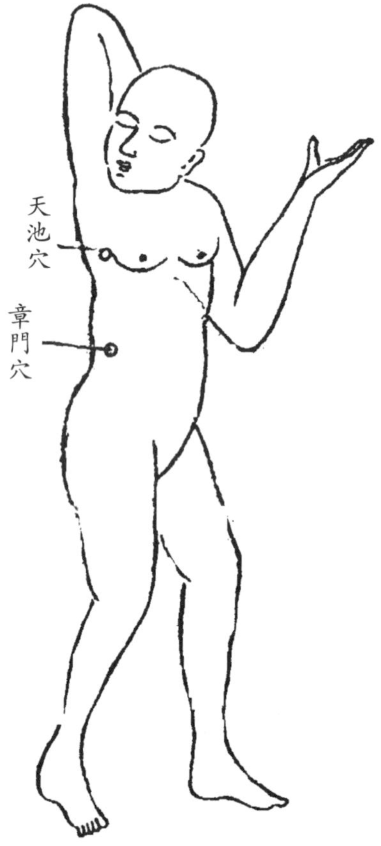

腦戶穴

腦戶下一寸啞穴。以雲龍探爪點傷者，成啞巴，無治。

腦後玉枕骨，又名腦戶穴，為督脈陽氣上升入泥丸之門戶，通十二經絡。用雲龍探爪擊傷重者，五七日死。

【調治】法用十三味方加當歸、川芎各一錢，沖七厘散三分，再服奪命丹三五副癒。

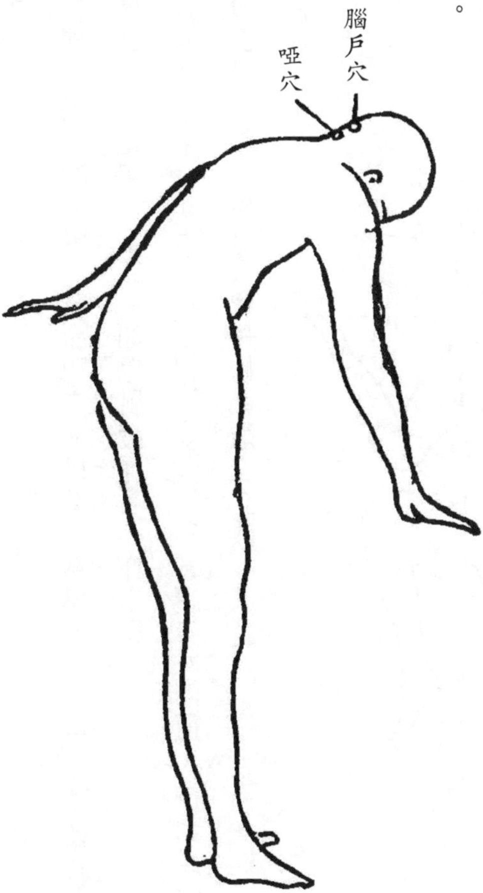

太陽穴

兩眉梢邊，屬太陰太陽，為命門穴。以拳指點傷者，七日死；輕者十五日亡。如損傷耳目，化膿，不死。如傷風發腫者，亦主死。

【調治】法用十三味方，加川芎、羌活各一錢五分同煎，沖七厘散二分服，再服奪命丹二副，再以八寶丹粉藥敷之立效。

如不治癒，十人死九人，慎之！慎之！

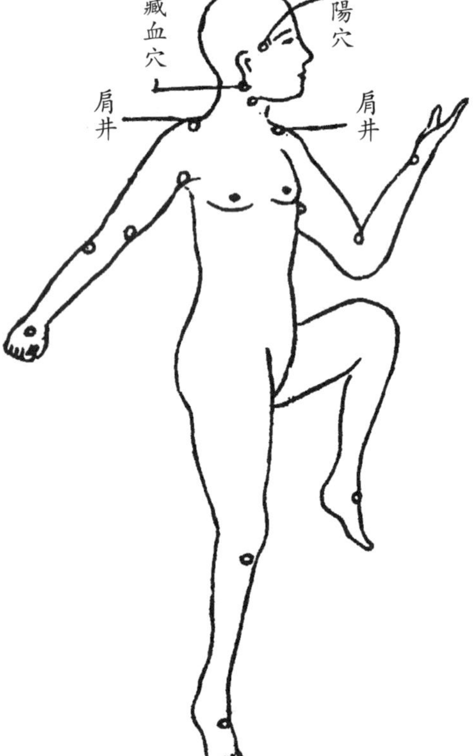

藏血穴

在兩耳後，屬太陰太陽經，又屬肝膽脈。以神龍探爪化象所傷者，見風則發腫，輕者兩目失明，重者四十日亡。

【調治】法用十三味方加生地、當歸、川芎各一錢同煎，沖七厘散三分，再服奪命丹三副癒。

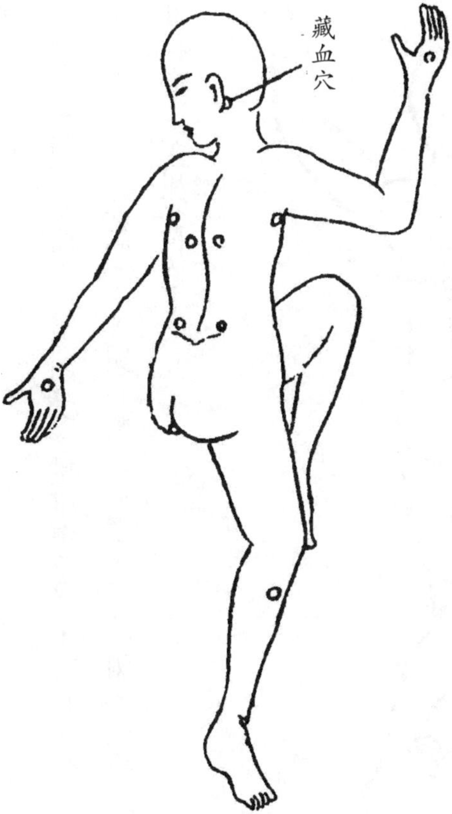

靈台穴（謂之人心）

在項上，大椎下數第六骨節之內。如受拳足擊傷重者，立時而死，無治。大概言之，且人身上之穴竅，凡與心腦接近者，受戟刺皆危險，不容時間，難治，練此術者，不可不慎之。

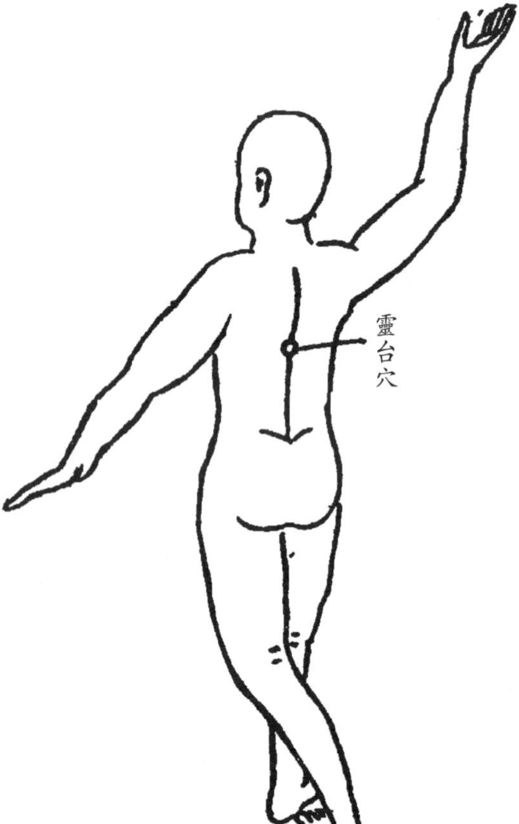

眉心穴

兩眉中間，謂之眉心穴，通腦髓。以拳指點重者，頭大如斗，三日死。

【調治】法用十三味藥方，加川羌活、川芎、荊芥穗、防風各一錢半。不腫不死，受傷必須服藥為佳。

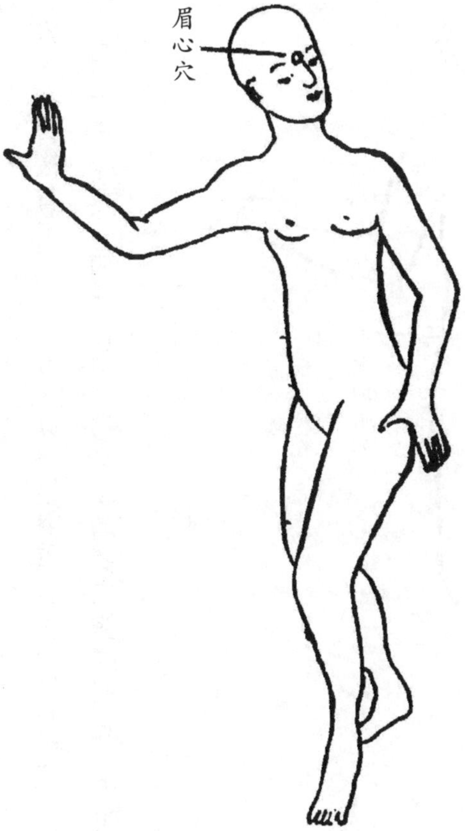

氣海俞穴

分左右二穴，在背後腎俞穴下兩旁。以拳足擊重者，一月而死。

【調治】法用十三味方，加補骨脂一錢半、烏藥二錢同煎服，再服紫金丹三副。

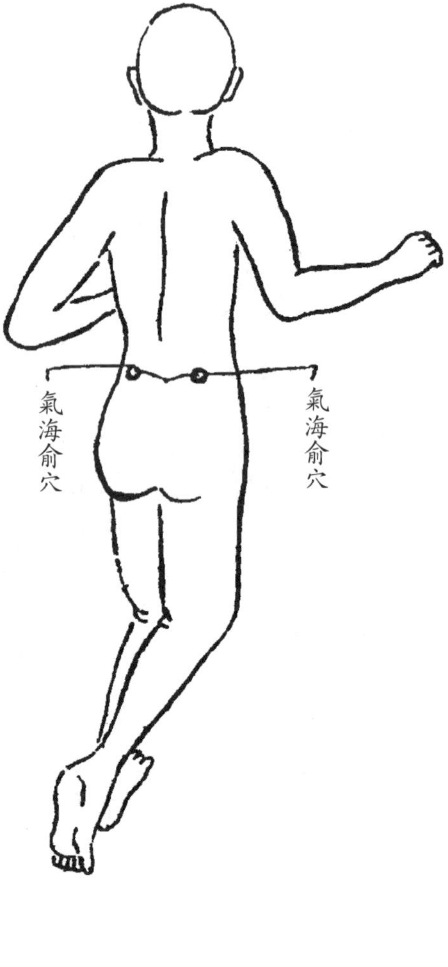

鳩尾穴

兩蔽骨中間，鳩尾穴又名黑虎偷心穴。以手上擦下按，點重者，兩目昏花，人事不省。

【調治】法用十三味方，加肉桂一錢、丁香五分同煎，沖七厘散三分，再服奪命丹三副，再用紫金丹三五副。若不用藥治之，一百二十日亡。

【又方】金竹葉二錢、柴胡一錢半、鉤籐一錢、當歸、陳皮、查肉、苡仁、麥冬各五分，沉香、炙草、荊芥、防風各三分，青柿蒂三個，水酒各半，同煎，加膽草五分調服。

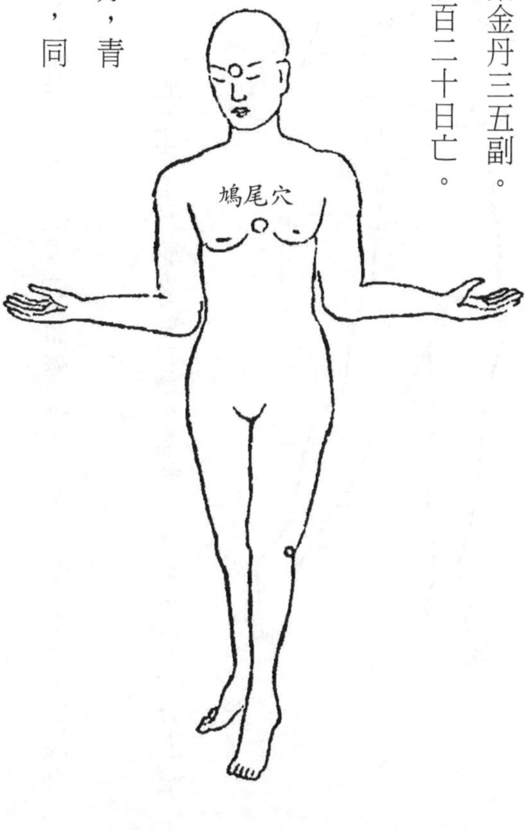

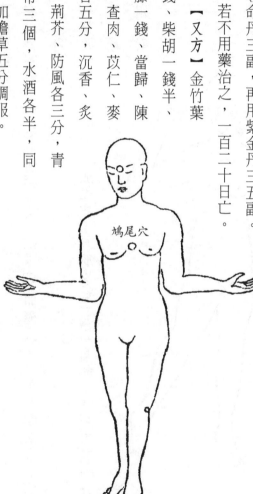

血門商曲穴

在右脅臍處，此處氣血相交，又謂之氣血囊穴。以象形拳法手術擊傷重者，六個月死。

【調治】用十三味方，加羌活、五加皮各一錢半同煎，沖七厘散一分五厘服，再服奪命丹，三副癒。

如服藥不除根，一年死。

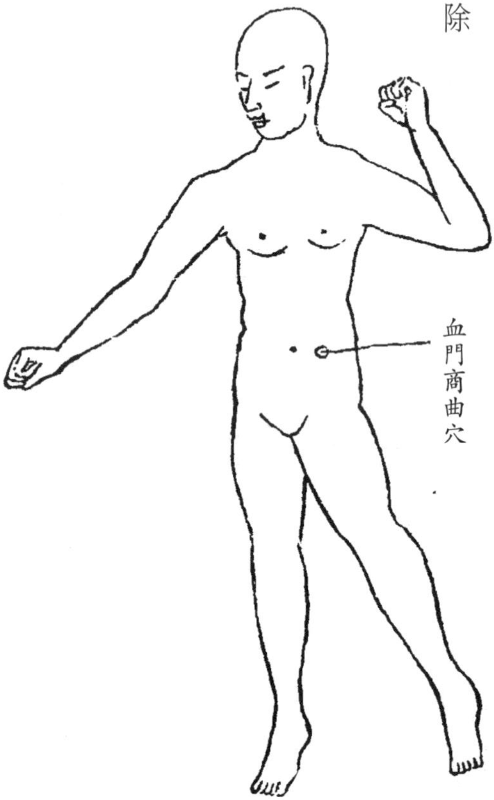

氣門商曲穴

又謂之橫血海門穴，在右肋臍下二寸旁開並橫。以拳足擊傷，重者五個月死。

【調治】法用十三味方，加柴胡、當歸各一錢同煎，沖七厘散二分五厘，再服奪命丹二三副。傷重後大小便不通，加車前子、木通各二錢；仍不通，用大蔥頭搗泥，酒炒貼臍上即通。

如服藥不除根，一百二十日死。

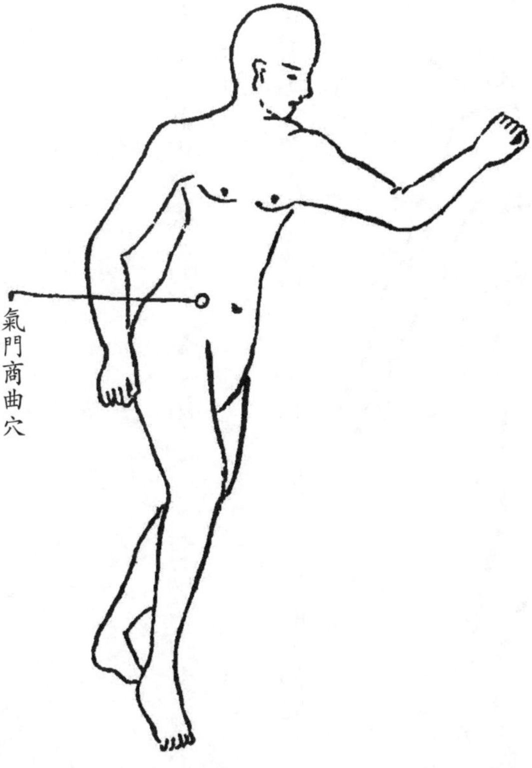

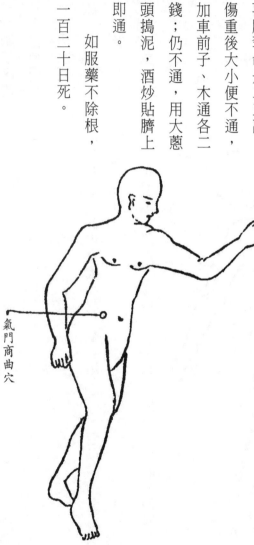

氣血囊穴

在脅梢骨下一分。

分水穴

在臍上一寸，屬膀胱經，此處是大小腸二氣相匯之穴。若以拳指點傷或足擊重者，大小二便不通，十四日亡。

【調治】法用十三味方，加蓬朮、三棱、生軍各一錢五分，同煎沖服七厘散二分五厘，再服紫金丹二副。

如不治痊癒，一百八十日亡，不治。

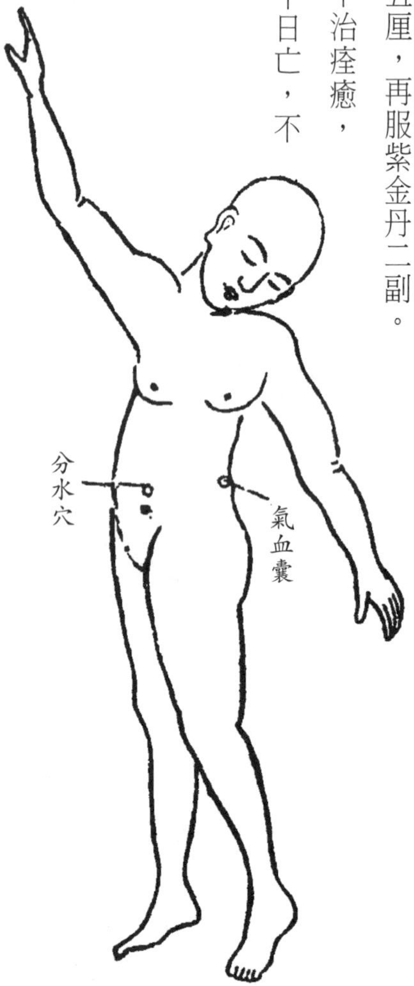

期門穴

在左乳下一寸六分，旁開一寸，屬足厥陰肝經。以飛、雲、搖、晃、旋五法手勢，點傷者十八日亡。

【調治】法用十三味方，加木香、廣皮各一錢半，同煎沖七厘散二分五厘，再服奪命丹三副。

右乳下一寸六分，旁開一寸，期門穴屬肺經。以拳指點重者，則成肺病，咳嗽之症，不治三十日亡。

【調治】法用十三味方，加五靈指一錢五分，蒲黃一錢同煎，沖七厘散二分五厘，再服奪命丹三副。

如不去根，五十日必死。

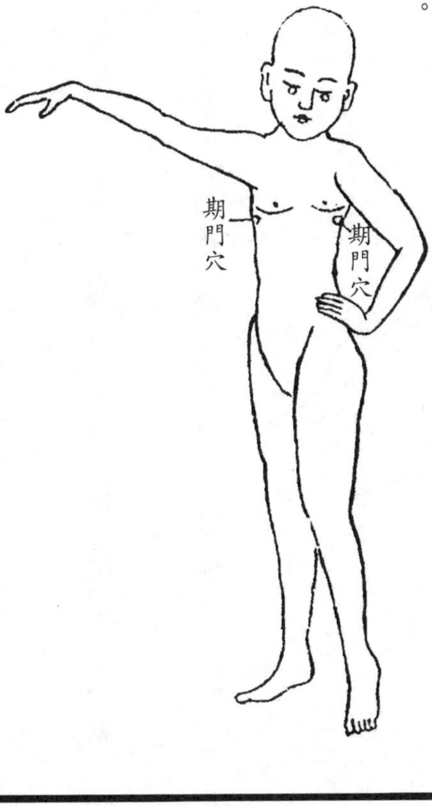

會陰穴

肛門前，腎囊後，謂之會陰穴，又名下海底穴。此處穴用足膝擊之，如點傷，重者當日死，宜急救。

【調治】法用十三味方加大黃、朴硝各一錢，同煎服，再服奪命丹二副、紫金丹三副癒。

百會穴

在人頭頂之中，又謂之崑崙頂，此穴為人一身百脈會聚之處。如若受傷，輕者頭昏頭腫；重者，立時死。

【調治】法用川芎、當歸各二錢，赤芍、升麻、防風各八分，紅花、乳香去油各四分，陳皮五分，甘草二分，共二劑，酒水各一碗，煎半碗溫服。

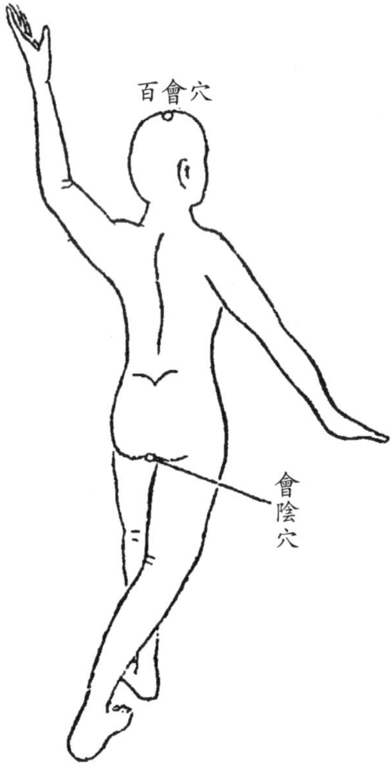

鶴口穴

在尾閭骨上兩腿骨進處。若以足膝擊傷，重者一年死，輕者全失聯絡。

【調治】法用十三味方加牛膝、薏苡仁各一錢同煎服，再服紫金丹三四副，即癒。

湧泉穴

在足心中間。如受傷，重者七個月死。

【調治】法用十三味方加木瓜、川牛膝各一錢同煎服。

攢心穴

在兩腋窩下，與心脈相通。傷則血迷心竅，重者立時而亡，不容下手醫治。輕者先服金磚五分後服煎藥，方見後。

以上之穴竅謂之死穴皆可致命，麻木穴不在此列。

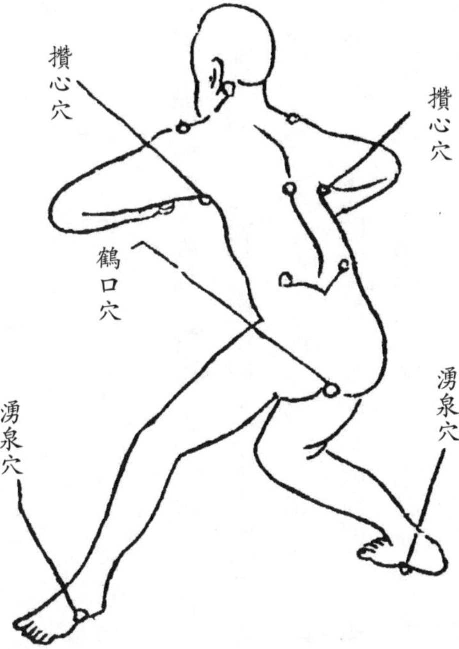

第二章

第一節　諸穴損傷醫治法

前身部位穴：

腦門骨髓打出，不治；兩眼相對中間山根及鼻柱，打斷不治；兩邊太陰、太陽穴，打重傷者不治；結喉骨打斷不治；氣管打傷不治；天突下數胸前橫骨，一直至人字骨，一寸三分為一節。人字骨上，第一節受傷，一年死，二節二年死，三節傷三年死。心坎即人字骨，打傷立時暈悶，久則必成血症。巨闕又名食月者，在心坎下一寸，打傷成反胃之症。氣海穴在臍下一寸五分，為男子生氣之源，丹田在臍下二寸，為男子藏精之室，此二穴為一身之主宰，以拳足擊傷，重者喪命，輕者小便不通，如不醫治，一月而亡。小肚旁橫骨左右子宮穴，若受傷，心迷口噤，目反上視。身強五絕之症，七日內先服奪命丹數劑，若傷內有淤血，再服紫金丹，吐出淤血，次煎劑，服行血藥。

凡五絕之症，可治者有五：⑴嘴唇不黑，略有微氣可治；⑵指爪不黑，中心溫暖；⑶面無舒紋，鼻無微氣；⑷目不絕輪，筋骨軟寬；⑸海底不傷，腎子不碎，可治。此謂之五也。

前身側面部位：

左乳上脈動處，為氣門，又曰上血海，屬肝，主血氣。以拳掌擊傷，當時閉氣，重者吐血，急救無妨，遲則不治。右乳上動處，為痰血海，又曰上血海，屬肺，主氣。以手擊傷，重者氣閉而亡，輕者發嗽，如治不癒，久成肺癆之症。左右乳下軟肋處，屬氣血，左傷失血，右傷發嗽。右乳上下傷，先服奪命丹，助以虻蟲散，左右傷加柴胡兩錢，胸前背後加桔梗、青皮兩錢；血海傷，久則成痞，用朴硝熨法，不必用末藥，宜服核桃酒數劑，外用千槌膏，貼三血痞自然消散，先服奪命丹，後貼千槌膏，再服虻蟲散一二分為度。

治上部等症，以散血藥為主，用奪命丹一日一服，吃不得紅花、當歸等丸藥。凡少年人以靜養為主，藥次之。壯年力強，藥宜加重分量；老弱之人，藥宜減少。凡服藥，切忌豬、羊、雞、鴨、鵝、蛋、魚、糟、油煎、麥食等物，戒房事、惱怒，宜要靜養、食藥二種並行為佳，傷重者，忌一百二十日。凡去宿血，虻蟲散；吐血，紫金丹、危急奪命丹；發表，冬瓜散；重傷，調理加減十三味方。牙關緊閉，先用吹鼻散，用鵝管吹入男左、女右；無嚏再吹兩鼻；再無嚏，用燈心草道之口中，有痰吐出為妙。如無嚏是凶症，不可用藥。

氣門受傷，氣閉塞不通，口噤身直如死，此症過不得三個時間，宜急救，遲則氣從下降，大便瀉出則無治矣。亦不可慌張耳，須近病人口鼻，探其氣有無，如有氣者必是拳足明暗勁擊傷，不是神意擊傷，須用一人揪其髮，伏在背上再用輕敲、挪運之法，使氣從中而出復蘇。左右受傷、暈悶皆不可服表汗之藥，左傷服紫金丹，右服奪命丹，至三日不涼者，可服表汗藥去其風邪。凡治新傷，血未歸經者，只可服七厘散，如七日以後再服行泄之藥。

背身部位穴：

頭上、腦後，骨打碎，與腦前症同，此乃絕症，不治。天柱骨，即脊柱骨打斷，宜用手術能治。兩腎穴左為腎門右為命門，在背脊左右與臍平對之處，如受傷，發笑或哭不治。長強穴即督脈，陽氣上升之路，受傷重者當日屎出，後成脾泄之症。

海底穴，又謂之會陰穴，在穀道前外腎後兩可中間，以足膝擊傷，重者喪命，輕者血氣上沖，頭昏耳鳴，心內悶絕，先服護心丸止痛，傷雖在下，其痛在上，可服活血湯方。如便閉，急用灸臍法。治外腎傷，與上同治；外腎受重傷，恐其血氣上升沖心，急用一人靠其背後，再將兩手從受傷者小肚兩旁慢慢向下推摩，先用喜子草、鹽酸草煎湯，待冷洗之。

尾閭傷，先服車前子七錢米湯送服，或先用熨運法，表汗藥。腰脊傷，用麩皮熨運腰痛之處。骨折傷，此指全身骨斷而言，先貼鼠膏，壯骨之藥，上用運法；斷骨如不能接，故意用劫藥，如南星、半夏、草烏等毒藥，不得過三時辰，藥毒自解，不必用解藥。

治傷四種法：運、燻、灸、倒。最輕，用冬瓜皮散，次用運法，內有宿血，若在皮肉膜外，面皮浮腫，宜先服冬瓜皮散，調治以藥為先，然後用燻法。如有宿血傷可燻，凡新傷血未歸經不可燻洗，恐其血攻心竅。如久症、重傷可用灸治法，能消久瘀宿血。凡骨節酸疼行走不能者，定有淤血、風濕，如不治，後恐發毒，先服冬瓜皮散，次用灸法。再重傷，人噤口不語，欽藥不下，先灌硫射散，然後用倒法，吐其惡物；次服虻蟲散一二劑，法用倒訣，將人用棉被捥住，以壯年人扯其四角，著病人左右滾翻十數次，使其吐出惡物方可治，如不吐出不能活矣。亦有仙一味丹名十八返魂丸，服諸般毒藥，灌下五分即解，重者一錢即吐毒物，神效。

第二節　調治諸穴傷要論

(1)「**百會穴**」打傷腦髓不破，只有疼痛、頭暈、不能行路者，照方醫治神效。方列下：

川芎、當歸各二錢，赤芍、升麻、防風各八分，紅花、乳香去油各四分，陳皮五分，甘草二分，共二劑，酒水各一碗，煎半碗，溫服。

(2)「**太陰、太陽二穴**」受傷，雖不入內，終有後患，淤血行於兩旁，難以救治，七日內須進活血丹，為妙。

當歸一錢五分，紅花、黃蓍、白芷、升麻、橘紅各五分，荊芥、肉桂、川芎各八分，甘草二分，藥引童便，陳酒煎服。

(3)「**洪堂二穴**」又謂藏血穴，受傷，可用活血舒筋湯為主。大黃八分，毛竹節灰、松桴炭各五分，金磚一錢，加陳酒送服，此名為五虎散。後食煎藥，靈仙、桂枝、川芎、川斷、桃仁各一錢，陳皮八分，甘草三分，當歸一錢五分，水煎酒沖溫服。

(4)「**氣食二管**」若受傷，不出鼻血，不用調治，七日自癒。若傷重可服金磚五分，川芎二錢，煎湯送下即癒，外傷貼膏藥。

(5)「**肩窩觔池脈二穴**」若受重傷，難治，恐筋縮不能復直，可用活血膏一張貼之。內服湯藥，方下列：蘇木心、木耳炭、毛竹節炭、歸身各錢五分，升麻、川芎各一錢，水煎酒引服。

(6)「**命脈穴**」，謂之上血海，受傷，本通心竅，而能走痛，七日內可治。宜服奪命丹，再服湯藥，歸尾、紫草、蘇木、紅花各一錢五分，肉桂、陳皮、枳殼各一錢，石斛、甘草各五分，童便製陳酒，煎服三劑。

(7)「**脈宗穴**」謂上血海，若受傷，轉手難以調治，是二七之症。

三日內可用散血安魂湯為妙，歸尾、桃仁、川斷、寄奴、紅花各一錢，枳殼一錢二分，甘草二分，骨碎補、藕節一錢五分，山羊血三分，酒水各半煎好，山羊血沖服。

(8)「**痰凸穴**」謂鳩尾，受傷，其氣必急，可用寬解，活血利氣湯為主，當歸、川芎、紅花、大腹皮、骨碎補各一錢，荊芥、杏仁、紫草、蘇葉各八分，木耳炭一錢五分，燈芯一丸，酒水各半，煎好，木耳炭沖服。

(9)「**玄機一穴**」：謂下血海，受傷恐血沖心，速飲五虎散，後服煎藥胡猻竹根、扁根錦醬樹根、連根獅子草、槿添樹根（去心）、天翹麥根（去皮）各五分，陳酒煎服。

若翻吐，加薑汁一匙，沖溫服。忌油煎，生冷食，七天以外不妨。

(10)「**肺苗一穴**」：謂華蓋若受傷，胸部刺痛，三日身上微熱，不時發嗽，過三七日不治。

【方】歸尾一錢三分，紅花、陳皮、杏仁各八分，白芥子一錢，沒藥四分（去油），獨活、石斛、蘇葉、甘草各五分，加燈芯一丸，陳酒煎服。

(11)腕心謂**胃口穴**，若受傷，須要瀉出，不可內消。

【方】歸尾、陳皮、川斷、白芥子各一錢，大黃三錢，只殼八分，紅花、羌活各五分，黑丑一錢五分，大甘草四分，小薊一錢五分，加燈芯一丸，酒水煎服。

(12)「**巨闕一穴**」謂之鎖心通心竅，若傷重，七日可服山羊血、五虎散，後服湯藥。

【方】桃仁七粒，紅花八分，白芥子一錢，陳皮、枳殼、羌活、歸尾各一錢二分，肉桂一錢五分，蘇木一錢五分，赤芍五分，甘草二分，酒水各半煎服。

(13)「**食結穴**」謂建里，若受傷，則血裹食而不能消，腹漸漸能大，周年之症。

【方】大黃、穀芽各一錢五分，莪朮、陳皮、川芎各一錢，桃仁、查肉、石斛各一錢，當歸五分，芥子八分，甘草二分半，虎骨醋製一錢，童便藥引，陳酒煎服。

⒁**血池穴**謂之心包絡，受傷，重者，當日死；輕者十八日亡，急宜調治。

【方】牛膝一錢五分，歸尾一錢五分，肉桂一錢三分，川芎一錢三分，銀花一錢，陳皮一錢，石斛一錢，虎骨一錢五分，川斷一錢五分，碎補一錢五分，酒水各半，煎十劑，每日早晚一副。

⒂「**脚面脈穴**」，若受傷，不破與湧泉穴同方。如不破皮，方列後：強觔草四分，楊梅樹皮五分，松絲毛六錢，活血丹二錢，活血丹（**俗名紅雞子草，即茜草**）共陳酒糟，搗爛敷之。若破傷觔：大黃、山芋各一錢五分，研末敷傷處。次用白玉膏，貼之神效：白占、黃占各一兩，兒茶、乳香（**去油**）、沒藥（**去油**）各三錢，銀朱三錢，生豬油二兩，熬去渣，加蔥白，共煎為灰色形，油滴水成珠，入白占化過，收入碗內，投入藥和勻，存性三日可用。

⒃「**海底穴**」，為一身陰陽交會處。以足膝擊傷，大小便不通，飽肚發脹，難醫之症。

【方】地鱉五十個，參三錢，酒煎服渣搗爛敷傷處。大忌房事，如不忌難治。

【方】威靈仙、歸尾、杜仲各一錢三分，川芎、桑皮、川牛膝、大腹皮、劉寄奴各一錢，紅花五分，甘草三分，童便灸，水酒煎沖服五劑。

(17)「鎖腰二穴」，謂腎腰若受傷，重者，一時發笑，難醫治，不過一日即亡；輕者，三日可治。

【方】杜仲、虎骨、狗脊、毛竹節灰各一錢五分，川芎、歸尾、赤芍、桑皮、古錢各一錢，川斷一錢三分，乳香一錢五分（去油），核桃仁一兩，酒水各半，童便灸法，煎好，核桃仁沖服兩劑。

(18)「肝經穴」，若受傷，眼珠發紅色，而失血，六七之期。醫法，

【方】藕節一錢五分，肉桂、烏藥、川續斷、白芥子、乳香（去油）、當歸各一錢，劉寄奴八分，木耳炭五分，甘草二分，水煎食三劑。

(19)「肺經一穴」，若受傷，發喘嗽，難醫之症，如治不癒，久成肺癆之症，方見後。

(20)「鶴口穴」，若受傷，重者一年死。

【調治】十三味方，加牛膝薏苡仁各一錢，同煎服，再服紫金丹三四副。

第三章　秘傳傷科奇方目錄

第一節　湯藥類

•總煎十三味方　通治跌打損傷

川芎二錢，歸尾三錢，玄胡二錢，木香二錢，青皮二錢，烏藥二錢，桃仁二錢，遠志二錢，三棱一錢五分，蓬朮二錢，碎補二錢，赤芍二錢，蘇木二錢；如大便不通加生軍二錢，小便不通加車前子三錢，胃口不開加厚朴二錢，砂仁二錢，水二碗煎半碗陳酒沖服。

•加減十三味方

紅志（去油）一錢五分，寄奴三錢，肉桂一錢五分，廣皮二錢，香附二錢，杜仲二錢，當歸三錢，玄胡二錢，砂仁二錢，五加皮三錢，五靈脂二錢，生蒲黃二錢，枳殼一錢五分，水煎酒沖服。

第二節　丹藥類

•飛龍奪命丹　凡用胎骨以猴骨化之

川芎三錢酒炒，五靈脂三錢醋炒，前胡三錢炒，青皮三錢醋炒，五加皮一兩童便製，月石一兩，川貝四錢，枳殼小麥皮炒三錢，韭子三錢炒，蒲黃三錢生熟各半，元胡四錢醋炒，自然銅八錢醋煅，三棱四錢醋炒，飛朱砂三錢，桑寄生三錢炒，沉香三錢，血竭八錢，秦艽三錢酒炒，桃仁五錢去皮，蓬朮五錢，羌活三錢炒，地鱉八錢酒洗，木香六錢生曬，廣皮四錢炒，烏藥三錢炒，當歸六錢酒炙，破故紙四錢鹽水製，製胎骨五錢，炒葛根三錢，麝香一錢五分，杜仲四錢鹽炒，橘紅三錢，肉桂三錢去皮，砂仁二錢去殼，土狗三錢去腸醋炙，蘇木四錢，共三十六味。

各製好，再加牛乳一碗，拌和，焙燥，貯瓶內，如重傷，每服三錢，輕者一錢五分，陳酒送下。

●加減十四味方

菟絲子一錢，肉桂一錢，劉寄奴一錢，蒲黃一錢，杜仲炭一錢，元胡索一錢，青皮一錢，只殼一錢，香附子一錢，五靈脂一錢，歸尾一錢，縮砂仁一錢，五加皮一錢半，廣皮二錢，酒水各半同煎服。

● 紫金丹方

乳香沒藥（去油）五錢，木耳炭六錢，大黃四錢，地鱉六錢（火酒醉用瓦炙乾去頭足），血竭五分，麝香三分，碎補五錢，烏藥六錢，歸尾五錢酒浸，麻皮四錢炒，自然銅五錢醋炙七次，盆硝一兩，共研細末每服三分，陳酒送下；如吐血一分，婦女血崩一分五厘，童便和酒送下；骨折八分，酒下，看病輕重，服為止，每日一服，不可多服；如婦人經水不通，八厘加麝七厘酒調，服即通。

● 奪命接骨丹

損傷略有微氣，內有三四穴絕命處不傷，用之即效。地鱉五錢製，自然銅二錢煅，乳香、沒藥一錢五分（去油），血竭二錢五分透明，古錢一錢五分醋炙七次，紅花二錢，碎補二錢去毛童便炙，麻皮根二錢炒，歸尾二錢酒浸，蜜二兩。上藥共研細末每服一分二厘，火酒送下。

● 末藥方

大黃三錢，地榆二錢，乳香、沒藥各二錢（去油），龍骨五錢，血竭一兩，麝香二錢，象皮二錢，阿魏一兩，地鱉一兩，繭綿灰一錢，胎髮灰二個，臍帶二條，牙齒四五個酒炙七次，胎骨一兩，狗胎二個，青歸三錢，牛膝三錢，九死還魂草四錢，防風三錢，肉桂三錢，仙橋五分，鶴虱草三錢，猢猻竹根三錢，落得打三錢，檀香四兩，降香五錢，速香三錢，沉香五錢，共研細末臨用時調藥內。

●又方

地鱉十個酒炙，白地龍十條（即白項曲蟬洗乾），自然銅二錢醋煅，骨碎補三錢去毛，乳香沒藥一錢去油，共研細末每服一錢，酒送下。

●加減十三味又方

赤芍、烏藥、枳殼、青皮、木香、香附、桃仁、玄胡、三棱、蓬朮、寄奴、砂仁、蘇木，危急者去寄奴，加蔥白；如吐血加荊芥三錢炒焦，藕節一兩，陳酒煎服。

●又方

廣皮一錢五分，青皮一錢，五靈脂三錢，生蒲黃二錢，赤芍二錢，歸尾三錢，桃仁二錢，香附一錢，五加皮二錢，紅花一錢五分，枳殼二錢，烏藥二錢，砂仁二錢，元胡一錢五分，陳酒煎服。

●通治發散方

凡損傷，先須發散淤血，不過重症，宜通用一二劑，川芎二錢，歸尾二錢五分，防風二錢，羌活二錢，荊芥二錢五分，澤蘭二錢五分，枳殼二錢，獨活二錢，猴薑二錢五分，加天蔥豆三枝水煎酒沖神效。

●發散上部方

防風二錢，白芷一錢，紅木香一錢，川芎二錢，歸尾二錢，赤芍二錢，陳皮二錢，羌活二錢，法夏二錢，獨活一錢五分，碎補一錢五分，甘草一錢，生薑三片，水煎酒沖服。

●發散中部方

杜仲、川斷、貝母、桃仁、寄奴、蔓荊子各二錢，當歸、赤芍、自然銅醋煆各三錢，肉桂八分，茜草一錢，細辛一錢，水煎酒沖薑汁服。

●發散下部方

牛膝、木瓜、獨活、羌活各三錢，歸尾二錢，川芎二錢，川斷、厚樸、靈仙、赤芍、銀花各二錢五分，甘節一錢。水煎酒沖薑汁服。

凡人上中下三處受傷，須用發散藥一二劑為要。氣急有痰加製半夏二錢，風痰加製南星二錢，心驚加膽星一錢五分，桂心八分，香附一錢五分，同煎服，看症加減，通經引藥列後。

頭腰痛者，加川芎，藁本三錢；手肩用桂枝、柴胡三錢；胸胃加吳茱萸、草頭蔻三錢；肚腹加白芍、厚朴二錢；心胸疼者加肉桂二錢、陳皮三錢（去白）；腰腎加核桃肉、破故紙、川斷、杜仲；左脅氣刺痛，枳殼、青皮三錢；右肋血瘀痛，桃仁二錢、破血、元胡索二錢；調諸血，當歸二錢；活血，川芎二錢；補血，川芎；筋脈痛，甘草二錢；周身骨節痛，川羌活三錢；腹腸中窄痛，蒼朮、廣木香；調諸胃氣，廣木香，男加減木香為君，女加減香附子為君，左用青皮、香附、蔓荊子二錢，右用柴胡二錢、赤芍、當歸三錢；如發潮熱，重用柴胡為君；出虛汗，蜜製黃蓍為君。人參，補元氣，脾胃寒者更妙；

白朮消痰化氣，肌皮熱，黃芩三錢；去胃痰，製半夏；消風痰，製南星；上焦濕腫，防風、龍膽草二錢；中焦濕熱，黃連；下焦濕熱，黃柏；惱渴者，加白茯苓、葛根；虛嗽者，五味子；嗽無痰，杏仁、防風、生薑；嗽有痰，製半夏、枳殼、防風各二錢。

治泄瀉，白朮、白芍；痰喘，阿膠、天門冬、麥門冬；水瀉，白朮、茯苓、澤瀉；痢疾，當歸、白芍；上部見血，防風；中部見血，黃連；下部見血，地榆；眼暴發，當歸、防風、黃連；目昏暗，熟地、當歸、細辛。破傷風，防風為君，白朮、甘草為佐；傷寒，甘草為君，防風、白朮為佐；諸風痛，明天麻、防風為君；諸瘡毒，黃柏、知母為君，連翹、黃芩為佐；小便不利，黃柏、知母、茯苓澤瀉為佐。以上諸藥，悉按經絡部位。

主治，凡損傷人，略代內症，服藥不效，臨症時，須將前項，何病何藥治之，無不立見奇效，看病之要訣也。

● 受傷發癲症方

烏藥、天竺黃一錢，砂仁、麻黃、陳皮、寄奴、肉桂、紫丁香各五分，膽星朱砂六分，川羌活、升麻、金箔各一錢五分，水煎服神效。

●受傷恍惚急治方

人參二錢，辰砂八分，遠志一錢五分，金箔一錢，水煎服。胃寒者加厚朴、桂心、橘紅二錢。熱者加條芩二錢，嫩柴胡一錢，前胡一錢五分。身發冷加人參二錢，白芍三錢，麻黃一錢五分，鬱金一錢五分。熱不涼加連翹二錢，三稜、薄花各一錢五分，大腹皮二錢。小便自出加紫丁香一錢五分，荔枝核七分。小便不出車前子。發寒噤加防風二錢，細辛一錢，製南星八分，旋覆花白菊花一錢，荊芥穗一錢五分，煎服。

受傷，眩，暈，言語恍惚，是臟腑受損，急治方。

辰砂八分，琥珀一錢，廣木香一錢五分，川楝子一錢五分，白茯苓二錢，杜仲二錢，枸杞子二錢，當歸一錢五分。如翻肚有痰者製半夏一錢五分，赤丁香一錢，酒炒砂仁二錢，製附子二錢，旋覆花一錢五分。如嘔吐不止飲食不安，紫丁香、草果、製南星、法夏、砂仁、赤檀香、生薑汁各一錢五分，煎服三次不效，必是腸斷，七日內死。

•破傷風方

防風三錢，羌活三錢，荊芥三錢，製南星一錢，根生地二錢，白芷二錢，歸尾三錢，紅花二錢，寄奴二錢五分，明天麻一錢五分煨，煎服神效。

•大成湯

重傷，昏暈不醒，二便不通，定防臟腑瘀血，宜服此方：陳皮一錢，當歸二錢，蘇木二錢，木通一錢五分，紅花二錢，厚朴一錢五分，枳殼一錢五分，大黃二錢，朴硝一錢，甘草一錢五分，水煎加蜜三匙，沖服效。

•貳成湯

陳皮一錢，法夏二錢，茯苓三錢，枳殼二錢，紅花、當歸、川芎、白芷各一錢，檳榔八分，黃蓍二錢，桔梗、青皮、烏藥一錢五分，枳實、黃芩六分，蘇木一錢，加紫蘇三錢，薑三片，紅棗五枚，同煎服。

上三穴：頭、肩、胸，凡上中下三處受傷方，看明用藥，更妙。川芎、當歸、紅花各二錢，野地黃四錢，木耳炭二錢，麥麻二錢炒，研末酒吞下立效；狗脊灰五錢，大腹皮三錢，車前子二錢，木通二錢，建杏仁五錢，砂仁三錢，童便製，研末，酒吞下神效。

•下三穴臂腿足受傷方

木瓜、米仁、赤芍、紅花、寄奴各二錢，川牛膝三錢，研末酒沖服。

•內傷湯方

赤芍、乳香、沒藥、藿香、鬱金、防風各三錢，加蔥白三根，煎服。

•內外肚傷方

紅花、寄奴、香附、白芷、桃仁各三錢，蔥葉、生薑五錢，同煎服。

•跌打反肚方

當歸六錢，枳殼、桃仁去衣，錦紋各三錢，赤芍五錢，紅花一錢五分，韭子二錢去殼，生蒲黃二錢，酒水各一碗，煎好沖蒲黃，服立效。

•骨節斷方

白地龍五條酒洗去腸泥焙乾，川烏去皮，松節、沒藥、乳香三錢去油，陳皮煎服。

●腰痛方

蜜炙黃耆二錢，鹽水炒杜仲三錢，破故紙一錢五分，核桃肉二錢，陳酒煎服三帖，效。如不飲酒，將酒炙各藥，以水煎服亦可。腰痛又方：

杜仲三錢鹽水炒，破故紙三錢炒，鳳凰衣三錢，研末豬腰一副，不可落水，忌鐵器，用竹刀破之，將藥末入腰內，用線紮緊，水煎配酒吃。

●瓜皮散

兼治腰痛閃挫之症。

東瓜皮一兩，小青皮一兩，陰乾研末，每劑鹽調服二錢。

●又方

廣木香二錢，麝香三分研末，閃左吹右鼻，閃右吹左鼻。

●跌打閃傷

天喬麥根三兩，老薑半斤，陳酒二碗，煎酒渣，敷痛處，即散。

●驚風方

酒法：製南星、防風、指甲灰，沖藥服，神效。

●邊成十三味方調理

明天麻二錢，小麥粉包裹，外以濕紙包煨川芎二兩炒，研末蜜煉丸，如圓眼大，每服一丸，熱酒送下，如不飲酒，湯送亦可。

●行藥方（即劈藥）

專治瘀滯。

巴霜一錢，滑石一錢，大黃二錢，研末用端午粽角尖為丸，如綠豆大，每服七丸，酒送下。

●損傷不破皮方

當歸三錢、羌活二錢，獨活一錢五分，白芷一錢，碎補二錢，地鱉三錢，桃仁二錢，地骨皮二錢，生甘草二錢，紅花四錢，陳酒沖服。

●跌打皮肉破方

五加皮五錢，土貝一錢五分，紅花二錢，當歸三錢，生地五錢，獨活二錢，甘草二錢；頭上加川芎三錢；胸脅加乳香、沒藥二錢；脾肚加赤芍、白朮二錢；手膀加桂枝二錢；足腿加薏苡仁、木瓜二錢，水煎好酒沖服。

●全身受傷洗治方

碎補、川羌活、地骨皮、金銀花、吳茱萸、桑白皮、甘木瓜、秦艽、川烏、蘇木各一兩，苗松二兩，黃皮一兩半，共藥十二味，陳酒三升煎洗。

●跌打傷煎藥方

重傷三四劑足矣。

川芎、獨活、赤芍、天麻、當歸、白芷、木香、薑黃、防風、羌活、紫蘇、蒼朮、碎補、五加皮、生草；胸腹不寬，加紅花；上部，升麻、澤瀉；中部用杜仲；下部用川牛膝、木瓜；左右脅，柴胡；胸前、背後，桔梗二錢，青皮一錢，輕傷八分，酒水各半煎服神效。

●跌打方

當歸三錢，防風五分，乳香一錢，紅花八分，生地二錢，丹參二錢，麥冬一錢，桔梗一錢，川斷一錢五分，北沙參八分，地骨皮一錢，生草五分，加燈芯一丸酒服。

●又方

乳香一錢五分，靈仙二錢，桃仁一錢，沒藥一錢五分，川斷一錢五分，紅花八分，羌活二錢，砂仁一錢，歸尾二錢，木香一錢，丹參一錢五分，酒煎服。

●又方

獨活二錢，川斷一錢五分，沒藥一錢五分，防風一錢五分，紅花八分，丹參一錢五分，歸尾二錢，牛膝二錢，烏藥、赤芍、乳香各一錢五分，靈仙一錢，酒煎服，忌蔥、豆、醋，又加荔枝花沖服，若破傷亦忌。

●重傷方

紅花一錢，防風二錢，碎補生地各三錢，川芎、連翹各二錢，當歸三錢，靈仙二錢，乳香五分，桃仁一錢，五加皮、沒藥各一錢，川烏三分，加蜂蜜、核桃，酒煎服。此藥口吐白痰，解之用冷濃茶汁。

●重傷方二

乳香、砂仁各一錢，沒藥一錢五分，木香、桃仁各一錢，羌活二錢，紅花八分，靈仙二錢，歸尾、川斷各二錢，丹參一錢五分，陳酒煎服。

•又方

獨活三錢，乳香二錢五分（去油），沒藥（去油），防風、歸尾、牛膝、赤芍、丹參、川斷、靈仙各二錢，烏藥一錢五分，紅花一錢，加荔枝花，先沖，酒服。

•跌打損傷方

有草藥名七里香，莖二錢，頭一錢五分，陳酒吞服，葉可敷。

•無名腫毒

跌打損傷吐血方，服此方神效。

金銀花根搗碎取汁合口加童便，熱酒沖服，渣敷痛處，即癒。

•胡桃散兼酒方

血海穴受傷，久則成痞，核桃一歲一個，搥碎陳酒浸，每個加朴硝二分，入鍋內煎，酒乾為度，吃核桃肉，立效。

•洗瘡方

蔥頭、花根，煎湯洗，加酒更妙。

● 三烏一點黃藥方

烏藥、澤瀉、烏米、飯根（即老鴉米）、黃皮香。

● 三烏一點紅藥方

烏藥、澤瀉、烏米、飯根、鶴頂紅各五錢，酒煎服。

● 吃素人受傷，葷藥不用方

如地鱉、地龍、耳骨、象皮、胞胎等藥，各用代之，多用牛乳、人乳、陳酒、米醋、製煉，各藥亦效。

● 喉管割斷方

兼治肚腹皮破，用桑棉線縫之。如腹皮破，腸不損可救，將萬年青連根搗汁，洗傷自收，用桑絲線縫之，先用止血丹，搽傷處，服奪命丹二錢，次服接筋骨丹方，丸散，藥痊癒。

● 草藥方

槿松樹根、猢猻竹根每歲一錢，金雀花根、烏柏樹根少用，格苾根、獅子頭草根、天喬麥根每歲一錢，鳳尾草、牛口刺根、酸草多用。

●上部分上中下三部用藥方

形色相似，分其真假，均不可亂用誤人。單鞭救主、馬蘭籐、鐵用籐、鐵用籐、龍瓦金錢、遇山龍（茜草）、活血草（同上），牛口刺（即薔薇），對開花、金錢薄荷、倒插金釵、五爪金龍、大五爪、小五爪各一錢，陳酒煎服。

●上部活血方

蘇木、防風、馬蘭籐、劉寄奴、蘇薄荷，酒煎服，如發腫，金雞獨立、金錢、薄荷，陳酒煎服。

●中部草藥方

黃水蓢、雪裏開花、山東青（山內有即萬年青），鬧楊花根（必須用根，餘俱不可用），小將軍、七里香、獨將擒王、金將花根（即金雀花根）、錦添樹根、金絲毛草、七重寶塔酒煎服，中部淤血不清，必至瀉，瀉去自癒。

蝴蝶花即射干，水竹根即蔥根，扁豆花，金絲吊鼇、九死還魂草（即卷柏），酒煎服。

●下部草藥方

威靈仙、川牛膝、七里香（茶圓花似桂花，一葉甚香）、金蒂鐘、蛟龍還山遍地香、紅木香。

●下部傷筋損骨藥加方

倒掛金鐘、活血草、夜合珠（即赤首烏）、健筋草同煎。

●上中下部草藥方

洞裏仙、七星劍、鳳尾草、九龍尾、鶯爪刺、天喬麥（同蕎麥）、金不換（即三七，似竹鞭根）、亂紒窠（細葉是草）、岩薑，陳酒煎服。

●五虎散

鬧楊花根、獨將擒王、錦添樹根、倒掛金鐘各二錢，陳酒煎服，加燈芯丸，搏實，如圓眼大，和藥煎。

●地鱉紫金丹

血竭八錢，月石八錢，川斷三錢（鹽炒），五加皮五錢（童便製），川牛膝五錢（酒炙），麝香四分，自然銅八錢（醋炙），製胎骨三錢，地鱉五錢

（酒製），土狗五錢（製），貝母三錢，蘇木三錢，烏藥五錢（炒），元胡五錢（醋炒），香附四錢（製），青木香四錢，當歸五錢（酒炒），桃仁五錢，廣皮三錢，靈仙五錢（酒炒），澤蘭三錢，續隨子二錢五分（去油），五靈脂三錢（乾醋炒），共二十三味，研末，如重傷每服三錢，輕傷一錢五分，陳酒送下。

●七厘散

盆硝八錢，廣皮五錢，蓬朮五錢，大黃六錢，赤川芎二錢五分，砂仁四錢（去殼），烏藥三錢，地鱉八錢（酒洗），枳殼三錢（麥麩炒），當歸六錢（酒浸），續隨子五錢（去油），三棱三錢（醋炒），青皮三錢，木香六錢（去皮），血竭八錢（醋炙），土狗六錢，肉桂四錢，五加皮八錢（童便炙），巴豆霜二錢五分（炒去油），五靈脂六錢（乳製），生蒲黃六錢，麝香二錢，胎骨粉五錢，右為二十三味研末，如重傷二分半，輕傷一分半，再輕者一分，陳酒吞服神效。

●治跌打方

地鱉三錢，胎骨二錢，龍骨二錢，地龍三錢，猴骨三錢，參三七三錢，血竭三錢，射干五分，沒藥三錢，飛朱砂二錢，自然銅三錢，木耳炭一錢，雄膽二錢，碎補二錢，黃連三錢，樟腦一錢，山羊血一錢五分，白用膽一個，南蛇膽一錢，研末用。

●鄭天文祖保命丹

專治一切跌打、損傷、筋斷、骨碎、皮破、血迷心竅、悶絕將死、飲食不進，撬齒灌下三分，待寸香時，便得還蘇，神效。

落得打，滴乳香（去油），桃仁（去皮），上官桂（曬），血見愁，地鱉二兩（醋炙酒洗），元胡索（酒炙），沒藥（去油），琥珀（同燈芯研細末），自然銅（醋煅七次），鮮紅花（微炒），廣木香（曬），無名異（煅研水飛），全當歸（酒炒），真降香（曬），紅志肉（紙包趕去油淨），半兩錢七個，核桃肉（酒洗）七個，同搗糊，以上藥各一兩，共研細末每服三分，陳酒吞下；不飲酒，用當歸、蘇木二錢，煎湯送下，吃酒一杯，及重傷臨危者，服之神效。

• 保命丹

乳香，沒藥三錢（去油），雄精二錢，飛朱砂一錢，麝香、冰片各五分，血竭三錢，紅花二錢，自然銅四錢（煅），當歸四錢（酒炙），赤芍三錢（童便炙），白芷二錢五分（鹽炒），紅麴三錢，地鱉四錢（酒洗），碎補四錢（去毛），白木耳炭一兩，共研末，凡遇傷者，先服三錢，後用治傷藥，加胡椒一錢五分。

• 接骨丹

當歸二兩（酒炒），乳香、沒藥各八錢（去油），澤蘭、碎補各二兩（酒炒），續隨子生二兩，地鱉五錢（製），桂枝五錢，參三七三錢，自然銅二兩（煅），血竭五錢，煅龍骨五錢，共十二味製，研細末，陳酒沖服二錢。

• 又方

製地鱉一錢，乳香、沒藥各一錢（去油），煅龍骨一錢，真血竭一錢，歸尾一錢（酒浸），紅花一錢，巴豆霜（去油淨）一錢，製半夏（一錢），共九味研末，每服一分酒送下。

●治跌打傷風散藥方

地朮四兩（去皮），石斛一兩，川烏，草烏（去皮）一兩，薑活、麻黃、蟬蛻、明天麻、細辛、防風、甘草各一兩，荊芥二兩，雄黃三錢五分，共研末每服四錢。加蔥白，紫蘇，生薑，煎湯沖服，神效。如損傷，瘀血阻滯，遍成毒係風火結毒，服之亦效。

第三節　丸藥類

●接骨丸一方

地鱉五錢，法夏，巴豆霜二錢，乳香、沒藥（去油）三錢，歸尾四錢，盆硝三錢，血竭二錢五分，共研末燒酒為丸陳酒沖二分立效。

●接骨丸二方

巴豆霜（去淨油），當歸五錢，桃仁，青皮八分，赤芍、枳殼、桔梗、麥芽、木通各一錢，紅花，山藥五錢，丹皮五錢，乳香，沒藥三錢（去油），川甲（火酒炒）、白檀香各三錢，酒為丸，紅糖，火酒呑下，立效。

● 治傷奪命丸

木耳炭，紫金藤二兩，桃仁，當歸一兩，紅花五錢，五加皮二兩，靈仙還魂草一兩半，白蚯蚓、地鱉各四十（製），前沖狗胎骨一個，滾酒沖洗，去毛、腸、腦、爪、火煆燥，研末為丸，似圓眼大，金箔為衣，每一丸，陳酒呑服神效。

● 扶身丸

血見愁五錢，落得打三兩，螻蛄蝶三兩，真辰砂五錢，沒藥（去油淨）三兩，真麝香一錢，白木耳炭三兩，共七味，研細末，大棗肉為丸，似圓眼大，金箔為衣，凡遇干戈時，口含一丸，嚼咽有神效。

● 六味地黃丸

茯苓（乳浸），生地、杏仁、山萸、山藥各四兩，砂仁五錢，前胡三兩（去皮蒸曬七次），陳皮、澤瀉各三兩，丹皮、肉桂各二兩。共研末，蜜丸梧桐子大，清湯空腹服。

●三花丸

鬧楊花，對開花，雪裏開花。

●三木香丸

青木香、白木香、紅木香。

●三香丸

七里香，遍地香，併地香。

第四節　敷藥類

●跌打摻藥方

乳香，沒藥（去油）二錢，煅龍骨五錢，無名異二錢（炒），共研末，瓷器收貯，如骨折者，外體用。

●封藥方

治刀斧，破傷，疼痛，出血不止，或腐、爛，敷之立效。乳香，沒藥二錢（去油），輕粉二錢半，雄精五錢，共研細末，貯瓶內，用時，菜油調敷破傷處。若有膿血，用甘草湯洗淨，以線繫烤燥，封藥敷之，外用舊黑綿紙貼，再縛上，止痛神效。

●又方

五倍子（三兩炒蒸出汁研末五分），人參（研末）少許，松香五兩，研末敷之即癒。

●又方

小青皮，梓樹根葉，研末敷之，立止血。

●又方

松香，白灰（為青魚腦殼即壙內古石灰），少些研末，取韭菜汁，和搗成團，放璧上通風陰乾，收貯聽用，此藥宜三月初三、五月初五、七月初七，虔誠修合，方效。

●又方

乳香、沒藥、白占、胎骨、甘石（煆）、象皮、冰片、阿魏、龍骨、兒茶、朱砂、輕粉、血竭、赤石脂、硼砂各二錢，研細末用。

●又方

千年藤二錢，木瓜灰一錢，石壙灰三兩，花芯石一錢五分，共研細末，韭菜汁調陰乾，再研細用，敷之立止血，神效。

●立效散

治破傷出血：煆龍骨、赤石脂、胎髮灰、燈芯灰、真白占各三錢，冰片一分，兒茶三錢，生半夏二錢五分，血竭一錢，乳香、沒藥各二錢（去油），海螵蛸一錢。射干五分，共研細末，貯瓶，聽用勿令出氣。

第五節　膏藥類

●損傷接骨活血膏方

蒼朮四兩，川椒三錢，赤芍四錢，元參三錢，莪朮二錢，碎補三錢，川貝三錢，木瓜三錢，連翹四錢，苦參三錢，檳榔七錢，升麻二錢，白朮三錢，地丁三錢，麻黃二錢，枳殼二錢，薏苡三錢，秦艽五錢，陳皮三錢，大黃三錢，黃柏二錢，白芷二錢，元胡三錢，紅花二錢，柴胡三錢，大茴三錢，細辛二錢，川甲五錢，赤芍四錢，花粉二錢，杏仁三錢，杜仲四錢，黃蓍二錢，防膠四錢，烏藥三錢，良薑五錢，紫蘇四錢，熟地五錢，知母二錢，當歸三錢，澤瀉二錢，牛膝四錢，黃連二錢，黃芩二錢，滑石三錢，三稜二錢，桃仁五錢，川斷四錢，香附三錢，厚朴四錢，桔醒三錢，青皮五錢，薄荷五錢，羌活四錢，獨活四錢，木香三錢，赤斂二錢，前胡四錢，天冬二錢，麥冬二錢，薑蟲三錢，丹皮五錢，豬苓二錢，官桂三錢，木通四錢，桂枝二錢，巴豆十粒，川芎三錢，生地六錢，查肉五錢，寄奴四錢，阿魏二錢，靈仙三錢，白斂二錢，加皮五錢，荊芥三錢，蘇木五錢，桑皮三錢，共七十八味真麻油七斤二兩夏浸藥十日，春秋十五日，冬一月，入鍋內，以文、武火，煎至藥化炭，去渣，加蔥白十個，梅乾十個，酒三盞，山黃草一兩一錢，蜈蚣十條，再熬數沸，去渣，煎熬至滴水成珠，加黃丹一斤，水飛炒七次，鉛粉三折炒篩，松香一斤，文火下之，收貯埋地，存性，十數日，可貼，另加滲藥。

●治損傷膏藥方

歸尾、桃仁、紅花、川斷、五加皮、碎補、靈仙各五錢，肉桂、赤芍、防風、羌活、荊芥、淮藥各四錢，白芷二錢，甘草二錢，虎骨一兩，金銀花三錢，松香五兩，水粉四兩（炒黃），黃丹四錢（炒），鍋粉四兩（炒），麻油三斤十兩，藥浸油內，春秋五日，夏三日，冬七日，宜天一生氣，吉日，放入鍋內。

煎至枯焦，去渣，再煎油滴水成珠，方入松香，水粉，鉛粉，黃丹等，加阿魏四兩，血竭四兩，麝香一錢，除火，投入和勻。凡煎藥膏丹，須用桑枝，楊柳條，共攪，煎好，收起，須存性。

●又方

五加皮二兩，紫丁香三錢，荊芥八錢，知母厚朴一兩，虎骨一兩，血竭一兩，松香五錢，老薑四兩，大蒜四兩，蒜頭四兩，桑白皮一兩，麻油二斤半，煎成膏，加鉛粉半斤炒黃，麝香一錢，輕粉五錢，除火取起，存性，貼神效。

●治年久損傷、翻覆、骨脊、疼痛、濕漏、風骨等症膏

鶴合五斤，油五斤，煎好，用鉛粉一斤十兩（炒黃），收之為生，膏藥存性，效再加肉桂三錢，射干八分，麻油四兩，木香一錢，香附一兩，當歸一

兩，紅花一兩，靈仙一兩半，寄奴兩半，黃丹油炒黑，血竭五加皮酒炒各二兩，乳香（去油）、沒藥（去油）各二錢，共研末，煎貼患處，無不痊癒。

●千槌膏

治跌打、損傷，兼治無名腫毒、頑瘡、瘰癧神效。

銅綠二兩，杏仁三兩六錢，輕粉一錢，松香透明四錢五分，黃占二錢，草麻子（去殼）五錢八分，沒藥三錢（去油淨），龍骨（煆）三錢，右藥水，浸去毒，共搗千餘槌，瓷器收貯，用時溫湯化軟，紅布、油紙攤貼，松香調化，放銅綠，若爛瘡，加龍骨、輕粉。

●洗瘡膏

麻油三兩，黃蠟二兩，黃丹炒一錢，乳香（去油）三錢，先將油煎滾，次入蠟一滾，又下黃丹、乳香，除火和勻，聽用。

●敷藥膏

乳香，沒藥（去油）一兩三錢，龍骨三錢，大黃，地榆，血竭三錢，桃仁、紅花、陳皮、川斷、五加皮、靈仙、碎補、赤芎、丹皮、川芎、參三七、當歸、白芷各二兩，共研末麻油斤半，煎至滴水成珠，不散，入黃丹，十兩，調勻末藥，收膏，存性貼。

●金瘡長肉膏

赤石脂（醋煆）五錢，乳香、沒藥（去油）各三錢，龍骨（醋煆）三錢，朱砂二錢，川連二錢，胎骨三錢，貝母五錢，文蛤焙五錢，黃柏三錢，角黃二錢（童便煆），兒茶二錢，鹿角二錢（煆灰），生石膏二兩一塊，用黃泥童便調爛，將石膏一味入泥內火煆燥，取出，存性，共研細末，同加麻油煎成膏，看傷輕、重，輕上二三錢，重上四五錢，貼患處，立效。

●接骨膏（一名豆尖膏又名鼠綠膏）

用鼠糞（兩頭尖者槌曬乾研末），綠豆粉（炒黃色），飛羅麵粉亦可，生豬油去筋膜，槌搗成膏，略炒微熟，用棉絮做成膏，貼患處，小榆樹皮夾之，或桑樹皮亦可，夾之。

●損傷接骨膏

五加皮一兩，乳香、沒藥各三錢，蔥頭四個，大蒜四個，糯米飯一匙，紅麴三錢，白藥一個，共搗糊貼患處，三日一換，二服，其骨自接，第七日用膏貼，痊癒。

●白玉膏

白占、黃占各一兩，兒茶，乳香（去油）、沒藥（去油）各三錢，銀朱三錢，生豬油二兩，熬去渣，加蔥白，共煎如炭色，取油滴下成珠，入白占化過，取入碗內，投入藥和勻，存性三日可用。

治損傷，遠年不癒，內有瘀血，全身疼痛，風雨時遍身酸脹者，是也。發疼脹時，從何處起即將穴內灸一火針，神效，用雷火針。

●雷火針

切忌血運行部位時辰法列下（欲知氣血論）

欲知氣血注何經，子膽丑肝肺主寅，大腸胃主卯辰真，脾巳心午未小腸，若問膀胱腎絡焦，申酉戌亥是本根。

（血行止十二時各大穴道訣云）

子踝丑腰寅在目，卯面辰頭巳手足，午胸未腹申心中，酉脾戌頭亥踝續

（此是內外血運）。

（又定四季八神血運切忌云）

春左脅，夏膝足，秋右脅，冬腹腎。

（又十天干神）

甲氣血順行，甲頭乙喉，丙肩，丁心，戊腹，己背，庚辛膝，壬胸，癸足。凡內外，血運行之處，切須看明，不可誤人，血運即人一身之命根也，故云凡灸火更不可亂治，慎之慎之！

●雷火神針方（此方針灸，必須看明穴道，格外神效，或灸痛處亦可）

乳香，沒藥三錢（去油），川烏，草烏一錢（去皮），天竺黃、雄黃、甘松、山柰、蘇子、白芷、蒼朮、香草、腦水各二錢，檀香、川羌、防風各三錢，鵓鴿糞乾四錢，蜈蚣三條，蘄艾二兩，減分一兩，真射一錢，共研細末，用火紅包捲，外用荊川紙，同捲緊，再用雞蛋清，烏金紙封定，不可令其出氣，用時以紅布四五層，替人身上，又用蒜一片，貼肉，點正穴道，更妙，或灸痛處，亦效。

●又方

麝香八分，甘松五分，山柰一個，蒼朮三個，白芷三錢，細辛一錢，川羌二錢，蘄艾二兩，薄荷二錢，五加皮三錢，獨活二錢，附子四錢，草烏一個（去皮尖），共研極細末，紙捲筒，照前法灸之，神效。

凡雷火針，百病皆可灸治，大忌氣色二月，以及新鮮，油、膩、煎、炒，一切發汛動氣等物，要忌一月，十日內忌茶葉，燈芯，廣皮，凡養病者，一切心事，諸般放寬，培養精神為要。

●艾灸法

治膀胱、胞肚、打傷、小便閉急。

先用麝香一分，入臍內，又用白礬一錢五分，水飛鹽一撮，蓋之。用艾，火灸三次為度，其便即通，立效。

●吹鼻散

煅豬牙皂三錢，皂角焙乾二錢，白芷炒二錢五分，麝香三分，淡砂二錢，細辛一錢五分，半夏二錢，共研細末，瓷器收貯，不令出氣，無論縊死、魘死、產後血暈死，胸中稍有暖氣者，將藥吹入鼻內，即蘇，神效。

點穴秘訣終

歡迎至本公司購買書籍

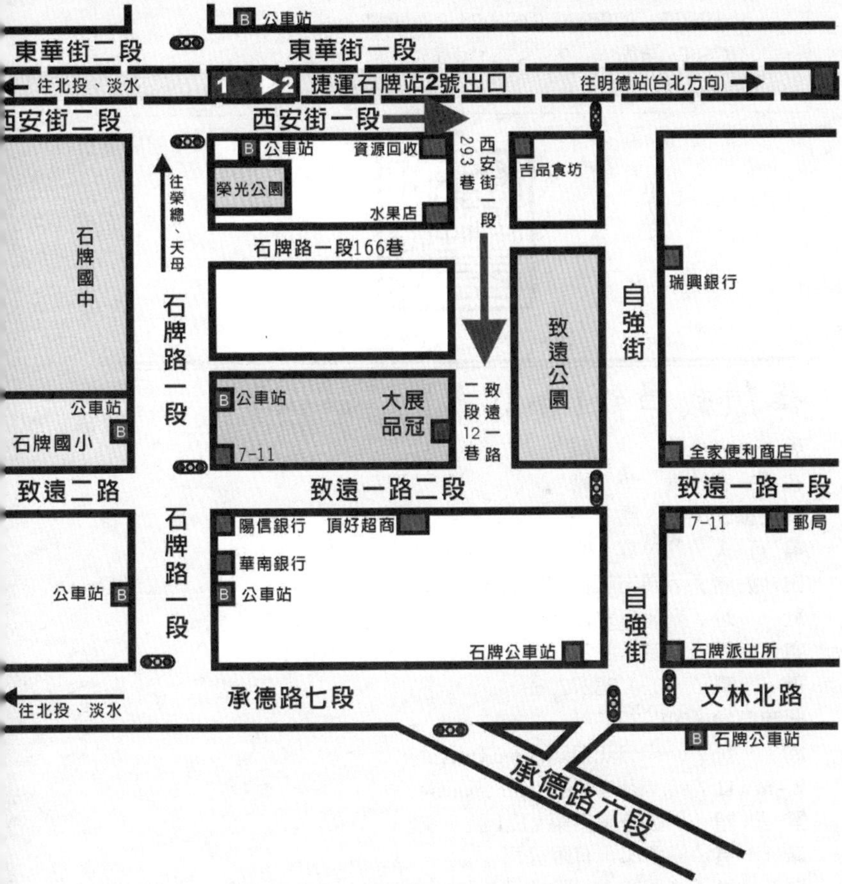

議路線

.搭乘捷運・公車

淡水線石牌站下車，由石牌捷運站2號出口出站(出站後靠右邊)，沿著捷運高架往台北方向走(往德站方向)，其街名為西安街，約走100公尺(勿超過紅綠燈)，由西安街一段293巷進來(巷口有一公站牌，站名為自強街口)，本公司位於致遠公園對面。搭公車者請於石牌站(石牌派出所)下車，走進強街，遇致遠路口左轉，右手邊第一條巷子即為本社位置。

.自行開車或騎車

由承德路接石牌路，看到陽信銀行右轉，此條即為致遠一路二段，在遇到自強街(紅綠燈)前的巷(致遠公園)左轉，即可看到本公司招牌。

國家圖書館出版品預行編目資料

薛顛武學錄(合訂本) / 薛顛著
——初版，——臺北市，大展，2015 [民 104.09]
面；21 公分—（老拳譜新編；23）
ISBN 978-986-346-084-8（平裝）
1.CST: 拳術 2.CST: 中國
528.972 104012262

薛顛武學錄(合訂本)

著 者／薛 顛
校點者／常 學 剛
責任編輯／王 躍 平
發 行 人／蔡 森 明
出 版 者／大展出版社有限公司
社 址／臺北市北投區（石牌）致遠一路 2 段 12 巷 1 號
電 話／（02）28236031，28236033，28233123
傳 真／（02）28272069
郵政劃撥／01669551
網 址／www.dah-jaan.com.tw
E-mail／service@dah-jaan.com.tw
登 記 證／局版臺業字第 2171 號
承 印 者／傳興印刷有限公司
裝 訂／佳昇興業有限公司
排 版 者／弘益電腦排版有限公司
授 權 者／山西科學技術出版社
初版 1 刷／2015 年（民 104） 9月
初版 2 刷／2022 年（民 111） 7月 定價／450 元

大展好書　好書大展
品嘗好書　冠群可期